文物绘图研究与鉴赏

王滨　著

山东大学出版社

图书在版编目(CIP)数据

文物绘图研究与鉴赏/王滨著．—济南：山东大学出版社，2017.8（2022.8重印）

ISBN 978-7-5607-5827-5

Ⅰ.①文…　Ⅱ.①王…　Ⅲ.①文物—绘图技术—研究　Ⅳ.①K870.4

中国版本图书馆CIP数据核字(2017)第206410号

责任策划：王桂琴
责任编辑：刘森文
封面设计：张　荔

出版发行：山东大学出版社
社　址　山东省济南市山大南路20号
邮　编　250100
电　话　市场部(0531)88364466
经　销：山东省新华书店
印　刷：济南新科印务有限公司
规　格：787毫米×1092毫米　1/16
18印张　271千字
版　次：2017年8月第1版
印　次：2022年8月第2次印刷
定　价：48.00元

序　一

王滨所著《文物绘图研究与鉴赏》一书就要出版了，首先向他表示祝贺。王滨长期在基层单位工作，平时任务繁多，但他能结合工作实际，完成这一研究成果，实属有心之举，让人敬佩。

看到王滨的书稿，不由地引发了我许多联想。首先想到我国著名的考古学家、已故的刘敦愿教授。先生著述巨丰，除了独到精辟的学术见解至今仍星光灿烂外，其随文所绘的文物图样，更是给人留下深刻的印象。具有深厚绘画功底的刘先生，把他这一优势充分运用到文物绘图中，图文并茂在刘先生的论著中得到了最好的诠释，这在考古学界是公认的。另外，我珍藏的一张青铜鹰形尊的手绘图，是山西省文物考古研究所的好友李夏廷兄所赠，他也是国内器物绘图的高手，我们于 1999 年在美国偶然相遇，是从北大同窗 20 多年后在异国的不期而遇。当时他是应美国同行之邀，为一项考古合作项目绘制器物图，志友相见，他送我这张手绘器物图。逼真的器物造型、流畅的线条、繁缛而清晰的器表纹样，让人爱不释手，是值得珍视的高级绘画艺术品。王滨的《文物绘图研究与鉴赏》，是在前辈学者基础上的继承和发扬，所以更感欣慰。

文物绘图是一项基础工作，通常见于考古报告、文物研究文集中，被很多人认为是配合论著的附属，但器物绘图同样是一项研究。“绘图员”根据文物、考古的学科特点和要求，能“会画”能“画像”，这对许多绘图人员来说并不困难，只要绘图者有扎实的绘图基础，掌握好器物尺寸的精准，把握住器物细部特点的表现，线条流畅不生硬，大多能达到要求；但要“画精”“画活”却不容易，要求绘图者对所绘器物有深刻的理解，包括对器物的功能、造型特点、纹样的寓意、制作工艺等，都融入到绘制的图样中，这就升华为解读，绘制出的图样就会变活，除了专业人员参考、研究外，更多的“业外”人士也可从中受益，既达到器物绘图的学科规范，也表现出其中的艺术韵味。

随着科技的发展与普及，现代计算机技术也运用到文物、考古的器物绘图中来，这是事业发展的趋势，有效地提高了绘图工作的效率，缓解了绘图任务积压的困境。但机械绘图缺乏个性特点，是难以弥补的缺憾，传统的手绘则可以发挥最大的优势，两相比较，只要有条件仍然选择手绘也正是这个道理。在文物、考古领域，对器物的传统手绘技术，犹如对破损器物的修复技术一样，实际上是一种非物质文化遗产的传承。

王滨从1995年开始文物绘图工作，累年陆续为多个考古报告、研究文集绘制了大量的器物线图，技术越来越精湛。更难能可贵的是，他仍坚持手绘这一传统方法的实践与探索，书中所选用的器物图样，本属文物中的精品，经作者运用传统的绘图技巧潜心绘制，达到了较高的水平，再加上文字介绍，扩大了读者范围，使更多的人可以从中受益。作者在篇首部分还对器物绘图的基础知识进行介绍，也可为初学者提供入门的参考。

期盼王滨能沿着这条正确的道路，不断探索，取得更多新成果。

于海广

2017年7月于山东大学

序　二

文物考古绘图不同于美术绘画中的艺术创作，它是根据制图学的投影原理，结合文物的特点而发展起来的一门技术性学科，属于考古技术的范畴。文物考古绘图具有较强的科学性，在科研中起着举足轻重的作用。

考古学科的发展离不开考古绘图，任何一项考古发掘成果的结集出版都需要大量的考古线图来支撑，尽管数字技术的进步使我们的出版物能够展示更多的精美图片，但研究者仍然需要文物的线图资料进行深入研究。这不仅仅是一种传统，每一件文物纹饰细部的描绘、制作工艺的表现以及以比例尺反映器物的尺寸大小等等，都不是图片资料所能替代的。考古资料的大量积压、考古报告出版的滞后与考古绘图工作跟不上有着直接的关系。

长期以来，文博界专业文物考古绘图人员严重匮乏。以我省为例，文物考古绘图工作只依赖有数的几位专职绘图专家，与考古绘图工作量的需求很不相称。王滨同志即是我省较早从事该项工作的专业人员，属于为数不多的文物绘图专家之一。

以往的文物绘图，一般是跟随考古发掘简报和考古报告的出版作为插图使用。但该书能够将文物以绘图的艺术形式结集出版，不仅有对文物绘图的绘制方法理论的研究，而且还对文物进行了基本描述，对重点文物进行历史渊源、造型特色、制作工艺、装饰风格等诸多方面作了详尽的阐释与研究，使读者在欣赏文物线描图的同时，对所绘文物有了初步的认知，从而更能激发读者对文物产生浓厚的兴趣。

该书的特色有三：一是崇尚传统，全部采用传统技法绘制。作为传统的继承者与守望者，作者对于传统的东西有一种难以割舍和释怀的情愫。用笔手工绘制，眼、脑、心、手合一，去完成每一根线、每一个纹饰细节的精细描绘。二是对文物绘图的基本原理和操作要领及注意事项，进行了较为详尽的探索和研究，许多观点和画法新颖科学，有着作者自己的真知灼见，对于如何使文物绘图技术与艺术的完美结合，提供了坚实的理论基础。三是将所绘文物进行简述和说明。不仅对每一类文物的起源、形成、发展以及社会背景和地域文化特征都进行了阐释，而且还对文物的用途作了说明，让读者在欣赏线图艺术的同时，以图讲故事，用图说文物，以图的形式普及文物知识。把深奥的考古知识、文物知识，变成了浅显易懂的文化快餐，图文并茂，雅俗共赏，既有知识性、趣味性，又有较深的研究性。再如，作者对存在于考古、文物中的术语和偏僻字、生僻字，尽量作了注解和标注了汉语拼音，使之易记易懂，方便学习。

该书对如何提升文物绘图质量和水平进行了较为深入的研究，又对文物进行了诠释和探究，这在全国当属仅见。书中提到的“以文物线图形式来展现文物特殊的韵味，是文物鉴赏与陈列展示的有力补充”，并配以现场图片实例，令人耳目一新。作者绘制的"金耳坠"，运用点和面结合的方式表现细节，技法运用灵活合理，以小见大；在包金铜镦的绘制中，将龙凤纹图案的精微细节表现得淋漓尽致，富有层次感；在对矩形龙纹铜镜绘制中，富有节奏的线条，将纹饰表现得鲜活有力，呼之欲出；对银盘的描绘，笔笔精到，完美保留了原刻纹的风采神韵；对彩陶盘四鸟兽形象的描绘，有如神来之笔，展示出了其狂奔、追逐的速度与高度，动感十足，出神入化……。从上述几件文物线描图中，足以反映出作者对文物内涵的理解、把握和对线条的精准控制，表现出深厚的艺术功力。作者发扬敢为天下先的独创精神，另辟蹊径，使大家在欣赏一幅幅精美文物线图的同时，了解文物的历史渊源、造型与装饰特色地域风格以及其对各个历史时期产生的重要影响。

这是山东省第一本关于文物考古线图艺术鉴赏理论、实践与文物研究相结合的学术性专著，填补了我省文物考古绘图这一研究领域的空白。

我与王滨同志相识多年，十余年前曾请他帮助绘制过建筑类明器的透视图，早就深知其扎实的美术功底和精湛的文物绘图技艺。同时，王滨还是一个重情重义之人，书中特意收录了为英年早逝的收藏家王宝刚先生的藏品所绘制的线描图，从中可见一斑。

本书是山东文博界学术研究的又一力作。可以预见的是，该书的出版发行，对于提高考古绘图水平和充分发挥其多元化的实用功能，有着一定的现实意义。

郑同修

2017 年 7 月于济南

自 序

拙作《文物绘图研究与鉴赏》的出版纯属偶然。笔者自幼酷爱美术，在大学期间学的也是美术。刚毕业时曾对未来有着美好的憧憬：背上画夹，邀三两画友，游历并描绘山川秀水，尽抒“搜尽奇峰打草稿”的豪气，尽情徜徉在绘画艺术的海洋……但命运之神却将我领进博物馆这座神圣的艺术殿堂。这些质朴敦厚的陶器、尊贵神秘的青铜器、精雕巧琢的玉器、雅丽多姿的瓷器，以其生动的造型、精美的纹饰、精湛的制作工艺以及深厚的历史文化底蕴，形成了鲜明的艺术风格，彰显了浓郁的地域特色，令人叹为观止！一种崇敬之情油然而生，这更加让我坚定了认识文物、学习文物和研究文物的信心，从而“嫁”给文博事业、立志一生与文物相伴的决心。

笔者真正与文物考古绘图结缘，是 1995 年开始对临淄商王墓地的出土文物进行绘图并出版了发掘报告集。之后到山东省文物考古研究所（现升格为研究院）临淄工作站与郑同修、魏成敏、刘延常等考古专家相识，并对较为复杂的重要文物进行绘制。1997 年在完成考古发掘报告集《临淄商王墓地》的文物考古绘图后，1998 年，受省考古研究所原所长张学海之邀，承担完成他的考古学论文集《张学海考古论集》中的全部插图的绘制，这对笔者来说是极大的肯定和鼓舞。近 30 年的辛勤耕耘，笔者先后在《故宫文物月刊》（台湾）、《考古》《考古学报》《文物》《收藏》《管子学刊》《山东淄博文物精粹》《金陶斋藏品集》《山东地区两汉文明展》等众多文博学术刊物中收录和刊登文物绘图作品。据不完全统计，各种著作、学术期刊、文物专辑、陈列展览累计发表、收录及展陈设计使用本人绘制的文物线描图已达数千幅。

2014 年底，山东省考古研究所全面启动《中国青铜器全集・山东卷》的编纂工作，除常规文物描述和图片外，特别强调了文物线图的重要地位，要求每件器物必须绘制线描图，一举打破了以往文物专辑单纯以照片一统天下的传统模式。2016 年 4 月，山东博物馆主办“山东地区两汉文明展”，策展人员在向淄博市博物馆借展文物的同时，还特别向笔者索要了文物线图用于展陈背板制作。正是基于这些诸多因素的机缘巧合，在完成这些绘图的过程中，遂萌生了出版一本关于文物绘图理论研究与艺术鉴赏相结合的书籍的念头，算是对自己多年来从事文物考古绘图工作的一个总结，同时也可以作为考古学延伸的普及性读物。于是，在山东省文物局、省文物考古研究所、省博物馆领导和身边师友、文博同仁的鼓励下，将出书的愿望付诸行动。其原因有三：一是可以将近30年辛勤劳动结成的果实汇于书中，既是对自己过去的一种肯定，又是对自己未来的一种鞭策；二是积极践行习近平总书记“合理利用文物资源，让文物活起来”的重要指示，以多种形式对可移动文物进行展示的一种创新，具有较强的资料价值；三是采取雅俗共赏的形式，对重点文物进行诠释与研究，在对线描图进行鉴赏的同时认识和了解文物，对文物基础知识的推广与普及尽一份责任。

文物是重要的文化遗产，具有较高的历史价值、艺术价值、研究价值和科学价值。文物信息的解读与诠释，有文字、图片、线图等多种方式。然而对广大观众来讲，见到最多的还是博物馆展橱内的文物实体、文物图片以及文字说明与介绍。在考古学领域中，旨在对文物进行深入研究而广泛运用的文物线图，长期以来一直扮演着重要角色，但因其较强的专业性、技术性和冷僻性，使得其传播范围仅限于文博研究业内人士，外界知之甚少，甚至不为人知。本书想通过一幅幅寻常百姓平时很难见到的精美文物绘图，使读者在欣赏文物线图的同时，从更深的层次和角度探寻文物的奥秘，从而了解文物的深刻内涵。

本书选取收录的绝大部分文物都是齐地考古发掘出土的具有代表性的文物精品，分陶器，石、玉器，青铜器，金、银器，铁器，瓷器，漆器（漆器构件及复原），骨、角、蚌器共八个部分，具有鲜明的齐国地域特征，涵盖新石器时代至民国计160件（套）文物及绘图。以线图的形式宣传文物，也是一种崭新的尝试和探索。此外，需要说明的是，本书文物绘图全部为手工绘制完成。手绘是目前较为成熟的传统技法，尊重传统并非故步自封，而是通过对传统文物绘图的研究和鉴赏，对其充分开发和利用，从而使文物绘图质量达到一个新高度，让其更科学、更快捷、更方便地为文博科研及其他领域服务。

在《中共淄博市委、淄博市人民政府关于着力建设文化名城的意见》中，明确提出了“以阐发齐文化时代内涵和打响齐文化品牌为主线”的宏伟蓝图。笔者坚信，《文物绘图研究与鉴赏》的出版，对于普及文物知识、宣传古代齐国历史、弘扬齐文化以及推动淄博文化名城的建设，必将起到积极的促进作用。

王　滨
2017年7月于知足斋

目　录

绪 论

文物考古绘图是一门技术性学科，它是考古学领域中的一项重要内容，在考古学研究中发挥着巨大作用。西方的“古物学”是近代考古学之源，考古绘图作为考古学中重要的组成部分，便是因此而萌发。18～19 世纪，西方的古物爱好者们在搜集古物的同时，为了科学记录资料，对古物及其环境进行了大量的测绘工作。这些科学的测绘工作应该就是近代最早的考古绘图（如对埃及金字塔、英国巨石阵以及美洲大土丘的测绘）。到了 19 世纪末、20 世纪初，西方就已经形成了一套较为完善的考古绘图体系。20 世纪初，随着近代考古学传入我国，西方国家考古绘图的经验与方法，也逐渐为我国考古工作者所接受并传承。1930 年出版的《考古学》和 1931 年出版的《考古学通论》，是中华人民共和国前最早的两本考古学教材。其主要内容都是翻译自日本考古学泰斗滨田耕作 1922 年编著的《通论考古学》一书。

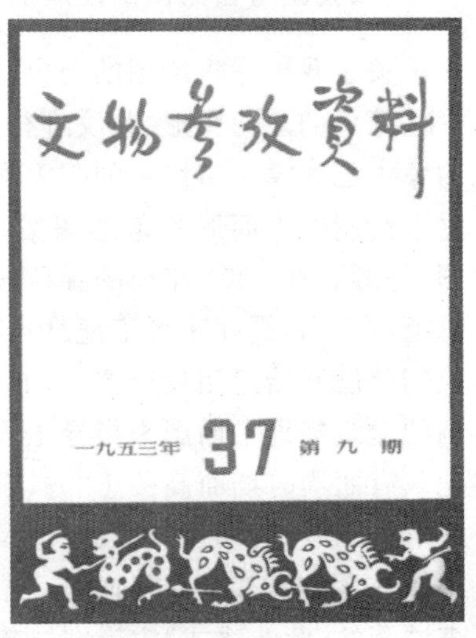

图 1 《文物参考资料》书影

中华人民共和国成立以后，考古绘图一直是考古专业的必修课。较早的考古绘图著述是《文物参考资料》1953 年第 9 期（见图 1）中由徐智铭撰写的《考古应用绘图》一文。此外，1958 年由中国科学院考古研究所编写的《考古学基础》，1978 年 3 月由吉林大学历史系考古专业和河北省文物管理处联合编著的《工农考古基础知识》，1982 年由中国社会科学院考古研究所编写的《考古工作手册》，均设有专门的章节介绍考古绘图基本理论和操作方法，其重要性可见一斑。这些关于考古绘图的理论知识与技术实践经验，在后续的考古学研究和文博事业的发展中，起到了不可估量的巨大作用。1993 年，北京大学出版社出版了马鸿藻先生的《考古绘图》一书，是我国第一部真正意义上的关于文物考古绘图理论与实践的专门著作。2008 年经重新修订，北京大学出版社再次出版了马鸿藻先生主要针对可移动文物的《考古器物绘图》一书，并多次印刷发行。该书较为全面和系统地讲述了考古器物绘图的基本原理和操作要领，由于该书主要针对文物器物本身，更加突出了独立性和科学性，同时提升了专业性、理论性和实践性，且更注重技术性与艺术性相结合。因此，它的出版问世，为文物考古绘图的推广与发展做出了较大贡献。2012 年，国家文物局公布了《田野考古制图》的行业标准，不仅使文物考古绘图更加科学和规范，而且上升到了国家层面，这也是文物考古绘图走向正规化、专业化、系统化的重要标志。

近年来，随着考古事业的蓬勃发展，文物考古绘图成为文博科学研究中不可或缺的重要组成部分，在实践中起到愈来愈重要的作用。国内各大院校纷纷增设考古学与博物馆学相关专业，考古绘图成为必修的专业课程，有些职业技术学院（校）更是积极开设考古绘图班，培养和输送了一批批考古绘图专门人才，使得考古绘图这一专业受到空前重视并得到快速发展，绘图专业人员队伍也在不断壮大。但是，从全国范围的文博单位来看，就技术层面上讲，考古绘图人才水平参差不齐，尤其是中小型博物馆的从业人员，能够胜任该专业技术并具有较高水平的同志，更是寥若晨星，并且出现人才断档、青黄不接的窘境，这也是制约当前文博事业全面健康发展的瓶颈问题之一。

我们通常所说的考古绘图是指其广义的概念，包括田野考古发掘（遗址和墓葬发掘）现场绘图和文物器物考古绘图。文物分为可移动文物和不可移动文物，文物考古绘图一般多指可移动文物绘图或文物器物绘图，也称“文物绘图”“线描图”“线绘图”。本篇仅涉及可移动文物范畴文物器物线图的传统手绘。

一、我国考古绘图的发展历史

关于我国考古绘图的历史，应追溯到约 1 万年前的石器时代，那时的先人们便能对一些简单的几何图形、花纹进行绘制，具备了较为原始的图示能力。如旧石器时代晚期内蒙古巴彦淖尔市境内的阴山岩画，新石器时代陕西西安半坡遗址出土的仰韶文化彩陶盆上绘制的人面形和鱼形图案，以及甘肃出土的彩陶罐画有剖视表示捕获野兽的陷阱图，等等。在 3000 年前的春秋时期，齐国制定的指导、监督和评价手工业制作技术规范总汇的官书《周礼·考工记》中，就记载有规、矩、绳、墨、悬、水等绘图工具。在战国时期，人们就已开始运用设计图了，而且有了确定的绘图比例，并且可以用酷似“正投影法”绘制的建筑规划平面图来指导工程建设。公元前 100 年左右成书的《周髀算经》一书中，也记载有西周时期商高关于“方、圆、勾、股”等几何问题的创见，书中有矩（一种量直角、画矩形的工具）的用途、勾股定理及其在测量上的应用和相似直角三角形对应边成比例定理等数学内容。至秦汉时期，史料中便出现了“图样”的记载，并能根据图样建筑宫室。李诫著的《营造法式》宋崇宁二年（1103 年）刊印的，是宋代官方颁布的一部建筑设计、施工的规范用书，也是我国古代最完整的建筑技术典籍之一。其中的平面图、轴测图、透视图图样与近代工程制图表示方法基本相同。随着社会的发展和生产技术的不断进步，交通、军事、农业等器械日益复杂和日趋完善，图样的形式与内容也与现代工程图样相差无几。如清代程大位所著《算法统宗》一书的插图中，便绘有丈量步车的装配图和零件图。20 世纪 50 年代，我国著名学者赵学田教授就简明而通俗地总结了三视图的投影规律——长对正、高平齐、宽相等。

中国现存最早而又较有系统的文物绘图辑录，应为北宋吕大临（1040～1092）编撰的《考古图》，共 10 卷，成书于元祐七年（1092 年）。书中辑录了当时秘阁、太常、宫廷内藏和民间青铜器 224 件（元后刻本缺 9 件），第一至六卷为鼎、鬲、簋、爵等商周青铜器，目列 138 器，实收 143 器。第七卷为钟、磬等乐器，目列 10 器，实收 15 器。第八卷为玉器，目列 13 器，实收 9 器。第九、十卷为秦汉器，目列 63 器，实收 67 器。石器、玉器 13 件，每件器物先描绘器物线图，可以说是古代文物研究书籍图文并茂的典范。每一器皆描绘图形、款识、记录尺寸、容量和重量，对其收藏处和出土处可靠的器物加以简单说明，并作了一定的考证。《考古图》主要将青铜器和青铜器铭文作为一门学问系统地进行研究，并对文字加以考证，体例严谨，奠定了现代考古学、古文字学的基础，被誉为“中国考古学鼻祖”。（见图 2）

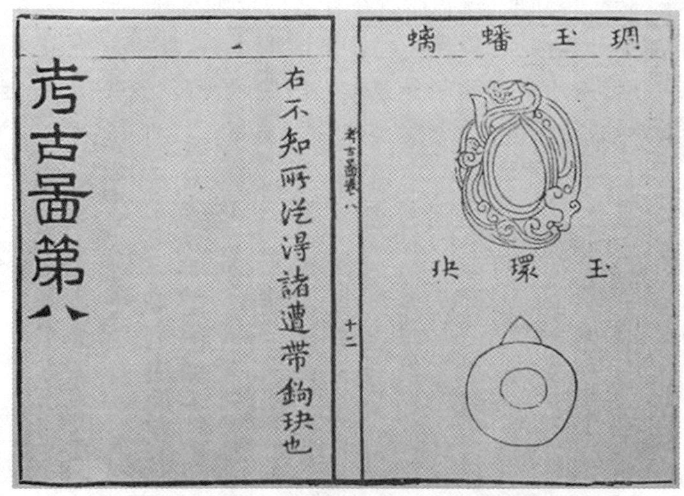
考古圖第八
右不知所從得諸遺帶鉤玦也

图 2 《考古图》书影

宋代以图文见长的著录颇丰，如《宣和博古图》和《三礼图集注》。（见图 3、图 4）《宣和博古图》为宋徽宗敕撰，王黼编撰，成书于宣和五年（1123 年）之后，著录了宋代皇室在宣和殿收藏的自商至唐代的青铜器精华 837 件。全书共 30 卷，分为鼎、爵、斝、尊、罍、舟、卣、瓶、彝、觯、敦、簠、壶、㽁、鬲、盘、匜、钟磬、錞于、镜鉴及杂器凡 20 类。每器都摹绘图像，勾勒铭文，并记录尺寸、容量、重量等，间附考证，所绘器形比较准确，图旁器名下注“依元（原）样制”或“减小样制”等以标明图像的比例（明代缩刻本，始删去比例），所定器名多沿用至今。《宣和博古图》的器物分类法比丹麦汤姆森的《北欧古物指南》早了 700 年。

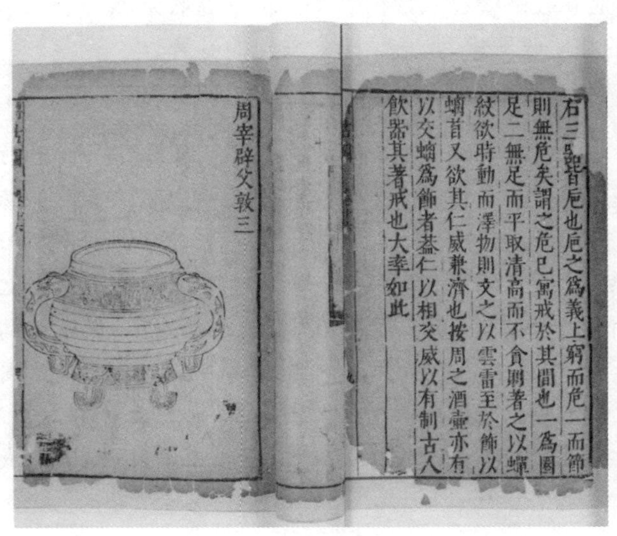
周宰辟父敦三
右三足皆危也危之爲義上窮而危一而節
則無危矣謂之危巳寓戒於其間也一爲圓
足二無足而平取清高而不貪則著之以蟬
紋欲時動而澤物則文之以雲雷至於飾以
螭首又欲其仁威兼濟也按周之酒壺亦有
以交螭爲飾者蓋仁以相交威以有制古人
飲器其著戒也大率如此

图 3 《宣和博古图》书影

《三礼图集注》为宋代著名学者聂崇义（生卒年不详）参互考订多种古代《三礼图》所纂辑。其书有图、解说（集注）。凡图 380 余幅，原文文字 10 余万言。《三礼图集注》主要绘制内容包括：冕服图、冠冕图、后服图、宫室图、投壶图、射侯图、弓矢图、旌旗图、玉瑞图、祭玉图、匏爵图、鼎俎图、尊彝图、丧服图、袭敛图、丧器图等。在《三礼图集注》中，每一幅插图都进行了细致、精确地描绘，然后在合适的位置对礼图进行文字说明或阐释，正可谓图文并茂，增加了可读性、可看性。但是从客观上讲，花大气力进行图的绘制，势必会增加后期雕(刻)版带来的难度和制作成本。因此，恰恰从这一点上，足以看出对配图的重视程度及其重要性，对后世的影响也是非常巨大的。

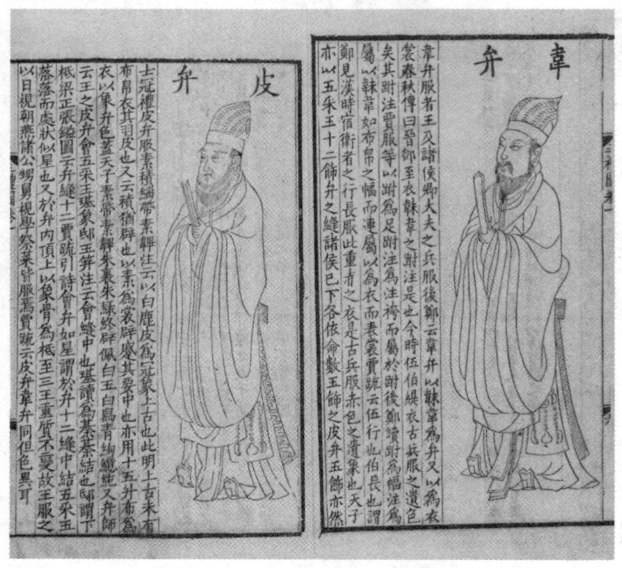

韋弁

韋弁服者王及諸侯卿大夫之兵服後鄭云韋弁以韎韋為弁又以為衣
裳春秋傳曰晉郤至衣韎韋之跗注是也今時伍伯緹衣古兵服之遺色
矣其跗注賈服等以跗為足跗注為注袴而屬於跗後鄭讀跗為幅注為
屬以韎韋如布帛之幅而連屬以為衣而素裳賈疏云伍行也伯長也謂
鄭見漢時宿衛者之行長服此重赤之衣是古兵服赤色之遺象也天子
亦以五采玉十二飾弁之縫諸侯已下各依命數玉飾之皮弁玉飾亦然

皮弁

士冠禮皮弁服素積緇帶素韠注云以白鹿皮為冠象上古也此明上古未有
布帛衣其羽皮也又云積猶辟也以素為裳辟蹙其要中也亦用十五升布為
衣以象弁色蓋天子素帶素韠朱裏朱綠終辟佩白玉白舄青絇繶純又弁師
云王之皮弁會五采玉璂象邸玉笄注云會縫中也璂讀為綦綦結也邸謂下
柢梁正張鎰圖云弁縫十二貫疏引詩會弁如星謂於弁十二縫中結五采玉
落落而處狀似星也又於弁內頂上以象骨為柢至三王重質不變故王服之
以日視朝燕諸公甥舅視學祭菜皆服焉賈疏云皮弁韋弁同但色異耳

图 4 《三礼图集注》书影

除上述外，后世元代的朱德润编纂的《古玉图》(上、下 2 卷)，系他在燕京诸王家及秘府所见古玉而成。上卷收录璧、环、带钩等 17 器，下卷收录珮、充耳、琀等 23 器。记明尺寸、形状、玉色，有的注明收藏家，是最早撰录玉器的专著。

南宋史学家郑樵，对于图在书中的重要性，作了如下论述：

> 图，经也；书，纬也，一经一纬，相错而成文。图，植物也；书，动物也，一动一植，相须而成变化。见书不见图，闻其声不见其形；见图不见书，见其人不闻其语。图，至约也；书，至博也，即图而求易，即书而求难。古之学者，为学有要，置图于左，置书于右，索象于图，索理于书，故人亦易为学，学亦易为功，举而措之，如执左契。后之学者，离图即书，尚辞务说，故人亦难为学，学亦难为功，虽平日胸中有千章万卷，及置之行事之间，则茫茫然不知所向……隋家藏书，富于古今，然图谱无所系，自此以来，荡然无纪，至今虞夏商周秦汉上代之书具在，而图无传焉。图既无传，书复日多，兹学者之难成也。天下之事不务行而务说，不用图谱可也，若欲成天下之事业，未有无图谱而可行于世者……①

这段文字将图文互补的关系和配图的重要性，阐述得透彻淋漓，入木三分。

从众多文献资料中可以证实，我国古代在天文图、地理图、营造图以及机械图等诸方面，都有着辉煌成就。如我国对正投影法的采用比画法几何的出现要早 700 年；而轴测投影

① (宋)郑樵：《通志》卷七二《图谱略》，清文渊阁四库全书本。

的采用要比欧洲国家早6个世纪。再如明代宋应星所著《天工开物》一书中详细阐述了采冶、农业、加工、交通、军事等方面的内容，为了更好地阐明与解读，其中便配有大量的图例(见图5)。这些图例均以轴测图形来表达舟车器械的形象和构造，并适当修饰以增强立体感。此外，明代著名科学家徐光启著《农政全书》中，画有不少有关农具的插图。明代"珠算鼻祖"程大位的《算法统宗》中，绘有丈量步车的零件图和装配图。(见图6)通过历代大量文献资料证实，自宋及宋以后大凡古代器物的集录，基本都附有图形，这种图文并茂的形式在后世得到传承并不断发扬光大，至清末民初有了更加广泛的发展和应用。

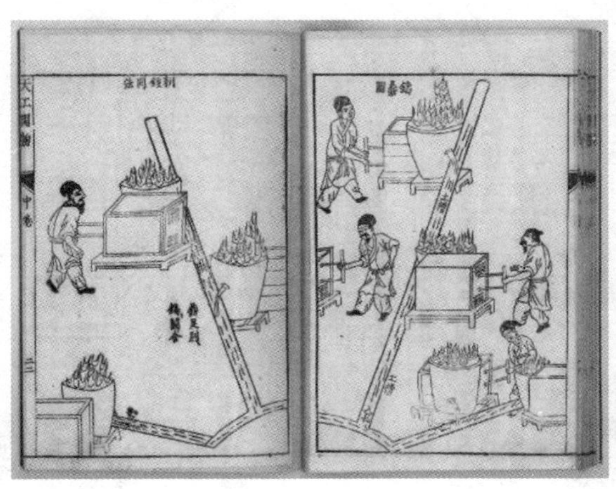

图5 《天工开物》书影

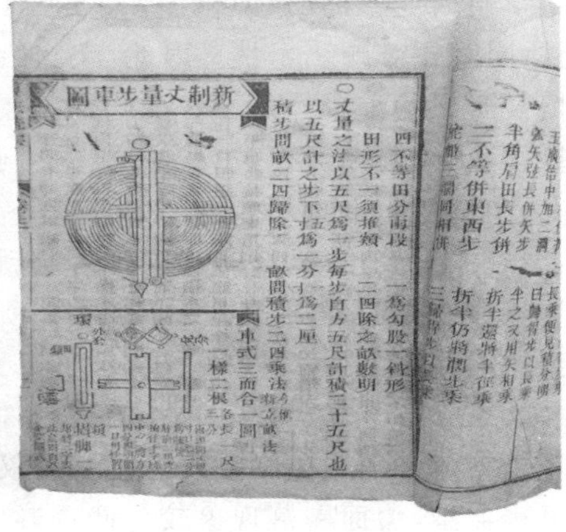

图6 《算法统宗》书影

在当今我们生活的现代社会中，书籍也称"图书"。图书一词，最早可以追溯到《周易·系辞上》中的"河出图，洛出书"这个典故中，它反映了图画与文字的密切关系。对于"插图"一词，《辞海》中的解释是这样的："插图，又名'插画'。指插附在书刊中的图画。有的印在正文中间，有的用插页方式，对正文内容起补充说明或艺术欣赏作用。"①西汉刘向编撰的《列女传》一书中，均配有丰富的人物插图。图像与文字的相互配合，是对文字信息的重要充实和弥补，能够使其更加真实和容易理解。对于读者来说，纷繁多样的插图可使书籍内容更显生动、更具艺术美感和吸引力。所以，"图文并茂"已成为现代图书质量评判体系的重要环节。插图，也成为书籍中重要的、不可或缺的组成部分，从而使阅读迈进一个崭新的"读图时代"。

二、文物考古绘图的特点及其意义

"科学技术是第一生产力。"在许多科研工作和科技书籍中，都用大量的图形来记录和阐释问题，所以说制图是一门基础的技术科学。在考古发掘中，专业绘图人员能够出色地完成现场绘图任务，考古发掘人员就可以有更充裕的时间，依据这些绘图撰写发掘报告并作更深入的研究等工作。对于博物馆馆藏文物，通过文物绘图可以增加数据库信息量，为进一步完成某些课题的研究创造良好的基础条件。

① 辞海编辑委员会:《辞海》，中华书局1965年版，第1319页。

由于考古工作内容的多样性，在技术层面上也提出了各种不同的要求。因此在考古绘图中，不但要求绘图者掌握正投影作图的基本理论，还要求其具备一定的美术（书法、工笔、素描）基础，掌握一些文物考古专业基础知识，否则在文物绘图过程中就会出现偏差，不能正确而科学地为考古学服务。

文物考古绘图是将制图学应用于考古工作和研究中的一项重要内容，用制图学的理论和绘图技术记录说明考古材料，它直接服务于考古学科研，具有较强的科学性、专业性和技术性，同时还兼顾艺术性。因此，文物绘图在文博科研中的重要性是不言而喻的。在实际文博工作中，需要对残破、残缺文物绘制复原图并进行复原，此时的文物绘图将是一大利器，能够派上大用场，有时甚至可以达到化腐朽为神奇的境界，这一点也是单凭拍照所无法做到的。

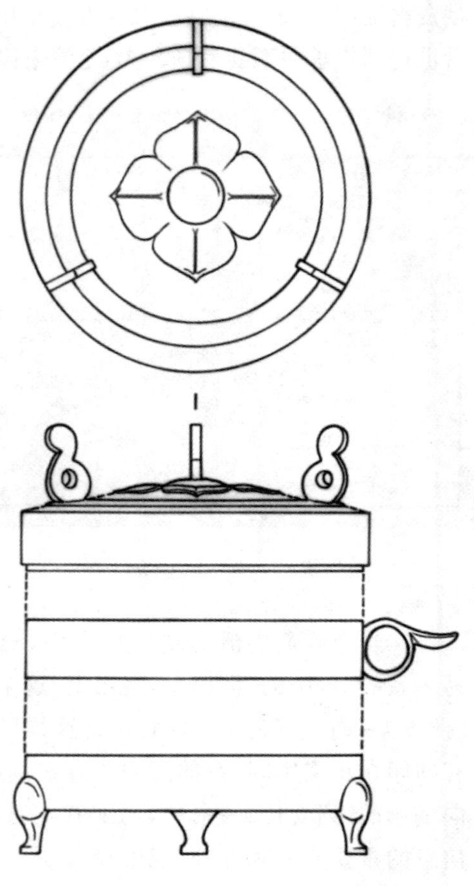

图 7　战国漆樽复原图

如齐地出土的漆器，由于受埋藏条件和出土环境等诸多因素的影响，残片居多，仅有少数可辨器型，漆面剥落现象较为严重，纹饰也斑驳漫漶。在这种图案模糊的情况下，即使是高水平的文物摄影师拍出的照片也会模糊不清。但是，绘图却可以打破这种局限，绘图者通过肉眼的观察，可对其进行复原，并通过绘图清晰地表现纹饰、线条和结构，最终还可以绘出完整的器物图，从而呈现齐国发达的漆器制作技艺。（见图 7）

随着文博科研水平和考古技术的迅猛发展，文物绘图愈来愈显示出它的重要作用。文字与线描图、照片“三位一体”，不可分割，它们的功能各有优势和不足。如在考古报告及科学研究中，文字记录虽然便捷、符号化，但无论如何详尽，仍属于抽象思维，只能靠“想象”，单靠文字描述难以达到直观形象。比文字更为形象的是图像，从文字起源开始，图形图像便一直伴随人类发展的历史，文物摄影可以真实地反映文物的外形与色彩，侧重视觉上的立体感，但是有时会受到客观条件的制约，很难完整表现出纹饰等细节，内部结构空间位置与厚度等更是无法实现。文物线描图尽管不能对文物的质感、色彩、光泽等进行客观地表现，但它可以利用正投影原理来表述遗物、遗迹的外形和构造，能够准确、直观、简练、清晰地表现文物的内部结构、外部形态，装饰纹样也可以用展开图的方式加以全面表现，纵览全貌。用绘图形式将不同类别、不同时期文物的演变过程进行分期、分型、分式排序比对，也是考古研究中较为常见的、必不可少的方法。它的优势还在于，可以根据内容的具体需要做出取舍，从而更加突出其主体。所以，考古绘图的这些优势是文字、照片所不可及、不可替代的，这就是照相技术出现后，直至数码影像大行其道的今天，文物线描图一直存在和经久不衰的原因所在。因此，在考古科学研究中，文字描述、照相、绘图三者形成互补关系，只有它们相互依存才能科学、全面、真实地展示文物的外部特征和内部结构。

文物绘图同时也是与博物馆关系最密切、应用最广泛的一项内容。由于其主要在室内作业，有充足的时间来进行该项工作，没有理由草率行事，反而更应该认真对待，仔细观察、辨别和解读，最终完成文物研究中独具特色的珍贵资料，不断丰富和完善文物信息资料数据库，保证其完整性和科学性，并在文物专辑、陈列展示以及数字博物馆等诸方面的实际应用中，将其功能最大化地发挥出来。

三、绘图人员应具备的基本能力

文物绘图的重要性不言而喻，那么从事文物绘图的人员，应当具备怎样的基本素养与能力呢？首先是要有对文物绘图的无限热爱之情，俗话说："兴趣是最好的老师。"只有热爱考古绘图，用心去做，才能形成干好这项工作的强大动力。其次要对文物所处的时代、特征及内涵，有较为准确的把握与解读，只有这样才能进一步提高文物绘图的艺术表现力和感染力。再者是必须加强美学修养，具备一定的美术理论基础、敏锐的洞察力和美学品鉴能力。如果能加强美术、书法与工笔线描等基础训练，就能为文物绘图创造更加良好的条件，可谓如虎添翼，能使所绘制的线图更加专业，更加充满艺术感染力，且起到事半功倍的作用。最后，也是最重要的一点，就是要具有吃苦耐劳的精神和坚定的意志品质。文物绘图实际上是一项工序繁杂、操作起来较为枯燥和劳神费力的工作，有时工作量很大，这就要求绘图者要有坚持不懈的恒心和坚韧不拔的毅力。只有真正具备一丝不苟的工作态度和不断提升的综合工作技能，才能更好地完成文物绘图工作。

文物绘图的基本特点是以绘图操作与实践为主。学习文物绘图最重要的是如何正确理解和掌握理论联系实际的原则，因此，认真学习有关制图的理论知识是重要环节。有了丰富的理论知识作指导，才能有效完成作图的实践活动。反之，通过实践才能更好地巩固和提高理论知识，才能更加熟练地掌握有关绘图的规则、方法和技巧。总之，加强理论学习与实践相结合，是绘图人员出色地完成绘图工作必备的先决条件。

四、文物绘图的科学性与艺术性

虽然文物绘图具有较强的科学性，但不能因此而忽视其自身固有的艺术性。那么，文物绘图最终要达到一个什么样的目标呢？我国著名考古学家严文明先生曾经说过，"考古绘图要做到科学性与艺术性的统一"，并给予了精辟的诠释与注解。

文物绘图的科学性，是通过绘图的方式将信息准确、有序和尽量完整地提供给研究人员和广大读者，本质是一种信息的提取，具有较强的科学性和规范性。文物绘图的科学性是建立在对文物实际尺寸量取、按比例真实描绘的基础上的，且必须严格忠实于原物。这是因为研究者对于绘图资料的获取途径不尽相同，有的可以直接通过文物实物的接触进行，但有些则是通过文献资料数据库，对学术报刊刊登的资料查询搜集而进行研究的，如果刊载的图绘制不严谨，存在差异，甚至出现谬误，就会使读者或研究人员对原物的解读发生偏差，从而形成错误的观点和认识。因此，尊重、保持原文物的真实性与准确性，是极为重要的，也是文物绘图科学性的具体体现。不仅如此，绘图者对待绘图的态度要严肃认真，文物绘图是一件十分严谨细致的工作，测量、绘制时一定要细心观察，在认真分析和理解的基础上进行准确描绘。因此，科学、准确是文物绘图科学性的灵魂所在。

线图绘制中的艺术性也是不容忽视的，它可以增加文物的艺术美感而使之更具观赏性。就文物绘图的艺术性而言，并不是像画家进行绘画创作那样可以抽象和随心所欲地发挥，追求艺术性要掌握一个“度”，过分追求有可能适得其反。文物绘图的艺术性指的是，在保证线图绘制各项数据真实、准确的基础上，善于运用线条的粗细、疏密、虚实等各种绘画技法，并且强调对文物的明暗、转折、起伏等细节特征的把握，比如，具有沧桑感的器物，应注意用笔的变化，配以粗犷的线条来表现，而不能画得甜腻、阴柔。因此，通过丰富的表现技法和手段表现出文物的外形和内部结构，才会使其具有较强的艺术性，给人以美的享受，才能真正做到将看似冰冷的文物，通过科学性与艺术性的有机结合而完美地表现出来。

五、文物绘图与绘画艺术

文物绘图与绘画艺术虽然都有一个“绘”字，但是由于目的和对象不同，使得二者各具特色，风格迥异。绘画是一门艺术，文物绘图则是科学技术，属“制图”范畴。之所以称为“文物绘图”，与文物造型美、纹饰丰富多样且文物本身就是艺术品有关，因此亦有一定的绘画艺术元素注入其中。尽管它们之间有共性的东西，但实际上又不完全等同，主要表现在以下几个方面：

第一，科学性与严谨性不同。文物绘图绘制的对象是文物，有着严格的规范和标准，必需符合考古学专业的特殊要求，它的绘制不能掺杂任何主观因素；绘画艺术是从美术角度出发作画，可以任由作者主观臆造或运用丰富的想象力创作。

第二，绘制理念与使用工具不同。绘画艺术是通过眼睛观察，凭借艺术修养和多种绘画技巧来作画；而文物绘图则是凭借圆规、三角板等绘图工具对文物测量后，按照制定的规范来作图，也可称“制图”。

第三，理论依据不同。绘画艺术的理论基础是美术理论、透视学以及创作思维和视觉艺术修养，或抽象，或具象，具有较高的灵活性；而文物绘图的理论基础是制图中的投影透视原理和机械制图中的几何绘图学知识，并依据一定的科学原理和方法绘制。

第四，绘制技法与表现力不同。绘画是根据不同画种，追求所要达到的艺术境界，可以利用相应的绘制工具，并采用多种绘画技法来实现绘画的艺术创作；而文物绘图则是按照既定的要求和规范，使用专用画笔，主要以线条为主完成绘制，表现出文物器物本身的形态美，特点鲜明。

第五，目的和用途不同。绘画艺术主要是通过艺术创作而成美术作品，属于喜闻乐见的大众文化艺术范畴，目的是用于欣赏和服务于社会；而文物绘图的目的则是为文博与考古学研究提供可靠的资料，主要服务于考古学、文博科研和文化历史传播等专业领域。

虽然文物绘图与绘画艺术有着较大差异，但又关系密切，并非毫无关联或互相排斥，二者之间共性的东西使它们相互依存、相辅相成。一幅优秀的文物绘图，其实就是一件美术作品，只不过它是利用科学技术手段，从美学角度出发，融入美术绘画技法进行绘制，具有一定的观赏性。文物绘图者首先应具备一定的绘画基础和美学鉴赏能力，如加强工笔线描、素描造型的训练以及艺术表现等综合能力的把握，对于增加文物绘图的艺术美感将会有很大帮助。不仅如此，为更好地展示文物的实用功能，使之更加直观、简单明了，利用绘画手段来绘制使用示意图，有着上佳的表现。

六、文物绘图器具

古语说："工欲善其事，必先利其器。"文物绘图的最大特色就是，它是利用仪器、工具测量与手工绘制相结合的一种测绘记录方式。因此，熟练掌握和正确使用各种仪器及工具，是高质量完成线图绘制工作的最基本条件。在文物线图的实际绘制过程中，有些特殊的测量与绘制工具，在绘制的速度和准确性上，有着得天独厚的优势。现就常用的绘图仪器、工具及其他绘图用品作简要介绍：

（一）绘图仪器

绘图仪器一般都是成套组合，通常件数越多表明型号越全，在使用中选择的余地就越大，就更能满足制图中的各种需要。（见图 8）熟练地掌握各种仪器的性能和用法，是出色完成绘图工作必备的基本能力。在考古绘图工作中经常用到的仪器有以下几个种类：

1. 圆规

圆规是较为常用的主要绘图仪器，是专门画圆及圆弧的重要工具。依据特殊用途和实际半径，有多种型号可供选用。

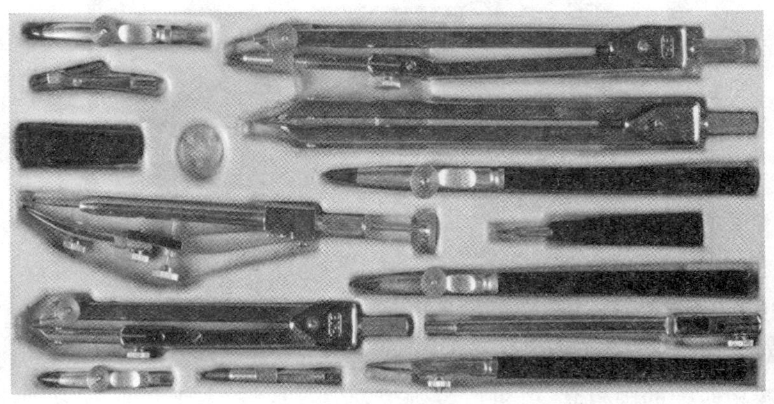

图 8　绘图仪器

2. 分规

分规又叫"两脚规"，由两腿、柄、钢针和紧涨螺丝等构成。它的主要作用是在图上测量线段、等分线段、截取和移动线段以及等分圆弧等。

3. 比例规

比例规是运用相似三角形原理做成的一种测量仪器。这种仪器在文物绘图工作中经常用到，主要应用比例规的"长度"比例关系。它在应用中是非常方便的，不用通过计算便可直接求出具有一定比例关系的两线段长度。比例规的两脚钢架上有刻度，分别标有长度、平面、体积和圆度的刻度数值的比例。游标滑块上刻有标准线。

4. 其他

除圆规、分规、比例规外，其他常用的绘图仪器有电子测厚仪、内弯角卡钳(见图 9)、外卡钳、游标卡尺(见图 10)等。器物内、外径及器壁的厚度是文物研究中的一项重要参数，根据不同器物造型，利用这些器具对文物器壁厚度进行测量，较为快速精确、方便实用。

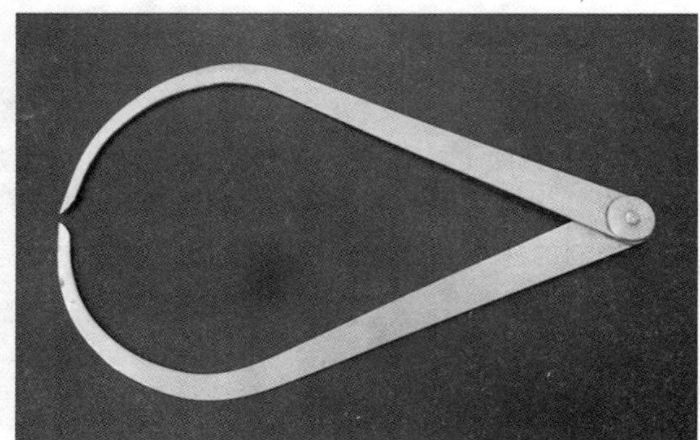

图 9　内弯角卡钳

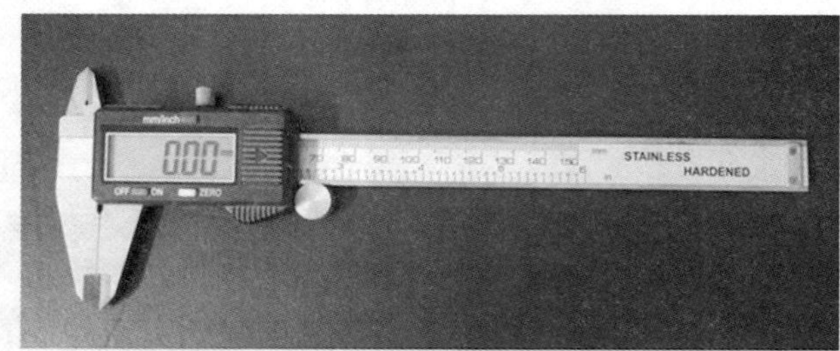

图 10　数显游标卡尺

(二)绘图工具

1. 绘图板

绘图板也称“画板”，是一块规矩的长方形木板。常用的是椴木三合板或五合板加硬木框做成的双面图板。一般规格为 4 开、2 开或整开，固定画纸和整体移动时较为方便。也可同时选购相匹配的画板套，既可以装画板，又可以存放图纸和画稿，方便收纳。

2. 三角板

三角板有最低毫米计的刻度，可以一尺多用，是用来量画直线和角度的工具，每套由两块组成，每块的角度分别为 45°、90°、45°，30°、90°、60°。三角板是文物绘制过程中使用最为频繁的工具。

3. 比例尺

比例尺外形为三棱柱形状，也称“三棱比例尺”。比例尺各边棱上面标有刻度，表示各种比例的尺寸，例如 1∶1、1∶2、1∶3、1∶5 等。所谓比例，是表示成图较原文物实际尺寸比例缩小或放大若干倍的比值。公式为:比例尺=图上距离与实际距离的比。比例尺有三种表示方法:数字式比例尺、图示(线段)比例尺和文字比例尺。文物绘图一般以图示比例尺为主。

标有1∶1字样的刻度,即没放大也没缩小,表示图上的尺寸与实际器物尺寸数据完全一致。标有1∶2字样的刻度,表示图上的尺寸与实际器物尺寸数据缩小一倍的一种尺度。那么,如果遇到特殊比例,如2∶1,正好与1∶2相反,即表示图上的尺寸数据与实际器物尺寸放大一倍的一种尺度。该比例主要用于小件器物或纹饰细小繁密的器物。利用三棱比例尺绘图,由于无需另行计算,从而可以加快绘图工作的速度,就器物绘图而言,最常用的是1∶1、1∶2、1∶4、2∶1的比例。

4. 丁字尺、直尺

丁字尺,又称"T形尺",为一端有横档的丁字形直尺。由互相垂直的尺头和尺身构成,在绘制图纸时常配合绘图板使用,可直接用于画平行线或用作三角板的支撑物来画与直尺成各种角度的直线。丁字尺一般采用透明有机玻璃制作,较为常用的有60cm、90cm、120cm三种规格。另外,不同长度的直尺也是画线的常用工具。

5. 自制工具及其他

在实际操作中,可以利用非常规的工具和手段,这就需要在长期的实践摸索中,根据绘制对象的具体情况,自制一些工具,如可夹住三角板垂直竖立的有卡槽的木块、按照需要截取小段钢卷尺便于量取尺寸等。较为成功且影响考古界的"大制作",当属"Mako"(真弧)。它的特点是:能够快速形成器物表面外轮廓,给图稿的绘制带来极大的便利。由于该工具系由日本考古工作者发明使用的,目前国内市场并没有成品销售,只能自己手工制作。

另外,为绘图方便,还会借助其他相应的工具,如曲线板、量角器、擦图片等。

(三)绘图笔墨及相关用具

1. 普通铅笔与自动铅笔

普通铅笔与自动铅笔主要用于绘图的起稿,对图稿进行修正时容易擦除。普通铅笔铅芯软硬、粗细型号齐全,在需要绘制粗线条时,把铅笔芯削扁会有上佳的表现。但由于使用时会需要经常削笔杆和修正笔芯,费时劳力。而自动铅笔则配有专用的备用铅芯,硬度有HB、B、2B等,直径有Ø0.5、Ø0.7等规格,自动出铅笔芯,因此,更为方便实用的自动铅笔渐渐取代了普通铅笔。(见图11)

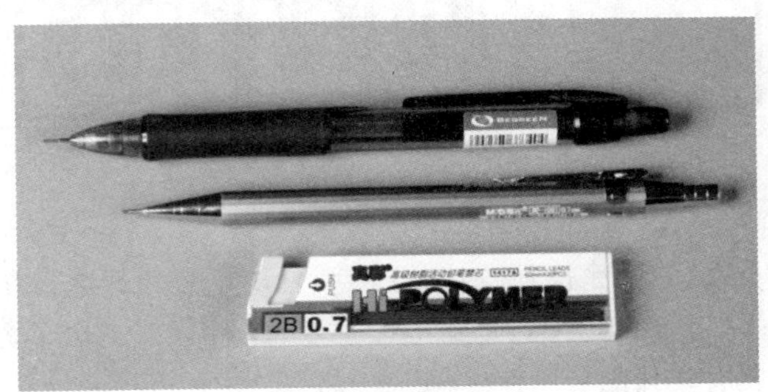

图11　自动铅笔、笔芯

2. 绘图笔

文物绘图乍看起来只不过是一根根直线、曲线的组合，但实际上并非那么简单，在不同器物上的纹饰，如平面纹饰、浮雕纹饰、凸弦纹和凹弦纹等，在绘制时的线条粗细是有区别的，这样所表现出来的最终画面才活泼自然，不呆板。因而，拥有趁手的、可以绘制不同粗细线条的绘图笔显得尤为重要。目前，在国内产品中设计较为成熟且物美价廉、文物考古界使用较为广泛的是上海“英雄-71A”绘图笔，一套九支装，结构合理。线条直径从 0.1mm～1.2mm，配有附件可以与圆规搭配使用。笔尖内有钢丝可以上下甩动用以疏通墨水，不易堵墨。笔端存墨部分和墨囊，均可拆卸，极易清洗，这些人性化的设计，给绘图带来的极大的便利。（见图 12）除此之外，有条件的也可以选用国外著名品牌，如德国产“红环”(Rotring)。（见图 13）

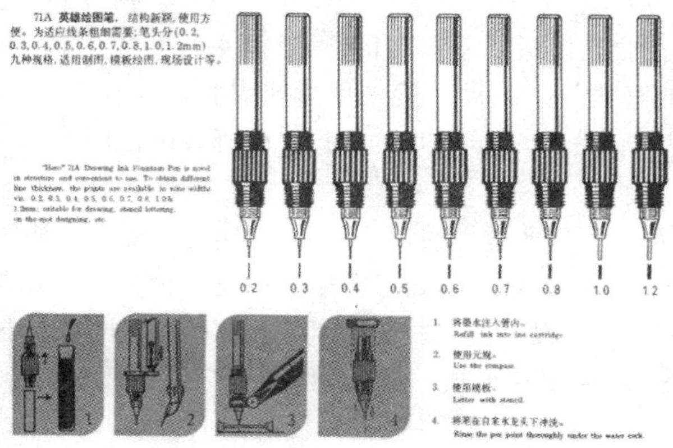

图 12　上海“英雄-71A”绘图笔

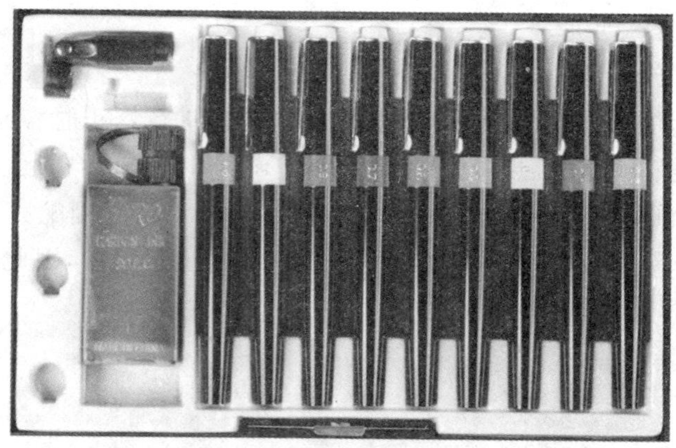

图 13　德国产“红环”绘图笔

3. 细毫毛笔

毛笔具有吸墨量大、笔触涂擦面积广的特点，可用于较粗线条的描绘以及对大块面的纹样进行快速上墨。比如对彩陶、瓷器等图案纹饰的涂绘，突出了方便、灵活、快捷的特点，节省了时间，具有较强的实用性。（见图 14）

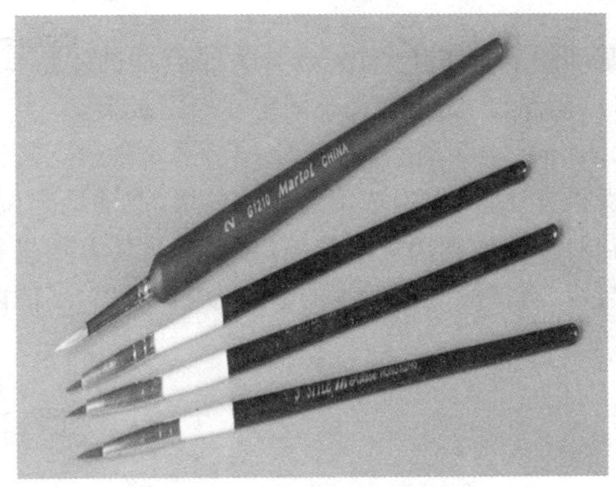

图 14　细毫毛笔

4. 专用墨水

选用墨色浓黑、具有一定覆盖力，且能使绘出的线条速干的绘图专用墨水为最佳，这样可以避免不慎擦蹭而污染墨稿。向绘图笔墨囊灌注墨水，采用医用中、小型注射器吸注，较为方便。

5. 其他相关用具

美工刀用于裁纸；橡皮用于绘制图稿时的擦除和修改；双面刀片用于成图多余墨线的及时修正（也可扫描后利用图像软件修正），方便快捷；回形针、铁夹、长尾夹、图钉、透明胶带用于纸张的临时固定，等等。

（四）绘图用纸

1. 米格纸

米格纸又称“坐标纸”，是印有标准的以毫米为最小单位的小方格绘图专用纸。作为一种实用二维表数据的载体，使用米格纸，可以使文物测量点快速定位，加快图稿的绘制速度。米格纸有 16 开、8 开、4 开、2 开和整开等多种规格。根据所绘器物的比例，选用纸张应与成图相匹配，或裁至合适大小。

2. 描图纸

描图纸也称“硫酸纸”，颜色为半透明，具有良好的耐磨性、耐水性和吸墨性。它是将底稿覆盖，通过专用笔进行线描绘制，最终成图的重要材料，其特点是墨线在纸面上不易扩散或渗透。绘图时应选用质地稍厚、柔韧性强、透明度高、表面洁净光滑的优质描图纸，注意防潮，切忌沾水和油渍。

七、文物绘图基本流程与原理

文物线图的绘制有着一套科学、严谨而规范的标准体系，如何将文物绘制得既精准、符合科学性，又兼有艺术性，这是值得深入探索与研究的课题。

（一）绘图基本流程

线图的绘制从图稿到最后成图，一般需要经过以下几个步骤：

1. 固定绘图纸

固定绘图纸是最基础的准备工作，首先选择大小合适的米格纸，与所绘制文物需要缩放的大小相匹配，可以用图钉、胶带和夹子固定在绘图板上。

2. 绘制草图稿

严格按照规定的操作方法，对文物选用合适的方法，准确地定位、测量需要绘制的重要点位，使用坐标法、轴对称法或利用灯光起稿，再根据具体器物进行剖视图的绘制。图稿绘制的认真与精确与否，直接影响到后续的墨线绘制，所以，不能降低对每一个细节的要求。（见图 15）

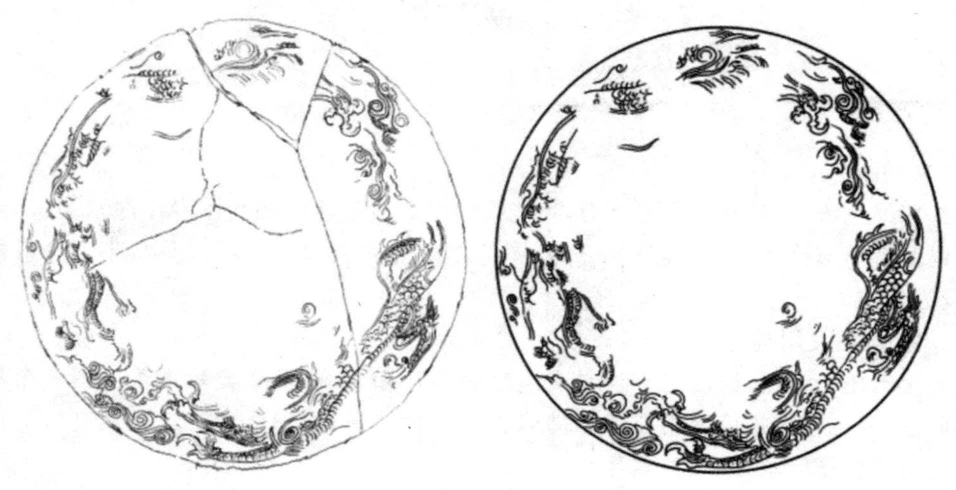

图 15　浅刻纹饰铜镜草图及线描图

3. 着墨线描

着墨线描是将绘图纸蒙覆于草图稿之上，使用绘图笔进行墨线描绘的过程，是完成一幅文物成品绘图最关键的一道工序，同时也是绘图者技术性与艺术性完美结合的综合体现。（见图 16）

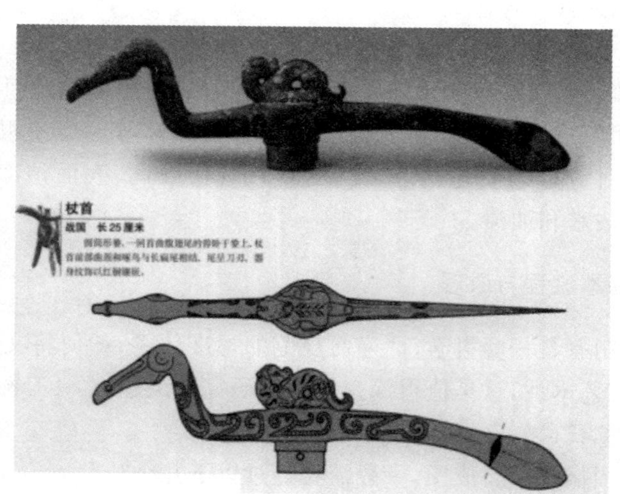

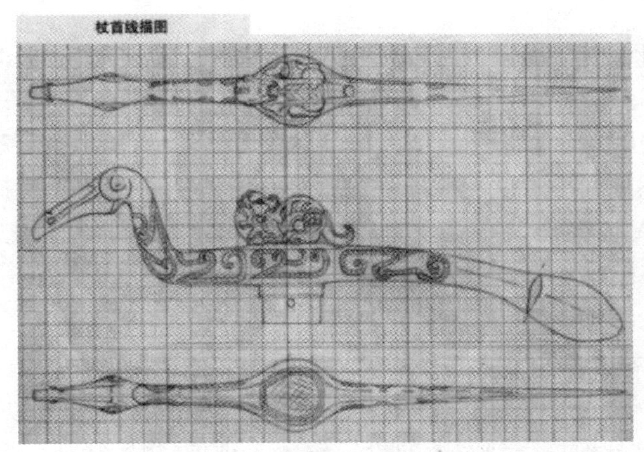

图 16 《金陶斋藏品图》中的铜手杖线描图及草稿

4. 墨线修正

墨线修正是指经过着墨清绘后，难免有画过线或墨线半干时被蹭擦、污染甚至出现错线等现象，这些都可以使用双面刀片轻轻刮掉，不破坏画面，不留痕迹，效果良好。也可以将完成图经扫描后，用 Photoshop 等图像处理软件精确修正。

（二）投影基本原理简述

文物绘图主要是利用投影原理来完成，最常用的方法就是正投影作图法。简而言之，它是通过投影原理把一件文物的形状，通过线条绘制，将具有一定科学性的图形呈现在画面上。这里利用的"投影"原理，可分为"透视投影""正投影"和"轴侧投影"。它们是文物绘图的理论依据和必要的制图学基础，也是文物绘图科学性的基本保证。文物考古绘图中一般画的都是文物的"正投影图"。所谓"正投影"，即假设在绘图者和被画物体之间有一个透明的平面。从被画物体的各个点，都向这个平面引垂线，这些垂线和平面相交，交点所构成的图形，就叫作"正投影"。这个假想的平面，叫作"投影面"。把这样的图形画在纸上，就叫作"正投影图"。

总之，"正投影"的本质是从被画物体上各点到投影面上引的线，一定要和投影面垂直，只有符合这一条件，才能称为"正投影"，而绝不能理解成正面图、正视图。它的优点是，可以给人以形象的概念并提供精确的尺寸，并且可以把需要强调的部分较为突出地表现出来。绘制正投影图，较为费工费时，成图直观看上去不太符合常规观看的角度，但这正是它的基本特征。

（三）文物草图绘制的基本方法

了解和掌握了绘图投影的基本原理，再利用合理有效的方法，便可对文物进行起稿绘制的实际操作。一般来讲，传统的器物绘制主要有以下几种方法，现逐一作简要介绍：

1. 直角坐标法

直角坐标法是传统手工绘图较为常用的基本方法，利用简单的辅助工具便可以操作。它是利用米格坐标纸和垂直竖立的三角板构成的一组直角坐标关系，测量器物外形轮廓的若干特征点的坐标数值，然后按一定的方法在图纸上绘出，再对照原器物连接各点，从而获得其正投影图形。

2. 轴对称法

轴对称法适用于器型规矩且左右完全对称的器物，主要以碗、瓶、罐、盘、壶、盂、盆、杯等圆形容器为主。首先，在坐标纸上确定好一条水平横基线，以“X”线表示，然后再定一条垂直于“X”线中间的垂直线，形成对称轴，用“Y”表示，“X”“Y”两线的交汇点为基点，用“O”表示。然后利用卡尺、卡钳等工具，分别测器物两侧特征控制点所处的高度和宽度数值，依“X”“Y”轴对器物的高度进行定位，再将定位后的各点连起来，即可绘出器物的正投影图。左右对称型文物，用轴对称法绘制较为方便、快捷。

3. 远距光源投影法

远距光源投影法是利用光源将器物外形轮廓的影子投到一个垂直平面上，便可得到该器物的外轮廓图形。该方法的关键就是光源应处于器物的中心点位置，而且器物要贴紧后面的垂直面，这样即可得到清晰的投影轮廓，与原器物实际外轮廓也相差无几。即使有小误差，也可以在随后的绘制过程中对着原器物稍作修正，再根据内部结构、剖面、剖线和表面纹饰等其他特征信息，进行补全绘制。

4. 光学投影仪器投影法

类似于远距光源投影法，可以方便的利用光学投影仪器绘制器物的外轮廓，可调节放大或缩小的倍数，它的局限性在于仅适用于石器、玉器、骨器等较小的器物外轮廓起稿绘制。

以上介绍的文物线图绘制的几种方法较为简单易行，但是，在长期的实践中，有的却因客观条件所限以及个人喜好等原因，随着时间的推移而渐渐淡出绘图者的视线。就传统文物绘图而言，最为常用的应该是直角坐标法。

绘图人员在后续的实际操作中，要根据文物本体的具体情况灵活选用合适的表现技法。因为文物造型与结构丰富多样，质地复杂，图案纹饰又种类繁多，所以，不同文物运用不同的绘制技法会出现不同的效果，采用的绘制技法也并非一成不变，但无论运用何种方法，都应该遵循科学、准确、严谨的大原则，从而达到绘图的最终目的——有效地为文博科学研究服务。

（四）文物线图绘制技法简述

在历史发展的进程中，先民们留下了众多的文化遗产，文物的类别及造型非常丰富，按质地分大致可分为陶器、玉石器、青铜器、金银器、铁器、瓷器、漆器、牙骨角蚌器等，它们质地不同，制作风格各异，因而也造成了文物绘图中绘制技法的多样性。下面通过列举实例，就绘制技法和注意事项进行简要分析，供大家共同学习与探讨。

1. 文物绘图基本表现技法

就传统的文物绘图来讲，其主要特点是借助测量仪器和工具来完成，所以说，辅助工具是很重要的。在绘图工作实践中，绘图人员随着经验的积累而不断地改进，从而提升工作效率。例如前面提到的绘图工具“Mako”（真弧），便是日本考古学者独创的用于绘图的专门工具。它是在不断实践中造就的产物，对于器物弧度把握精确，操作非常方便，对石器剖面的测量，以及在部分容器外廓的正投影测绘中，不失为一种值得借鉴使用的好工具。它的外形酷似一把篦子，上面排列紧密整齐的竹签，可以上下活动。使用时将“真弧”与器物表面垂直按贴，让每一根竹签紧贴器物，外凸弧面将竹签顶起，凹部弧面轻轻按压竹签贴紧弧面，便自然形成器物上的弧度，将其平放于米格纸上，依照竹签弧度画线，这就是器物 1∶1 的轮廓线。相当于有“N”个测量点相连，比起传统用尺规仅测几个点，然后再经过连线的方法，更为精确、便捷，且一步到位，效率非常之高，可以说是小制作，大用途。有了此类工具，可对图稿绘制起到事半功倍的作用。但“Mako”(真弧)也有它的局限性，那就是只能用于成图比例为 1∶1 的小型器物。(见图 17)

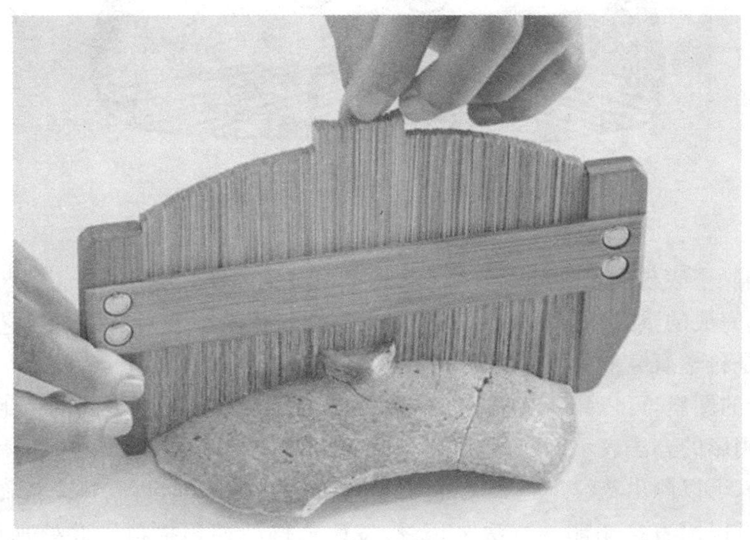

图 17 真弧

在绘制器物图稿之前，首先应学会认真观察器物，再选择合适的方法绘制。无论是平面文物，还是立体文物，由于它们在造型、质地和结构上的差异，从而形成了自身固有的风格特色，所以应仔细琢磨如何抓住器物特征，分析了解纹饰的结构特点，以便采取合理有效的方法去表现。其次，应根据具体情况来判定需要几个视图来展现所绘的器物全貌，保证研究中最基本的相关信息。一般常用的是正视图、侧视图、俯视图外加重点部件特写。但如果使用较少的视图就可以说明问题，则没有必要多绘。像陶器等圆形容器，一般一个正视图就足够了。

绘图中对器物如何去表现，其方法是非常重要的。比如，有些器物特点鲜明，在绘制时线条如果能概括、凝练、简明扼要，器物的基本特征就能描绘得极为突出，并得到较好表现；有些图看起来虽然非常繁缛复杂，但由于线条粗细有致、层次脉络清晰、主次分明，同样使人一目了然；反观有些图，由于片面地去刻意追求和表现表面效果或立体效果，费心劳力地做了许多较为繁琐的处理，结果是画蛇添足、耗神费工，最终达不到理想的效果。所以，文物绘图绘制后不但要求准确、真实，而且还需具有一定的立体感和美感，并兼顾艺术观赏性。对于表现器物的明暗和表面的信息，可以利用线条和点的组合来完成。例如磨光石器、光面陶器、玉器、漆器等表面细腻平滑而转曲平缓的器物，一般用细点疏密聚散或细线来表现阴影。像角器、骨器等表面粗糙的器物，则可用粗细疏密不同的线条或点线结合来表现。打制石器上的破裂面，一般按波纹走向画出弧线，以弧线的疏密和方向来表现块面和明暗关系。(见图 18)

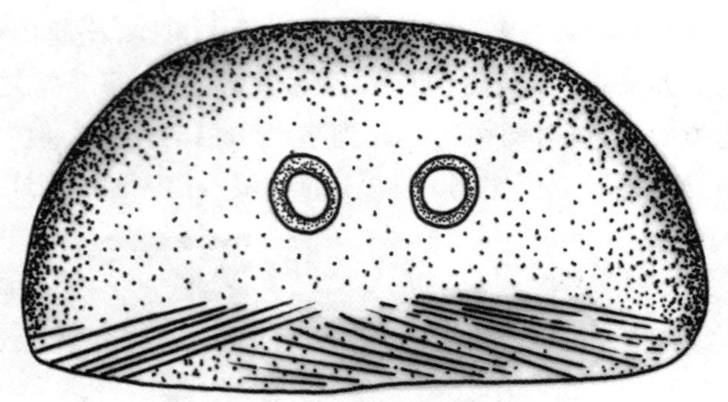

图 18　石器的表现方法

2. 图案纹饰

文物绘图除了表现文物的外形轮廓、以剖面来揭示内在结构外，表面的装饰也是文物绘图需要认真完成的重点环节。因为这些是文物的年代特征和自身装饰工艺特点的具体表现，同时也是科学研究的重要依据。图案纹饰作为器物绘制的重点，要尽可能精确地表现花纹。彩绘的图案，可以用不同疏密的点线和组织形式，来表示不同的色形。浮雕的花纹，可以用加阴影的办法表示凹凸，也可以把凸部画黑，凹部留白，取得类似拓片的效果。要把花纹画准确，可以测出花纹上一些关键点的坐标，以此为基准，再临描全部图形。器表的凹凸纹饰，也可以用直接拓印的方法来记录，按照比例后期扫描植入并处理好变形即可。另外，在有弧度的容器表面上的图案纹饰，必须要注意兼顾其投影变形，即绘画中的近大远小的透视关系，否则会偏离实际视觉效果，缺乏真实感和艺术性。(见图 19)

图 19　青铜鉴纹饰底图及线描图

对于有重要纹饰的器物，要尽量保证纹饰的完整性。一般花纹是由一个或几个单元的图案不断重复而组成的，要仔细加以分析和组织。器物图中，对每组重复的单位，至少要完整表现一个。在画半剖视的器物图时，为了不破坏图案的完整性，有时可以把剖线改成折弯线，或少剖一些，甚至在一侧加画单独的剖面。(见图 20、图 21)。花纹较为丰富且满布全器或不重复的单独纹样，需要加画展开图，这样才能反映整体风貌(见图 22、

图 23 花题书四系瓶、铜骰子)。

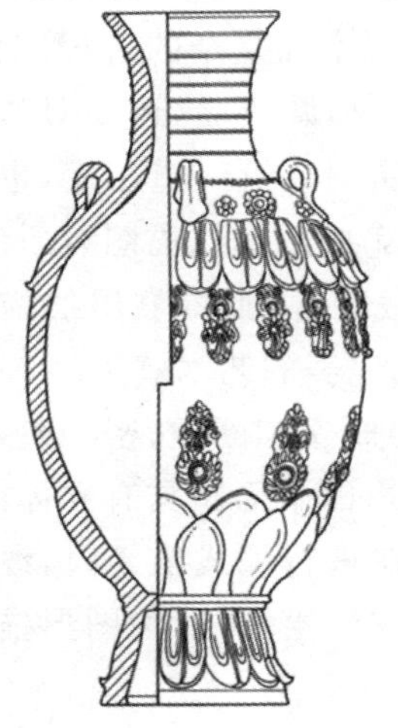

图 20 青釉莲花尊剖面图

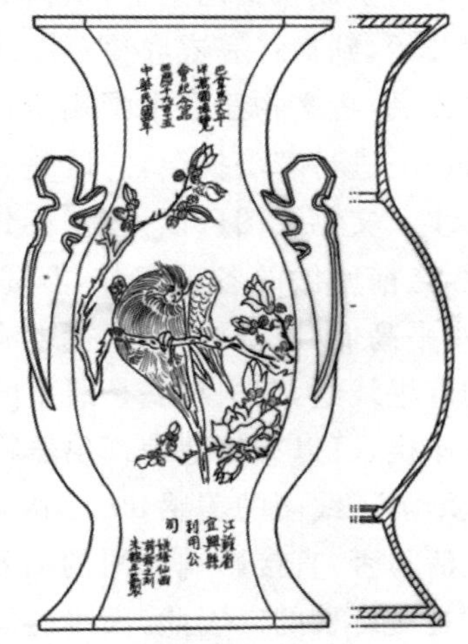

图 21 紫砂花鸟纹瓶六棱四耳瓶剖面图

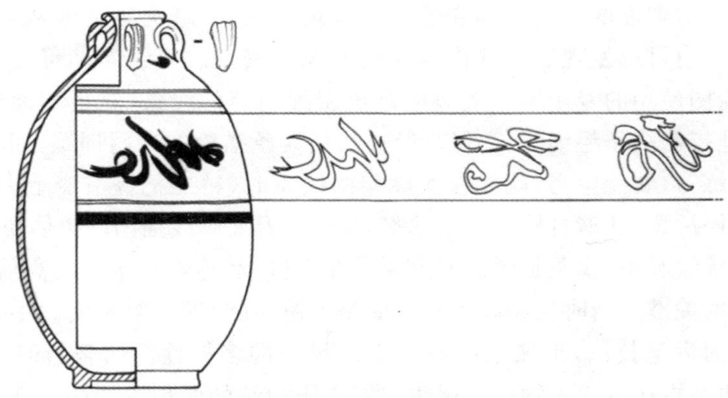

图 22 白地黑花题书四系瓶文字展开图

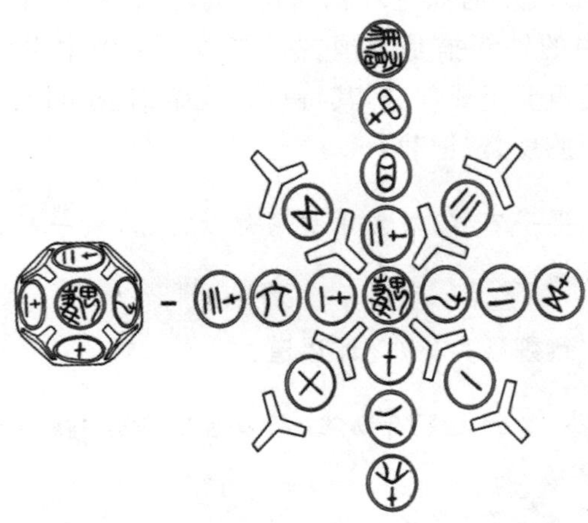

图 23 错银铜骰子展开图

3. 墨线描绘

一件文物摆放在绘图桌上，从在绘图纸上确定绘制比例及尺寸数值点的测量标注等基本步骤开始，到最终完成底稿草图的绘制，需要经过一个艰辛而复杂的过程。然而，这仅仅是半成品，将文物绘图由画稿阶段转变成一幅完美的线描图成品，还要对其在描图纸(硫酸纸)上进行着墨描绘，它既是完成从底稿到绘图成品的最后一道工序，也是最为关键的一步。文物绘图可以说是“三分画，七分描”，草图与完成后的线描图有质的不同，正因如此，之前所做的各项工作，都是为最后的着墨线描做准备，都得靠墨线描绘来完成，它的水平高低、质量好坏，直接影响到最终画面是否达到完美的艺术效果。

器物着墨线绘，归根结底是线条的灵活运用，线条的粗细、实和断虚、密和疏，起笔和收笔轻重徐疾，可以有效地表现出器物的层次感，使得正投影的平面图具有立体的效果，客观上也增加了线图的美感，从而达到丰富的艺术效果。在进行墨线描绘时，线条控制的精准灵活与否，直接影响成图的质量。从画稿阶段到完成清绘，将器物图形描绘于硫酸纸上才是最终目的。因此，墨线的勾画、描绘至关重要。

在墨线描绘过程中，通常应兼顾科学性与艺术性二者的有机结合，不能厚此薄彼。对于造型、内部结构、纹饰等较为复杂的器物，在描图时，应尽量对照实物观察，目的是可以准确地选用合适宽度的墨线勾勒和恰当的表现方法，下笔会更稳健从容，线条会更加流畅自然。同时也可以发现底稿的谬误之处并及时修正。墨线勾勒可以说是线描图中的核心技术，绘图使用的专用笔一般只能画出粗细均等的线条，它虽不像毛笔可以随心所欲的、灵活地控制线条粗细变化，但是经过加强线条描绘的专门训练，如通过工笔画线描等基本功的练习，熟能生巧，就能在实际勾画线条时，精准把握节奏上的复杂变化，线条也会呈现轻松活泼、和谐自然的艺术效果，从而提升文物线描图的整体质量。

在我国传统绘画中，线条是画面的灵魂所在，它的运笔勾勒水平的高低，是影响一幅绘画作品成败的关键。当时的绘画工具主要是毛笔，在长期的绘画实践中，通过中锋、侧锋等灵活多变的运笔技法，形成绘画技法表现风格的多样性。如著名的“曹衣出水”和“吴带当风”，便是指在古代人物画中用线勾勒衣服褶纹的两种不同的表现风格。北宋郭若虚在其《图画见闻志》中就论述了曹仲达与吴道子开创的这两种不同的衣纹描绘技法。前人在实践中创造并总结形成了诸如兰叶描、钉头鼠尾描、铁线描、游丝描、橛头钉描等多种不同的线描技法，其中的铁线描是中国古代传统工笔画中堪称经典的一种常用技法，是中国画技法体系中的重要组成部分，其特点是线条细密，刚劲有力，形如铁线，故而得名。明马愈《马氏日抄・憨皮袋》记载：

> 河内县民家墙内，得一石碑，乃贯休所画弥勒佛像，横一拄杖，挑皮袋于背，腰间曳一蕉扇，笔法乃铁线描也。[①]

鲁迅在《鲁迅全集・书信・致魏猛克》中曾评述道：

> 粗笔写意画有劲易，工细之笔有劲难，所以古有所谓“铁线描”，是细而有劲的画

① (明)马愈:《马氏日抄》，王云五主编:《丛书集成初编》第2891册，商务印书馆1936年版，第16页。

法，早已无人作了，因为一笔也含胡(糊)不得。①

由此，铁线描所表现出的深厚功力可见一斑。正因为此，文物绘图是以线条来表现文物本身所蕴含的丰富信息的方式，完美的线条可以表现出文物特有的艺术魅力。所以，从某种意义上讲，文物墨线描图与铁线描工笔画虽然使用的工具不同，但同为线条作为主体表现的技法与手段，二者有着异曲同工之妙。

起草底稿时，由于在时间的支配上随意度很强，即便出现了错误，也可以擦除并反复修改，有的还可以在描图的同时进行修正。但是，描图却有它的特殊性，它与底图绘制最大的不同就是：从入笔到结束描绘，应尽量一气呵成。如果一味追求速度，往往事倍功半，欲速则不达。绘制时要心无旁骛、凝神静气、屏住呼吸，这样整幅图的线条才会笔意连贯，富有节奏和活力，整体感强。一幅文物绘图完美成功与否，线描着墨清绘时线条的运用极为重要，这是因为此时所绘制的每一点、线及痕迹，在后期印刷都将一览无余。所以，在进行墨线勾画时，不仅要谨慎，还要合理选择画笔墨线的粗细，起笔要稳，行笔要准确稳健，墨色要保持均匀浓黑，在保证线条平稳、流畅的同时，还要根据实际情况适当注重节奏上的变化，线条之间的连接要啮合自然。除此以外，有些文物还需要用以点、线相结合的特殊技法绘制，手工绘制较为繁琐且工作量很大，但完成后确实会得到意想不到的最佳视觉效果。如果说器物草图稿人人都可以上手完成的话，那么着墨线描绘制，就需要具备一定的美术绘画功底，才能确保后期最佳的制版印刷效果。

4. 线条的表现技法实例

对于初学者来讲，文物绘图虽然是一个较为复杂的系统工程，但并非高不可攀，首先不能将其过于神秘化、复杂化，否则带来的后果就是在绘制时畏手畏脚，失去大胆创新的精神。其次，就是不能把它看得过于简单了，越是希望轻轻松松解决战斗，其结果往往是欲速而不达，更是无法真正领略到它的精髓所在。相反，既要认真对待，做到严谨活泼，一丝不苟，又要注重细节的雕琢，体现出线条带来的艺术感召力。

线条在文物绘图中的重要性毋庸置疑，它同样可以称得上是文物绘图的“灵魂”。从根本上讲，由于它所使用的线条宽度基本上是均等的，并不像毛笔在使用中随意控制线条的粗细，但在实际操作中，可以依据文物的具体情况去灵活掌握，合理选用相匹配的线条组合来完成。用笔行走的轻重缓急，能够使一根线条出现多种变化，呈现出不同的视觉效果，可以使之更加完美。同时线条又是鲜活的、有生命的，因为线条可以表现出文物的别样风采。绘制线条时要根据不同对象的风格特征，采取恰当的方式，如金属器的錾刻花纹、模铸图案、镶嵌纹饰，陶器上的彩绘纹样以及瓷器绘制图案等，它们的表现技法多种多样，特色鲜明，异彩纷呈。

几根线条，便能将一件文物的外形和内部结构表现得恰如其分，说明线条具有较强的概括性。但这是建立在严格按照文物实际尺寸基础上的，所以又具有一定的准确性和科学性。对不同材质采用点、线的恰当组合，利用线条的粗与细、实与虚、密与疏，然后再把握节奏上的变化，可以有效地表达器物的层次感，使得正投影的平面图具有立体的效

① 《鲁迅全集》第12卷，人民文学出版社1981年版，第372页。

果，客观上也增加了线图的美感。另外，有些器物如磨制石器等，应尽量采用打点的方式，才能更好地表现明暗关系，只是这类线图的绘制非常繁琐，耗时费工，工作量较大，需要绘图者具备较强的恒心与毅力才能完成。

值得注意的是，绘图需要真实准确地反映文物的现状(文物复原图具有一定的客观性，另当别论)。一般来说，制造规整、棱角分明的金属类器物使用尺、规等工具画线，更能表现出精湛的制作工艺水平。但是，有些文物在制作时受制于当时的条件，较为原始、古拙，比如陶器等；有些由于在使用中存在自然磨损或锈蚀剥落，如铁器等。遇到类似情况时，在画外轮廓边缘线时，就尽量不要借助尺、规等工具，而应该依据实际情况直接手绘，这样，会更加符合实际，显得更真实、更自然。另外，有的文物本身在制作时就不对称或不是正圆形，那就必须按照实际状况绘制。器物外形的弧度是自然的弧线，上下外廓等线条都应该徒手绘制。苏秉琦先生曾经说过："画陶器不应该用尺子画，要用手画，古代人制陶器时也不是用尺子做出来的，怎么可以用尺来画呢?"苏先生的话，点出了重点，用尺子画固然快速方便、节省时间，但实际上是以违背科学为代价的。所以，我们在绘制时要进行认真分析，采取与之相吻合的表现方式，在线条的把握上要进行相应的变化，用飘逸、稳重、活泼、粗犷等不同风格，真实准确地对文物进行表现，给研究人员以可靠的科学依据。

针对不同文物采取相应表现技法的实例不胜枚举，较为典型的如本书中收录的东汉彩绘陶盘中的四只彩绘鸟兽形象。它们各具情态、神采飞扬。画的如此精美的彩绘鸟兽形象，在齐地汉墓中极为少见，但是由于受地下埋藏环境的影响，彩绘图案纹饰已褪色淡化，逐渐模糊。为保留住这一重要的彩绘资料，应及时对其进行精心描摹。在描摹之前，首先要对其认真观察和解读，并且抓住其本质的特点——轻盈、动感。那么，它们所表现出来的给人直观的形象就是追逐、奔跑、飞翔以及矫健与轻巧飘逸的身姿。如何才能将兽与凤鸟腾空飞奔时的高度与速度突出表现出来呢？这就要求在描绘时用笔不仅要使线条流畅，而且要保证线条既稳定又有一定的速度，切勿拖泥带水，尤其是将至线条末端时，应快速提笔、收笔，形成渐细的末梢，体现速度感，在稳与准、徐与疾的基础上，再加上速度和节奏上的变化，才能准确地表达它们的精、气、神，使之跃然纸上，呼之欲出，达到科学性、技术性与艺术性的完美统一。但如果运笔匀速或迟滞，所绘形象便会变得生硬、呆板，从而失去它特有的活泼与灵动。(见图 24)

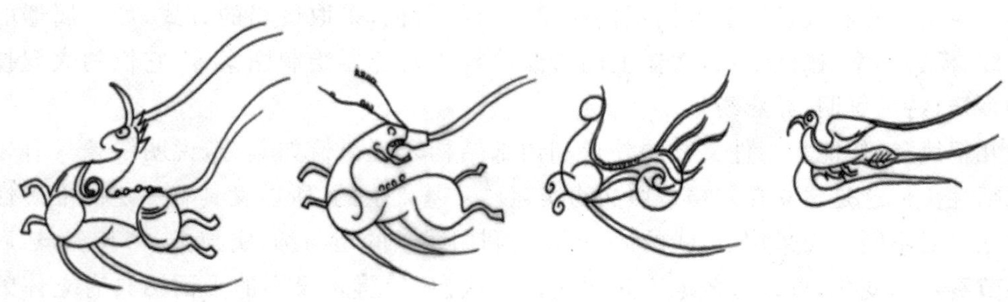

图 24　东汉彩绘陶盘中的鸟兽形象

值的一提的是,在实际绘图中,对于文物质感和增强艺术感染力等方面的表现,可以尝试采用多种技法相结合的方式。如临淄商王墓地战国墓出土的战国金耳坠,由金丝、金叶、金珠、绿松石坠、珍珠和骨串等不同饰物组成,集多种材质于一体,结构复杂,制作精美,可与现代金饰品相媲美,是齐国金属细工工艺的经典之作。如果全部按常规采用线条来表现,便失去了节奏上的变化,未免单调、枯燥,但如果利用点、线、面相结合,那就盘活了整个画面效果。笔者在实际操作中,将镶嵌的绿松石、珍珠、骨串等采用涂黑或打点方式,侧重反差和加强立体感二者并举。一个画面反差强烈,充满朝气,具有较强视觉冲击力;另一幅却恬静柔美,宛若轻盈端秀的少女。这样,既体现出耳坠饰物层次丰富、结构清晰和制作工艺细腻的特点,又突出了主要特征,真实地反映出耳坠的艺术特色。(见图 25)

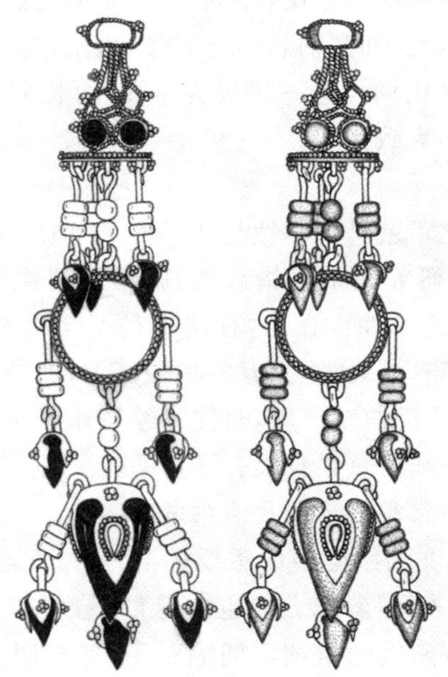

图 25　金耳坠的两种绘制技法描图

八、文物绘图相关注意事项

(一)注重细节的把握

绘图的过程是一个艰辛的创作过程,对待绘图的态度要严肃认真,要忠于原物。俗话说:“细节决定成败。”文物绘图是一件十分细致的工作,一定要认真观察,把握好精微之处,在认识和理解的基础上,耐心而正确地进行描绘。运用恰当的制图技巧和手段,将所绘文物合理、重点突出地表现出来,绝不可随心所欲。一般来说,图缩小以后使用会掩盖一些瑕疵,但是,由于文物绘图作品不仅限用于考古报告,有的还会在陈列展览中将图放大使用,因此,哪怕微小的失误也会暴露无遗。由此可见,每一处细节都很重要,不能敷衍潦草,一幅完美的成图要经得起放大,力求做到整洁、精确、清晰。

(二)比例的选择

在实际操作中,如果所绘器物不是特别大,一般来说大都会选择 1∶1 原大绘制,这样做的目的就是观察与测量方便准确。尽量不要选择 1∶3 比例绘制，因为计算起来不仅繁琐而且极易出现误差。另外，还要重点考虑用在考古发掘报告中实际的印刷缩放效果。一般会根据原器物缩小至 1∶2～1∶5 左右。较小的纹饰精致细密且繁缛的文物，可选择 2∶1 比例绘制，这样才能更好地表现出纹饰细节，像前文中提到的包金铜镦便是使用了 2∶1 比例绘制。此外，线条粗与细的运用上，也要根据比例予以慎重选择。线条选用太粗，纹饰细部转折得不到充分体现，会显得笨重愚蠢；选择太细的话，图若经过缩小使用，则显得纤弱无力。因此，在绘制时要选择恰当的线条，必须要考虑到成图后最终所呈现的实际效果。

（三）基本信息的标注

为了方便整理和在检索中准确定位，避免出错，完成绘图后，需要做的最重要的一个环节就是要标注各种关键信息，如文物名称与编号、出土地点、比例、绘图者姓名、绘制日期等项目内容。尤其是标画比例尺这一项极为重要，可使研究者在读图过程中，通过比例尺即可量取换算出文物的大致尺寸。

（四）规避错误

文物绘图工作的重中之重就是科学性与严谨性，亦即准确性，因为一旦出现错误，哪怕只是细微的偏差，也会给研究者带来错误的判断，引起误导，从而造成无法挽回的损失。即使绘画技术再高超、艺术性再强，这种图也是不会为考古报告所采用的。为避免文物绘图出现错误，除了勤奋、认真外，只有多加强练习，熟能生巧，别无捷径可走。在实践中不断修正不足与错误、不断总结经验，是提高绘图水平必须掌握的基本技能。因此，对完成后的线图进行检查是非常重要且很有必要的。

下面列举几例在绘图中常犯的错误及注意事项：

1. 展现器物的剖面，是文物绘图中的重要环节，所以在绘制时要有一致性。陶器等非金属剖面应该用 45°斜线表示，斜线方向也应尽量一致（一般为左斜划线），并且，还要根据器物的大小比例掌握好斜线的粗细和间隔距离，如按照 2∶1 比例绘制比原器物放大一倍图时，斜线及间隔距离也应当加粗加大，否则，画面缩小时由于线条排列过于紧密，会粘连、混沌而显得模糊，这也是在实践中容易忽略的细节问题。金属器剖面因器壁较薄，为了方便绘制和提高精确性，采用全平涂墨线来表示质地的致密，而不能用斜线表示，这样可以一目了然地区分金属器和非金属器。

2. 在画金属器物剖面的时候，要认真观察，剖到的涂黑，没剖到的应画出轮廓。有些附属件如剖掉的盖钮等，应当以虚线的形式补画出，否则会被认为残破缺失。再比如，铺首衔环表现的主要是铺首的厚度，并非是环的直径，因此，将环被剖的上、下两个截面涂黑，未剖的部分用线双钩其轮廓，中间留空白即可，而不应将环全部涂黑。这些都是文物绘图中经常遇到且容易忽视的细节问题。

3. 线条具有高度的概括性，遗漏一条线或多加一条线，就有可能引起转折、棱角以及结合面上的视觉偏差，使研究者误读和猜疑，甚至最终会造成讹误；再者，将看得见的实线画成虚线，或者将本看不见的线画成实线等，也会造成研究者的费解或误解。

4. 在这里要特别强调文物细小结构在绘制中的严谨性，比如，在绘制青铜器中带盖容器的结构时，一定要认真反复揣摩子母口对接形式，使其得到正确的表现。再如，事实存在的线不能因疏忽漏掉。比如器物子母盖口的缝隙处有线，剖面处的足底也应有线，即剖面或剖后可以看到的线一律用实线表示，比如鬲的裆线应以实线来表示，不能用虚线。另外，容器中带流部分与器身相交处是中空的，须用细线表示。

5. 切勿忽略边缘细节的精准表现。比如瓦楞纹边缘线体现出凹凸实际的外形轮廓，但剖面轮廓线条却平顺地画下来，这显然过于草率，是不正确的，应做到器物的左右轮廓线条的对称和一致性，当然也包括凸、凹弦纹及浮雕、堆塑图案纹饰等凹进和起伏较为明显的边缘轮廓线，一定要细细观察，含糊不得。

6. 对于圆形器物表面中的纹饰，要兼顾其透视关系。一般来说，处于中间位置的图案纹样相对无变形，但由于其处于弧面之上，越向两边偏移，便越会出现逐渐变窄、挤压变形，即近大远小，也就是考古绘图中的投影变形。因此，要将这种极易被忽略的透视关系表现出来。另外，可以利用前文提到的、以展开图的方式得到准确真实的画面。

7. 一定要着眼于投影原理，从细微之处入手。应多作对比观察，看看有无出现偏差而造成视图投影的不一致、不相吻合导致不统一的情况，如正视图主图与附加视图的平行高度和垂直宽度、镂空部分与剖面尺寸是否一致等。如果平时对这些关键部位稍加注意，多测量验证一下，上述错误是可以避免的，即便出现也可以及时修正解决。

总之，如果对于以上列出的部分重点细节不加注意，就很容易而犯错误。因此，在每完成一张图后，都应该细致地查验和校对，及时去发现错误并整改。绘图的过程就是一个不断修正的过程，只有做到严谨、认真与耐心，才能保证造型特征的准确性和完整性，避免漏画、错画。

（五）确保文物安全

文物是不可再生资源，保护好文物是每一位文博工作者义不容辞的责任。绘图人员在文物绘图中固然可以与文物“亲密接触”，能以更近的距离细致观察其细节，有着对文物的造型特色、铸造与制作工艺、装饰工艺与技法、图案纹饰等进行探索研究的大好机会，但同时也存在巨大的安全隐患，可以说是一把“双刃剑”。如测量、移动文物或在精神高度集中观察文物细部时，很容易由于不慎发生磕碰，加大了安全风险系数，给文物带来不必要的损害和无可挽回的损失。尤其是出土文物，在地下埋藏了几百上千年，有的已经脆酥，有的虽经修复，但粘合不牢的情况依然存在。因此，文物的安全问题成为绘图过程中的重中之重。绘图时，要首先保证文物的安全，把风险系数降到零，严禁在文物器身上打格子、乱抹乱画或作标注。在这里强调文物安全不仅仅针对绘图人员，这同时也是每一位文博工作者必须遵守的一条铁律。

九、传统绘图与计算机绘图

传统手绘与计算机技术绘图处在一个传统与现代科技的更替融合时期。自打计算机绘图问世以来，经过10余年的发展，确实给文物考古研究带来的巨大便利，在文博科研领域发挥着重要作用，因而已渐渐被国内广大考古绘图工作人员使用。但是，在实践中计算机绘图和传统手绘却各有千秋，彼此优势互补，使它们处于一个相互依存的层面上，并且将会在相当长的时间内并存。

传统绘图是指手工进行坐标法测量和手工绘制，具有较强的灵活性，可以通过线条的徐疾、顿挫、转折、虚实等多种表现技法来加强文物的立体感和艺术性。把握好画笔描摹线条的韵律感和节奏感,可以将文物的各种装饰纹样描绘于纸上,使之得到清晰的展现,从而赋予文物新的生命力,迸发出别样的艺术表现力。

由于传统绘图是手工作业,在实际操作中难免会有微小误差。因为图案纹饰看似繁密、绘制看似严谨的线图,其实在尺寸测量的精确度和器物透视的准确性上,都与绘图者的实际观测方法和主观意识有着极为密切的关系,最终与实物相比,可能存在一定细微差异,这也是在所难免的。再就是手工绘制,也不免会出现墨线污损、出廓及其他瑕疵,这种情况下,可以利用计算机图像处理软件,对手绘线图的扫描文件进行修整,替代以刀片修刮和用涂改液覆盖的传统修饰方法,这样修改后的线图会更加精准、整洁,处理起来也更为方便。

计算机绘图则是借助采集的文物数码摄影图像,利用 CorelDraw 等绘图软件与计算机处理技术相结合的方法,最终完成器物图形的绘制。目前,比较常用的软件主要有 AutoCAD、Adobe Photoshop、CorelDraw、Adobe Illustrator、Agisoft PhotoScan 等。计算机辅助器物绘图的方法较多,一般最常用、最基本的操作步骤如下:①按透视原理摆置器物,架设数码相机,并调整照明灯光,然后进行摄影起稿,并取得器物的栅格图像。②将栅格图像输入计算机。③用绘图软件将栅格图像转换成矢量图像,通过软件中的处理工具,调整器物轮廓和纹饰,使之达到理想的效果。④根据器物的特点和所取的剖视图种类,用绘图软件在计算机上进行线条的勾勒和描绘,并对图像作进一步修饰,从而获得器物的最终数字图像。⑤存储和输出(打印)器物的数字图像。用计算机辅助绘制的器物图由于是数字图像,缩放、打印、制版印刷、复制、储存都极为方便。相比手工绘图,它可以在较短时间内完成,从一定程度上提高了工作效率和绘制精度。

伴随科技的繁荣与发展,计算机技术也日新月异,各类绘图电子设备和软件的开发利用,为文物绘图的数字化发展提供了巨大推动力。计算机在提高文物绘图精确度、实现高效率、推动数字化的进程中,发挥着巨大作用。正交摄影、数字摄影、三维激光扫描等技术与计算机制图技术相结合,更加强化了高效率、高精确度和数字化的巨大优势,尤其是三维测绘技术的发展,可以对大体量复杂结构的遗物和遗迹进行全方位展示,其精确度和美观度是传统测绘手段难以做到的,如三维测绘技术在石窟寺、造像上的应用尤为突出,真正实现了科学性和快捷性。

由上述可知,计算机绘图对文物影像的成像质量有着较大依赖性,虽然摄影具有较强的表现力,可以真实地反映文物的色彩、纹饰,但是在特殊条件下也有其局限性,比如,文物本身的纹饰模糊不清,或受光线等客观因素的制约,高清摄影并不见得比手绘描图更清晰。如研究几厘米见方的金饰品图案,手绘在一定程度上比微距镜头拍下的线条更为清晰、直观,尤其是同比例放大观看细节时,清晰度更是不可同日而语了。(见图 26)。有些结构复杂、纹饰繁缛且模糊的文物,利用计算机绘制时所耗费的时间,往往与手绘完成的时间不相上下,并无明显优势,而完成后的实际效果却往往大相径庭。手绘可以体现文物的魂,使精、气、神三者兼备,计算机绘制却只能机械地表现文物的形,线条效果呆板僵硬,缺少生气与灵性。相反,传统手绘注重情感的表达,通过绘图者之手,被融入了情感的一幅幅文物绘图不再冰冷,反而充满了生机与活力。

笔者在这里并非否定计算机绘制的优越性，无论是传统手绘还是计算机绘图，它们在展现文物的艺术性方面各具特色，各有优势，各得其所，不应厚此薄彼。在文物考古绘图工作的实践中，究竟选择传统绘图还是计算机绘图，就要具体问题具体分析了。首先，不可否认，计算机绘图的方便性与快捷性，是手工绘图无法比拟的，但是，手工绘制在灵活性与生动性上，也有它的优势。其次，受到拍摄水平及其他条件的制约，如镜头拍摄的角度掌握不好产生的畸变，线条表现出的无粗细、徐疾及虚实变化，点线的结合生硬、不自然，有些特殊器物图案模糊等，使用计算机绘制反而不如传统手绘方便迅速，因此，在这种情况下，计算机绘图也并非最佳选择。再者，计算机绘图对设备、器材、软件的依赖性较强。同时也受限于计算机操作人员对文物的理解水平和对软件使用操作的熟练程度。这些都会对最后的绘图效果产生较大的影响，都是计算机绘图的弊端所在。

计算机绘图相较传统手工绘制来说更加快捷、准确，尤其在表现大型文物时更是强项。如摩崖石刻、大型造像等超大型文物，手绘会耗时费力，计算机绘图显然占有绝对优势；对于金属精细工艺中微小纹样的表现，或用肉眼分辨困难的纹饰图案，拍摄的影像将会受到光线和镜头自身清晰度等因素的影响，手绘的方便快捷的特点便凸显出来。（见图 26、图 27）再如，变形严重且一时难以用现有条件修复的文物，在进行文物手绘时，就可以使用高倍放大镜或按规律通过科学推测线条的走势，将纹饰真实准确、完整地表现出来，给研究工作带来重要参考信息。但是，仅用拍照的形式来获取影像后，进行计算机辅助绘图是很难实现的。（见图 28、图 29）

图 26 包金龙凤纹铜镦照片

图 27 包金龙凤纹铜镦线描图

图 28 临淄商王墓地出土龙纹银盘保存现状

图 29 龙纹银盘线描图

综上所述,计算机技术处于高端科技前沿,不仅使原先遥不可及的甚至是无法完成的如摩崖石刻、雕塑等大型不可移动文物的绘图任务能够实现,而且它们在可移动文物绘图中也有着不俗的表现,从而大大解放了人力、节约了物力和财力,更重要的是节省了宝贵的时间,在考古学领域和文博研究中发挥出了重要作用。但我们也应该看到,在现实情况下,传统手绘所表现出的得天独厚、清新自然的风格和较强的艺术观赏性,每每令人称道。正因如此,就器物绘图而言,传统绘图并不能被计算机数字化制图完全替代,传统手绘仍然扮演着重要角色。

笔者认为,从目前来看,无论是传统绘图还是计算机绘图,都有其自身的优点和不足。因此,单纯利用手工绘制,亦或完全交由计算机绘制,都是不可取的。随着计算机技术的日益发展,出现一种将手绘板与计算机绘图相结合应用于考古工作中的方法,还是很值得探索的。总而言之,在实践中,只有实现"人机结合",使传统手绘与计算机相互补充,互为所用,才能取长补短,更好地完成绘制、修改、储存、传输等一系列工作,在考古学研究中发挥出更加积极的作用。因此,传统手绘与计算机绘图各有千秋,在实践中不能厚此薄彼,只有二者优势互补、相辅相成进行有机结合,才能使文物考古绘图迸发出无穷的魅力。

十、文物绘图的功能与综合应用

文物线图绘制的最初目的是用于考古发掘报告等科研工作,在考古学领域中一直发挥着重要作用。在文博事业高速发展的当今社会,尤其是随着"让文物活起来"的理念的不断深入,使得文物绘图在其使用功能的拓展方面有了更为广阔的想象和发挥空间。鉴于文物绘图特有的科学性与艺术性,它早已不再固守功能的单一性和唯一性,而是逐渐与文化传播等其他领域融合、渗透。一幅准确性强、艺术性高的文物线描图,其意义也不只是囿于考古科学研究，而是辐射到与文博工作相关的方方面面，实现了文物绘图在使用功能上的多元化。归纳起来主要有以下几个方面：

（一）完善馆藏文物信息数据库

截至2016年底，全国登记注册的博物馆已达到4873家。无论是国有博物馆还是非国有博物馆，目前都是文物收藏机构的主力军，馆藏文物众多。随着第一次全国可移动文物普查工作的结束，各国有博物馆已基本完成对馆藏文物多达20项信息参数的采集、录入和上报工作，但唯独对文物线图未作要求。笔者认为，为了更好地研究这些来之不易的瑰宝，最大限度地发挥出它们的价值，除基本信息和二维影像资料外，还应附加器物线图。目前，各博物馆馆藏的发掘品大都已完成绘图，为撰写考古发掘报告、科学研究、陈列展示等工作带来了极大的便利。而一些通过征集、收购、捐赠渠道入藏的重要文物，也应尽快绘制器物线图，来全方位展现文物的细节，从而保证文物信息数据的科学性和完整性，并纳入馆藏文物数据库中。在未来博物馆馆藏文物数据库体系的搭建中，文物绘图不仅会丰富和完善文物资料信息数据库的内容，而且会为如火如荼的数字博物馆建设奠定坚实的基础。（见图30）

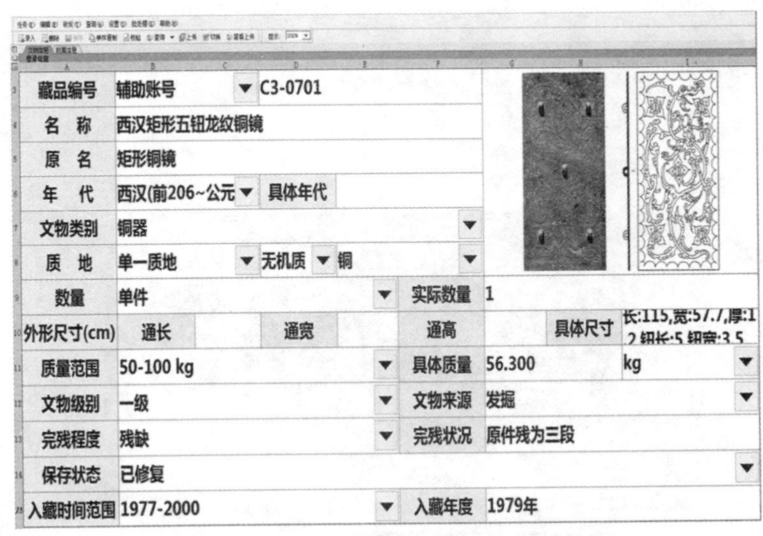

图30 馆藏文物数据库检索系统截图

（二）丰富专辑版面形式

文物专辑的结集出版是文物研究、成果发布的重要途径，是文物精品的集中展示。除考古发掘报告集（包括简报）必须大量使用文物线图外，以往文物的结集出版，均以照片为主，很少加入文物线图。随着社会各界对文物研究的不断深化，对文物资料信息全面性、完整性的需求也在日益增强，一幅幅绘制精美、清新脱俗的文物线描图，成为文物鉴赏与解读的进一步拓展，在扩大文物资料信息量的同时，使“图文并茂”迈向了新的高度。因此，合理地植入并使用文物线描图，给文物专辑注入了新的活力，不仅改善和丰富了视觉效果，而且还增强了专辑的资料性、可读性和艺术观赏性，起到锦上添花的效果。如在2002年出版的《山东淄博文物精粹》中便收录了数幅笔者的绘图；在近期出版的《中国出土青铜器全集・山东卷》中，更是收录了本人绘制的大量线描图，进一步增强了该专辑的研究性，丰富了

该专辑的资料性，全方位综合展现了青铜器艺术的魅力。（见图 31、图 32）

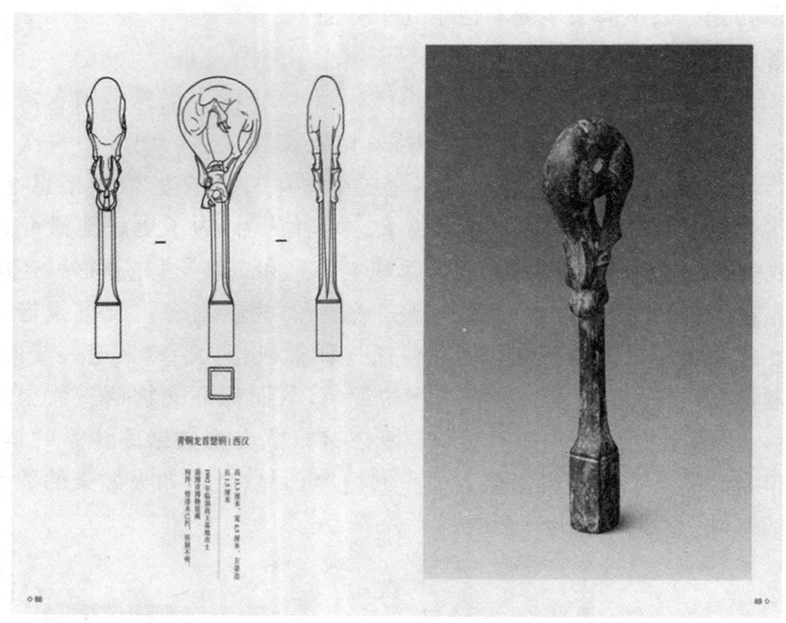

图 31 “山东地区两汉文明展”文物图集选用线描图

图 32 《金陶斋藏品集》中的铜鉴线描图

（三）创新陈列展示内容

随着馆际间以文物为载体的地域性、专题性文化交流活动日趋频繁，许多沉睡的文物被唤醒，纷纷走出库房一展芳容，文物长期深藏闺中的局面得以改观。然而，当我们走进博物馆，隔着厚重的橱窗玻璃，观看射灯聚光之下的一件件精美文物时，您是否禁不住会问这样一些问题：文物的另一面是什么样子？它的内部结构又是怎样的呢？它的壁有多厚？足是实心的还是空心的？……可是，冰冷的玻璃窗使这些统统变成了未知数，很难说得清楚、讲得明白、看得全面。正是因为这些疑问和缺憾，使得文物绘图这一独特的艺术形式在文物的陈列展示中派上了大用场。通过文物线图，使照相机都无法拍到的文物内部结构细节，变得一览无余，细节经过放大，可以精确地表现出来，为观众了解文物打开了一个全新视角。因此，在各种文物陈列展览中，文物线描图在陈列展示背板的设计中得到了越来越广泛的应用，打破了文物绘图长期单纯为考古研究服务的传统格局，使其得到进一步升华。（见图 33）

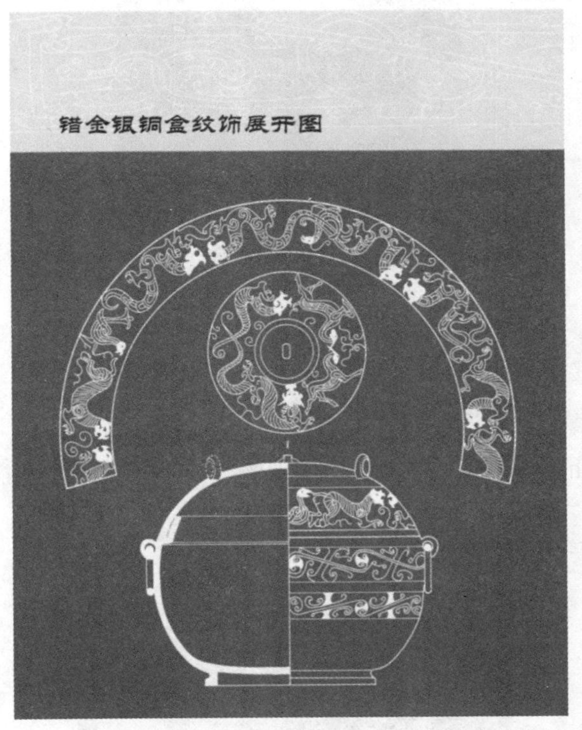

图 33 “山东地区两汉文明展”背板设计所用错金银铜盒展开图

以文物线图形式来展现文物，使陈列形式展现出别样的艺术韵味，成为文物鉴赏与陈列展示形式上的有力补充，是单纯展示文物有限信息的进一步拓展与丰富。文物、图片及线图有机地结合，给人耳目一新的感觉，表现出一种特殊的艺术魅力，具有一定的创新性。尤其是精美绝伦的文物绘图，会瞬间点燃观赏者的兴奋点，使观众眼前一亮，吸引观众去探寻文物背后的奥秘，切身感受文物丰富的内涵，从而得到更深层次的认知。如2016 年山东博物馆主办的“山东地区两汉文明展”，在展陈的背板及展厅设计上别具匠心，运用了笔者绘制的大量线图，多方位全面展示汉代生活的方方面面，给观众带来了一场难忘的“汉文明发现之旅”。再如，1999 年笔者曾参与桓台博物馆的陈列设计布展工作，在几块长条木板上亲绘了彩陶纹饰带用于展柜背板，效果颇佳。这应是较早地将文物绘图用于陈列的县级博物馆。

图 34　齐文化博物院“泱泱齐风”陈列使用文物线描图现场实景

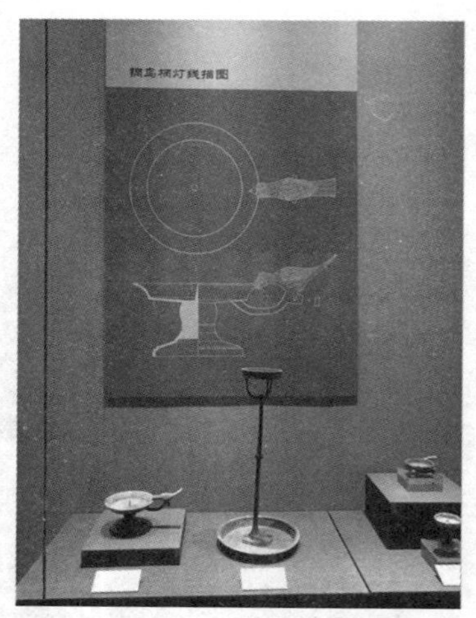

图 35　山东博物馆“山东地区两汉文明展”背板使用铜鸟柄灯线描图实景

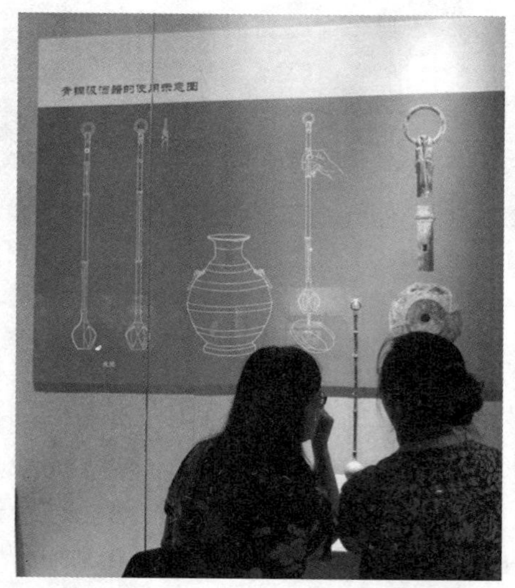

图 36　观众参观山东博物馆“山东地区两汉文明展”铜汲酒器现场实景

（四）参与文创产品研发

2016年国务院下发《关于推动文化文物单位文化创意产品开发的若干意见》后，全国各博物馆、美术馆、图书馆等文化文物单位对文化创意产品的开发与利用，可以说进行得如火如荼。文创产品的研发，是传播历史文化的一种有效方式。它主要以馆藏文物精品为载体，将其造型、纹饰等文化艺术元素符号，以不同的介质，用多种形式表现出来，成为广大观众喜闻乐见并乐于接受的文化快餐。这些匠心独具的文创产品，将会越来越多地走进千家万户，对于传播区域主题文化、特色文化具有不可估量的现实意义。

在这种社会文化背景下，文物绘图参与到文创产品的研发中，必将成为一种趋势。一方面，从某种意义上讲，一幅运用娴熟笔法和线条绘制而成的精美绘图，是文物造型艺术、装饰工艺的综合展现，其表现形式的多样性，使得文物线描图本身就是一件艺术品。另一方面，还可以按照线图的精确尺寸和比例，对文物进行复制，进而向多种艺术形式转化。因此，文物绘图将在文创产品的研发与推广中扮演重要角色。

（五）配合文物修复与保护工作

文物绘图与文物修复保护有着密切的关系。最早的相关理论是意大利人布兰迪在他的《文物修复理论》一书中提出的："所谓修复，是为了维持某件物品物质性上的无欠缺性，为保证其文化价值的保全、保护而实施、处理的行为。"①修复性文物保护则是对文物本体进行修补、复原等。因为文物是重要的历史物质文化遗产，是不可再生资源，那么，通过科学修复，既复原了文物，又保护了文物，取得了化腐朽为神奇的境界。因此，将文物绘图的理论和技术应用于文物修复性保护工作中，准确地绘制器物的大小、尺寸、形状、残缺状况以及内部结构等，可以准确地反映出文物各个部位的具体尺寸和空间位置，真实地再现文物原生态的面貌特征，从而更好地为文物修复和保护服务。应该说在文物修复性保护工作中，文物绘图也具有非凡的意义。

总之，在当今社会，广大民众在文化知识的获取上，日益摒弃单一闭塞的模式，转而形成一种信息互通、资源共享的立体化模式。只有像上述文物绘图的广泛应用一样，真正做到"图尽其用"，并依托博物馆等公共文化机构，将更多的用于科研领域的成果和技术转化成大众所能接受、喜闻乐见的形式来传播、推广，使它们成为获取丰富文化知识的不竭源泉，才能满足广大人民群众日益增长、不断升级和个性化的物质和精神文化需求，同时为文博事业的发展开阔思路、拓宽视野。

十一、结语

随着文物考古事业的迅猛发展，文物考古绘图在考古学研究和文化传播领域中的重要性不言而喻。让线条替文物说话，让线条展现文物，最终让文物活起来。这是文博事业发展的需要，也是文物绘图者所追求的终极目标，更是光荣的使命。诚然，想接近或完成这一崇高目标，还需要几代人艰苦卓绝的努力。首先要从传统绘图入手，因为传统绘图经过了百余年的发展，拥有完备的、科学的标准体系，总结出了珍贵的绘制技术和经

① ［意］布兰迪：《文物修复理论》（第二次修订版），田时纲、詹长法译，意大利非洲和东方研究院2010年版，第16～17页。

验，这些是我们今后相当长一段时间内赖以借鉴和学习的宝贵财富。在计算机技术运用于文物绘图日臻成熟的今天，崇尚传统并不等于故步自封，而是在结合科技进步和时代精神创造性地吸收传统绘图的精髓的前提下，并根据文博事业和科技发展的需要，去其糟粕，取其精华，去伪存真，积极探索和勇于创新，寻求一个最佳契合点，使二者融会贯通，以便将各自的特点发挥出来。这就需要每一位绘图工作者，怀着一颗对文化遗产的敬畏之心和对科学研究的严谨态度，坚持以科学、系统的理论为指导，在实践中练就敏锐的观察力和深刻领会文物内涵的基本素养，准确地反映出器物的基本结构和特征，在勤学苦练中不断积累经验。只有具备了扎实的基本功，才能真正做到科学性与艺术性的完美结合，让文物绘图在文博研究中发挥更大的作用。

第一章　陶器

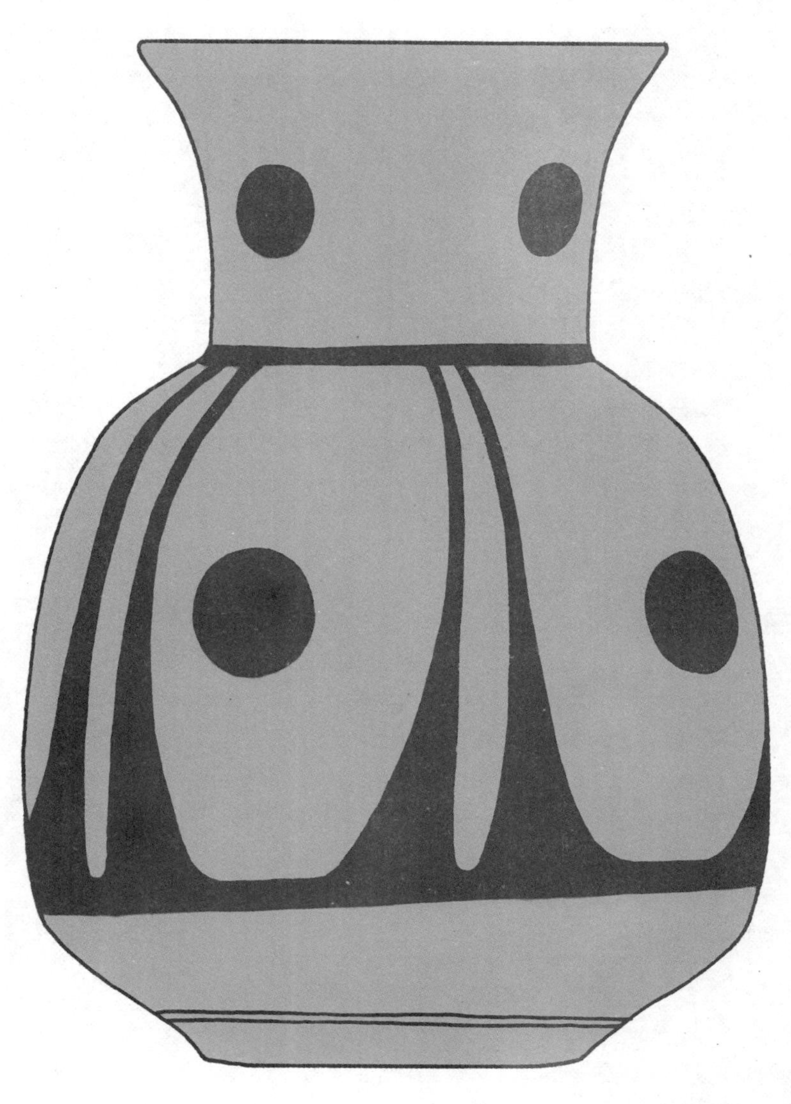

1. 新石器时期大汶口文化　太阳纹彩陶壶

名　　称:太阳纹彩陶壶

时　　代:新石器时期大汶口文化

尺　　寸:通高 14.2 厘米,口径 7.5 厘米,底径 5.7 厘米

来　　源:山东省淄博市张店马尚镇石佛堂出土

收藏单位:山东省淄博市博物馆

太阳纹彩陶壶,尖圆唇,侈口,长颈较直,溜肩,垂腹,小平底。泥质红陶挂黑衣,口唇、颈腹间彩绘红色条纹,颈部绘四个红色圆目,腹部主纹绘相向弧边三角纹两组,弧边内各绘一目纹,两组纹饰组成太阳纹。纹饰皆用红色绘制,像舞动的火焰拥抱着太阳,极富动感,造型质朴、敦厚。

山东地区是我国较早制造和使用陶器的地区之一,陶器的出现是人类最早通过化学方法创造的一种自然界中所从未有过的新物质,它是人类早期文明的重要支撑和物质载体,同时又是瓷器的前身。由于陶器的发明和应用,食物不仅仅依靠烧烤的方式,而且还可以蒸煮食用。由于有了陶器,以前生食或难以食用的植物籽粒,人们可以蒸煮而食之,从而激发了人们的种植热情。因而,陶器在推动农业的产生和发展方面也起到了巨大作用。农业使得人们定居生活变得更加稳定,人类文明的进程由此拉开了序幕。在我国古代的文明当中,农业领先于其他文明,成为中华文明的主体。由此可见,陶器在中华文化起源方面的地位和作用是至关重要的。

淄博地区陶器的烧制和使用,可追溯到距今约 1 万年前的沂源北桃花坪扁扁洞遗址,穴居于此的淄博先民抟土制器,掘地筑窑,焚柴而陶,书写了走向文明的新篇章。在这块沃土上,勤劳智慧的先民们,利用泥土和烈火,创造了我国制陶史上最辉煌的成就。在距今 8500 年的后李文化时期(因首先在山东淄博临淄区后李村发现而命名),已能烧制较为成熟的陶质器皿。这一时期制作的陶器,器形不太规整,而到了大汶口文化时期,制陶业已有了长足的发展。大汶口文化是 1959 年首先在泰安大汶口遗址发现而命名的新石器时代中期文化,绝对年代距今约 6100～4600 年,前后延续时间长达 1500 年左右。它是承袭北辛文化早期的陶器发展而来的,大体与中原地区的仰韶文化中晚期时代相当。

大汶口文化时期在淄博境内发现的遗址较多,有的面积较大。该时期的制陶业有了很大的发展,早期陶器以手制为主,中晚期则在慢轮修整的基础上,继而发展到快轮制陶技术。陶器的造型规整,胎质细密,器表多素面磨光,并饰以划纹、弦纹、篮纹、圆圈纹、三角纹、镂刻纹等纹饰。烧制的火候也较高,成组陶制礼器和彩绘陶器的出现,则代表了这一时期制陶工艺的最高水平,也是制陶史上的巨大进步。这一时期陶器造型有鼎、壶、觚、豆、杯和鬶等。彩陶纹饰多样,有几何纹、水波纹、花瓣纹、X 形纹、网状纹、圆点纹等,

有的寄情于景，再加以抽象概括，表现了人们的审美情趣，有的则记录了当时人们的宗教信仰和图腾崇拜。

该件彩陶壶的纹饰采用了点和几何纹、圆点纹，作为这一时期的流行纹饰，是太阳图腾崇拜的产物，它与鸟图腾崇拜一起形成了山东地区史前文化的基本特色，具有极高的艺术价值和研究价值。

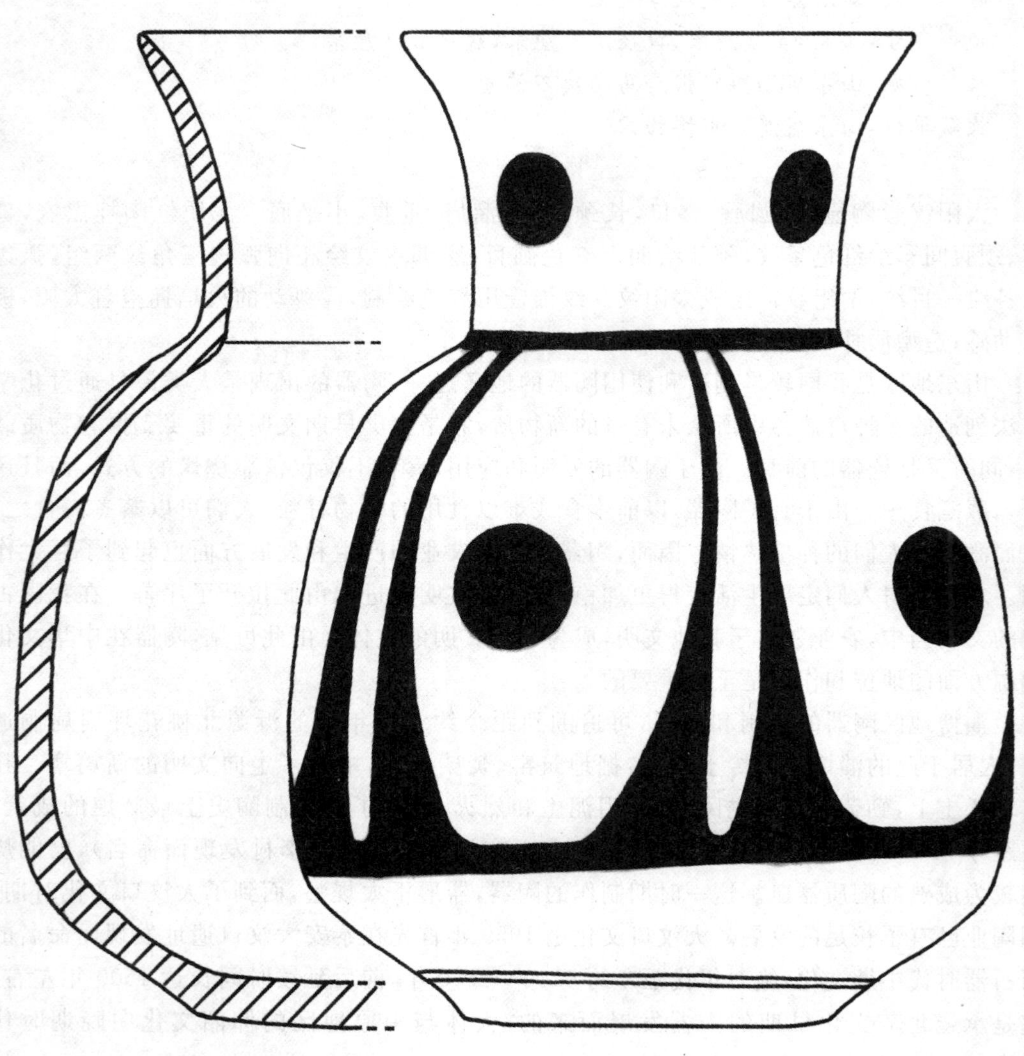

2. 新石器时期岳石文化 方格纹陶罐

名　　称：方格纹陶罐

时　　代：新石器时期岳石文化

尺　　寸：通高14.4厘米，口径13.8厘米，底径8.4厘米

来　　源：1996年山东省淄博市桓台史家遗址出土

收藏单位：山东省淄博市桓台博物馆

方格纹陶罐，灰陶着黑衣。圆唇，敞口，短颈，溜肩，鼓腹，腹下部内收，平底。腹饰方格纹，纹路清晰，排列规则。

岳石文化是继龙山文化之后发展起来的，但早于商代早期偏晚阶段，时代距今约3500～4100年。它因首先发现于山东平度东岳石村而得名，相当于中原地区夏商王朝时期的二里头文化。由于青铜器的兴起，岳石文化陶器已走过龙山文化的鼎盛时期，进入衰落期，但东夷文化的特色更加突出。

虽然受龙山文化陶器影响，但古朴典雅、厚重实用是岳石文化时期陶器的主要风格，而夹砂陶草率粗糙，泥质陶古朴精致，二者反差极大，也是岳石文化陶器的重要特征。岳石文化的夹砂陶和泥质陶差别显著，各具特色。夹砂陶以各种褐色为主，器表颜色多斑驳不纯，主要有红褐、灰褐、黑色和黄褐四种，灰色也占一定比例。制法采用泥条盘筑，辅以慢轮修整；器表多为素面，纹饰以附加堆纹为主，主要饰于大型器物的肩颈之交和腹部及甗的腰及裆部等，堆纹之上又往往加刻各种纹样，如X字、网格、楔形点纹、捺窝、折线、指甲纹等。此外还有刻划纹、齿状纹、绳纹、方格纹、枝叶纹等。在岳石文化夹砂陶的内外壁，还常见一种纤细的篦状刮痕，或称“线纹”，仔细观察，其多成组分布，方向和布局无一定规则，这是用竹木工具修整陶器时留下的痕迹，而非有意做出的装饰。这从某些陶器内壁也有同类刮痕可以佐证。器形以罐、甗最多，还有鼎、鬲、斝、盆、瓮、碗、盂、舟形器、箅子和器盖等。泥质陶以灰色最多，黑皮陶次之，黄褐陶占有一定比例。制法以轮制为主。器表装饰素面最多，并且多数经过磨光处理，纹饰以弦纹最多，尤其盛行凸棱。斜向或横向、印痕深而紧密的细绳纹在晚期阶段比较流行。常见纹饰还有压印方格纹、压划之字纹、戳印圆圈纹、附加堆纹、乳丁以及拍印或刻划的云雷纹、变体夔纹和镂孔等。

在岳石文化时期，细薄、轻巧、典雅的龙山风格，经过龙山晚期的过渡性变异，被粗厚、稳重、古朴的岳石风格完全取代。岳石文化陶器器表的许多处理方法，也与龙山文化晚期有着千丝万缕的联系。例如，器表以素面为主，泥质陶多经磨光处理；纹饰多为弦纹、凸棱、附加堆纹、绳纹、方格纹等；夹砂陶内外壁常见篦状刮抹痕迹；泥质陶器的子母口作风、器底周缘外凸的做法和叠唇、卷沿的风格等等，均直接继承自龙山文化晚期阶段。岳石文化的主体因素是直接继承龙山文化而来的，并且在其自身的运动发展过程中，不断创造出许多新的文化成分，从而丰富和完善了自身的文化内涵，向着既定方向

演变。

需要说明的是，在岳石文化的主要部分来自龙山文化的同时，岳石文化还吸收了许多周邻地区其他文化的因素，更加丰富了这一时期的陶器风格。

从淄博出土的这一时期的陶器看，质地较为疏松的灰陶已取代了胎质细腻坚致的龙山文化黑陶，器物也由胎薄轻巧变为厚胎粗重，烧制火候较高。这些器物的形制和纹饰反映了鲜明的地域特征。

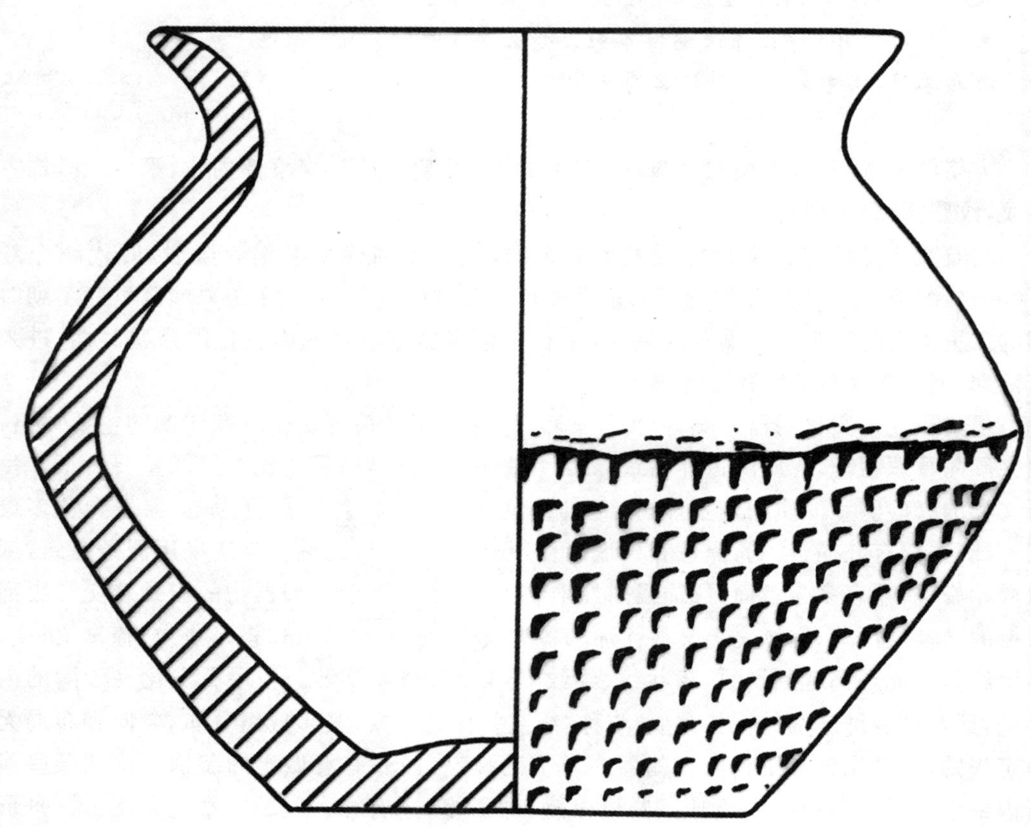

3. 战国　陶熨具

名　　称：陶熨具

时　　代：战国晚期

尺　　寸：长17.0～23.7厘米，宽9.9～11.0厘米

来　　源：1992年山东省临淄商王墓地战国晚期墓出土

收藏单位：山东省淄博市博物馆

临淄商王墓地战国墓共出土了4件陶熨具，它们用筒瓦和板瓦制成，均制作规整，四周及底部边棱都进行过精心打磨，局部明显有被烧灼过的砖红色痕迹，其上留有液体浸渍。经考证，它就是用于古代医术——熨帖术的工具陶熨具。

熨帖术是我国传统的中医治疗技术，有着悠久的历史。它是利用本草、瓦石之寒温和以热驱寒、以寒除热的辩证原理，把药物和瓦石之类炒热烧烤，用织物或其他物品包裹熨敷患处，或用药液以布浸渍，趁热熨之，借药性和温暖的双重作用，加速血液流通，以达到散寒、祛瘀、止痛之效果，多用于治疗寒性疼痛患疾。成书于西汉时期的中国最早的医学专著《黄帝内经》中便有记载："风寒客于人，使人毫毛毕直，皮肤闭而为热，当是之时，可汗而发也；或痺不仁肿痛，当是之时，可汤熨及火灸刺而去之。"

扁鹊是春秋战国时期的齐国名医，熨帖术便是他常用的医术之一。《史记·扁鹊仓公列传》中记载："扁鹊乃使弟子子阳厉针砥石，以取外三阳五会。有间，太子苏。乃使子豹为五分之熨，以八减之齐和煮之，以更熨两胁下。太子起坐。更适阴阳，但服汤二旬而复故。故天下尽以扁鹊为能生死人。"

这四件陶熨具的出土，是战国时期齐国使用熨帖术的重要实物证据，充分说明齐国是古代医学较为发达的地区，是当时社会人们认识疾病、战胜疾病的经验总结，为研究齐国医学对祖国传统医学的继承和发扬，有着重要的借鉴价值。

4. 西汉　彩绘陶壶(一)

名　　称:彩绘陶壶

时　　代:西汉后期

尺　　寸:口径 12.0 厘米,腹径 19.6 厘米,足径 9.2 厘米,高 20.3 厘米

来　　源:1992 年山东省淄博市临淄商王墓地西汉后期墓出土

收藏单位:山东省淄博市博物馆

该彩绘陶壶,泥质灰陶。圆唇,喇叭口,束颈,折腹,圜底,圈足外撇。无陶衣,施彩绘,朱绘卷云纹,脱落较甚。

随着时代的变迁,陶器经过了一个漫长的演变过程。商周以后,陶器在社会中的主导地位虽然被青铜等金属器取代,但人们在普通日常生活中仍大量使用陶器。陶器种类繁多,除生活器皿之外,还衍生出砖瓦、陶俑和建筑明器等种类。到战国、秦汉时期,用陶俑、陶兽、陶明器随葬已成习俗。因此,制陶业更加得到重视并繁荣起来。

汉代,由于社会稳定,农业、手工业发展较快,厚葬风气在民间普遍盛行,制陶业大量烧造陶明器用以随葬。这时,战国时期出现的彩绘陶器得到迅猛发展,釉陶也得到普遍应用,同时在陶明器上用白粉、墨书文字者也大量出现。东汉晚期至三国时期,随着瓷器烧造技术的逐渐成熟,陶器才被瓷器取代,从而退居次要地位。

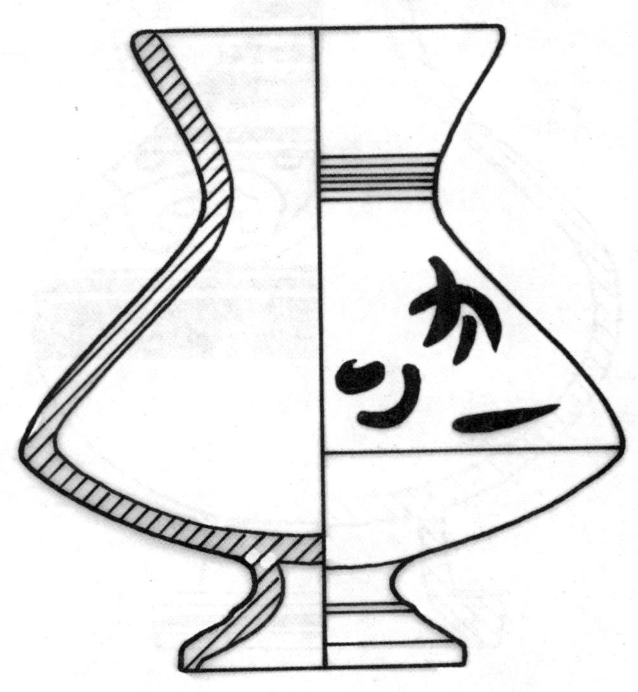

5. 西汉　彩绘陶壶(二)

名　　称:彩绘陶壶
时　　代:西汉后期
尺　　寸:口径 12.4 厘米,腹径 20.8 厘米,足径 12.0 厘米,通高 30.4 厘米
来　　源:1992 年山东省淄博市临淄商王墓地西汉后期墓出土
收藏单位:山东省淄博市博物馆

该彩绘陶壶,泥质灰陶。圆唇,敞口,细束颈,圆鼓腹,圜底,高圈足,圈足底部外凸,饰三周凹弦纹。器表遍施白色陶衣,颈、腹及圈足部朱绘弦纹带。肩、腹弦纹带之间用黑彩勾勒卷云纹轮廓,其间填涂浅紫彩绘。

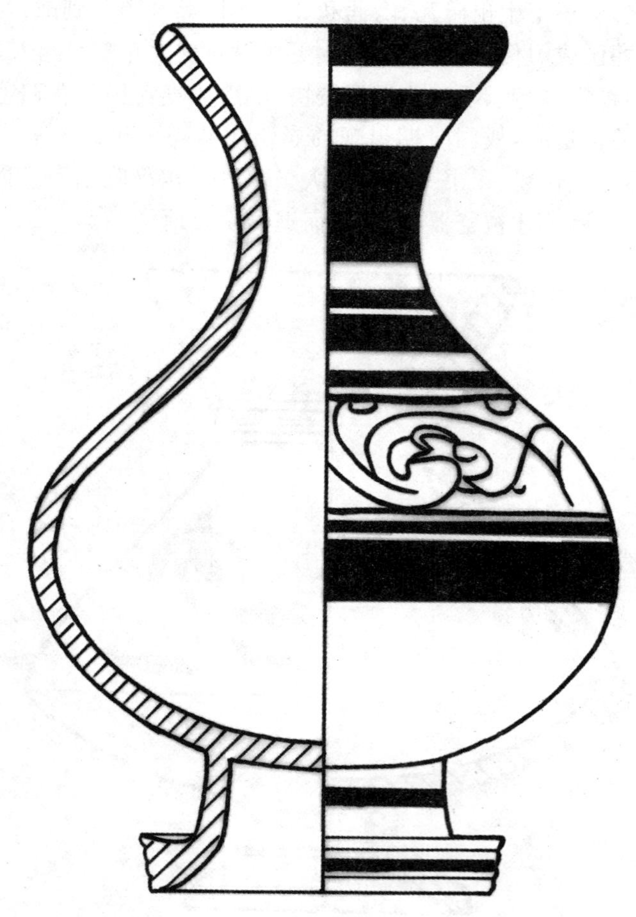

6. 西汉 彩绘陶壶(三)

名　　称:彩绘陶壶

时　　代:西汉前期

尺　　寸:口径 10.2 厘米,腹径 20. 4 厘米,足径 12.0 厘米,高 26.0 厘米

来　　源:1992 年山东省淄博市临淄商王墓地西汉前期墓出土

收藏单位:山东省淄博市博物馆

该彩绘陶壶,泥质灰陶。侈口,束颈,折腹,最大腹径在下腹部,圈足外撇。颈部朱绘两周、腹部朱绘一周弦纹带。颈、腹弦纹带之间用黑彩勾勒一对兽面纹铺首衔环和卷云纹轮廓,其间填涂浅紫和朱红色彩绘。

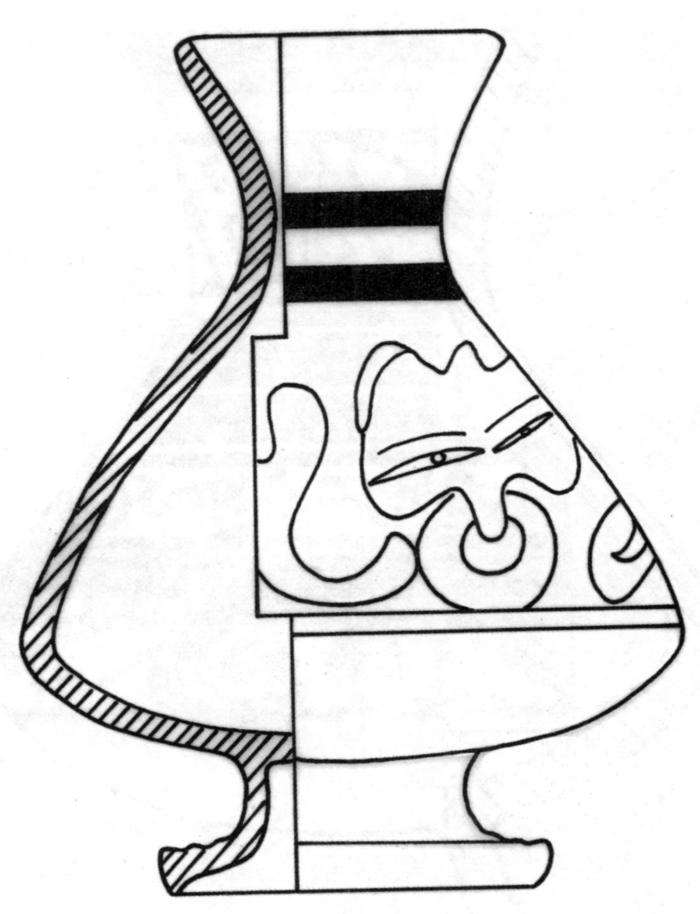

7. 西汉　彩绘陶壶(四)

名　　称：彩绘陶壶

时　　代：西汉后期

尺　　寸：口径11.2厘米，腹径20.1厘米，足径9.6厘米，高24.6厘米

来　　源：1992年山东省淄博市临淄商王墓地西汉后期墓出土

收藏单位：山东省淄博市博物馆

该彩绘陶壶，泥质灰陶。圆唇，喇叭口，束颈，鼓腹，圜底，圈足外撇。腹部以上施白色陶衣，口、肩及上腹部各朱绘弦纹带一周；颈部朱绘三角、卷云纹；腹部朱绘卷云纹和斜向连珠纹，部分卷云纹用黑、蓝彩相间描绘。

8. 西汉　彩绘陶壶(五)

名　　称:彩绘陶壶
时　　代:西汉后期
尺　　寸:口径 15.2 厘米,腹径 24.0 厘米,足径 12.0 厘米,高 35.5 厘米
来　　源:1992 年山东省淄博市临淄商王墓地西汉后期墓出土
收藏单位:山东省淄博市博物馆

该彩绘陶壶,泥质灰陶。圆唇,喇叭口,粗束颈,圆鼓腹,圜底,矮圈足,有台座。圆形弧顶盖,凹顶,盖内凹面近缘处饰一周凸弦纹。中腹以上施彩绘,未施陶衣。口、颈及腹部朱绘弦纹带。颈、腹弦纹带之间朱绘云纹,彩绘脱落较甚。腹部饰三行戳印纹。

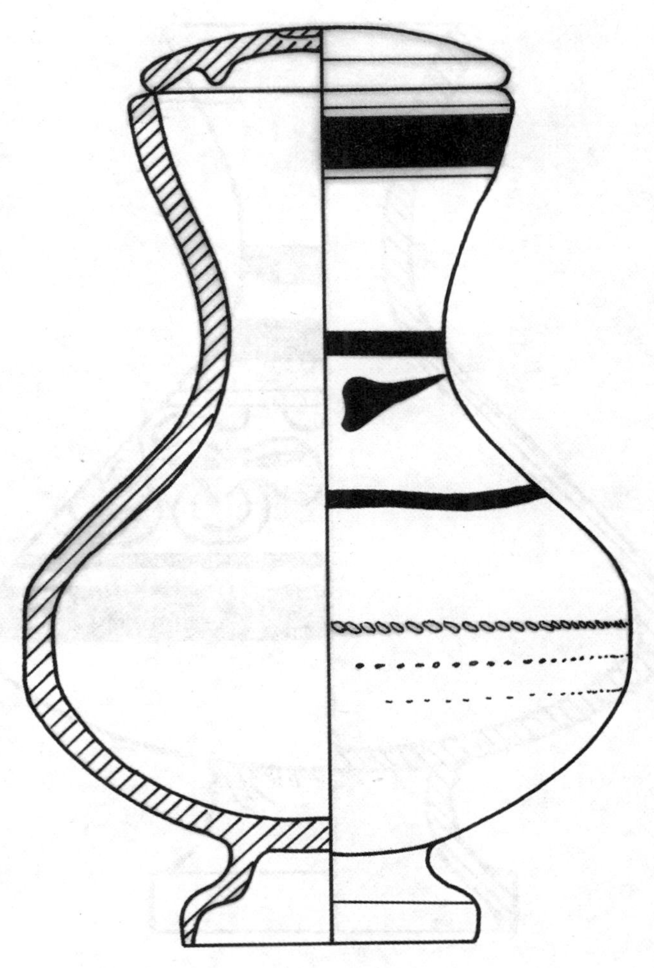

9. 西汉　彩绘陶壶(六)

名　　称:彩绘陶壶
时　　代:西汉后期
尺　　寸:口径 9. 6 厘米,腹径 20. 8 厘米,足径 11. 2 厘米,高 27. 4 厘米
来　　源:1992 年山东省淄博市临淄商王墓地西汉后期墓出土
收藏单位:山东省淄博市博物馆

该彩绘陶壶,泥质灰陶。圆唇,侈口,束颈,鼓腹,最大径在腹下部,下腹急收成圜底,圈足外撇,有台座。颈部朱绘两周、腹部朱绘一周弦纹带。颈、腹弦纹带之间,用黑彩勾勒兽面形铺首衔环和卷云纹轮廓,其间填涂浅紫彩绘。

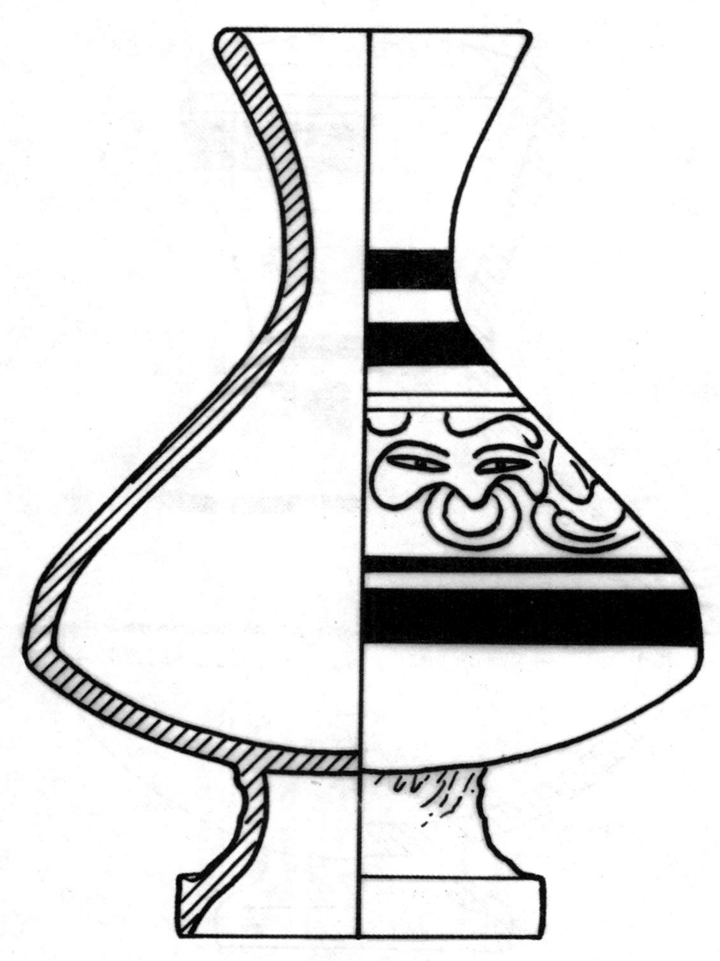

10. 西汉　彩绘陶壶(七)

名　　称:彩绘陶壶

时　　代:西汉前期

尺　　寸:口径 9.7 厘米,腹径 19.2 厘米,足径 8.8 厘米,高 22.2 厘米

来　　源:1992 年山东省淄博市临淄商王墓地西汉前期墓出土

收藏单位:山东省淄博市博物馆

该彩绘陶壶,泥质灰陶。圆唇,侈口,粗束颈,折腹,圜底,圈足。颈、肩及腹部各朱绘一周弦纹带。肩、腹弦纹带之间朱绘卷云纹和斜向连珠纹。圈足饰一周凸弦纹。

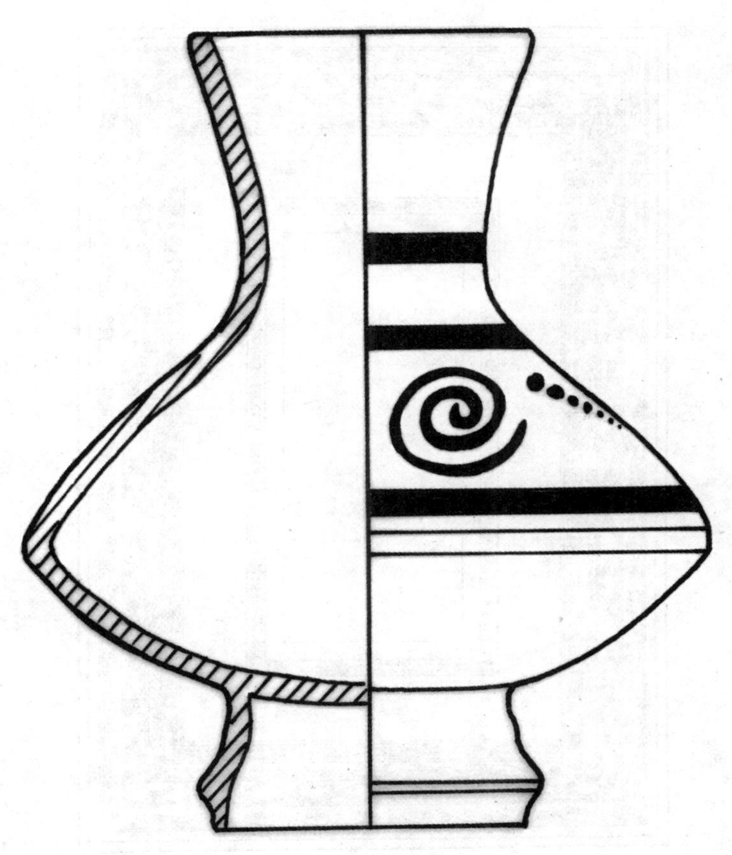

11. 东汉　矩形彩绘陶盘

名　　称：矩形彩绘陶盘
时　　代：东汉后期
尺　　寸：长62.0厘米，宽45.6厘米，厚约2.0～3.0厘米
来　　源：1992年山东省淄博市临淄商王墓地东汉后期墓出土
收藏单位：山东省淄博市博物馆

矩形彩绘陶盘，泥质灰陶。盘面为长方形，四周边缘卷起，高约0.4～0.6厘米。盘面施朱红彩，用白彩绘出多重纹饰，多已脱落，纹饰绘制中规中矩，一丝不苟。

12. 东汉 彩绘鸟兽纹陶盘

名　　称：彩绘鸟兽纹陶盘

时　　代：东汉后期

尺　　寸：直径约 46.5 厘米，高约 2.0～3.0 厘米

来　　源：1992 年山东省淄博市临淄商王墓地东汉后期墓出土

收藏单位：山东省淄博市博物馆

彩绘鸟兽纹陶盘，泥质灰陶。盘面为圆形，面施红彩，用白色彩绘出草叶、菱形等多种图案纹饰，盘中描绘四只奇禽异兽同向追逐，飞翔奔跑，动感十足。

盘内鸟兽形象中有三只瑞兽，一只凤鸟。三兽中的两只形象描绘较为具象写实，另一只形象描绘却大胆夸张，抽象变形，面部仅用椭圆表示，前腿只以线条表示，但整个飞奔的气势不变。它们最大的特点就是为了追求极速动感，颈部夸张后仰，前腿腾空，后肢几乎与身体平行，将尾部平甩拉长，既表明了方向，又突出了强劲的风速。尤其是四个动物形象进行圆形环绕时，处在足够大的运行空间里，中心图案可视为变形抽象的翔云纹样，也可视为太阳，更加放大了飞行的高度与速度；再加之连续纹样的秩序井然和鸟兽的追逐飞奔，规矩与活泼的强烈反衬，形象静动结合，看似随意的寥寥数笔，却笔势如虹，使它们相互飞奔、追逐的超级动感形象跃然盘上，如有神助，活灵活现。

“崇鸟尚日”是东夷人的重要文化特征，反映了山东海岱地区先民原始的精神诉求。受此影响，盘中所绘图案应是“崇鸟尚日”这一文化的继承与延续。

这件陶盘纹饰设计新颖，构思巧妙，形象生动，绘画技法娴熟，线条凝练活泼、自然飘逸。整个盘面绘制规整，繁缛有序，疏密得当，富有层次，为研究这一时期的绘画艺术留存了重要的实物资料。

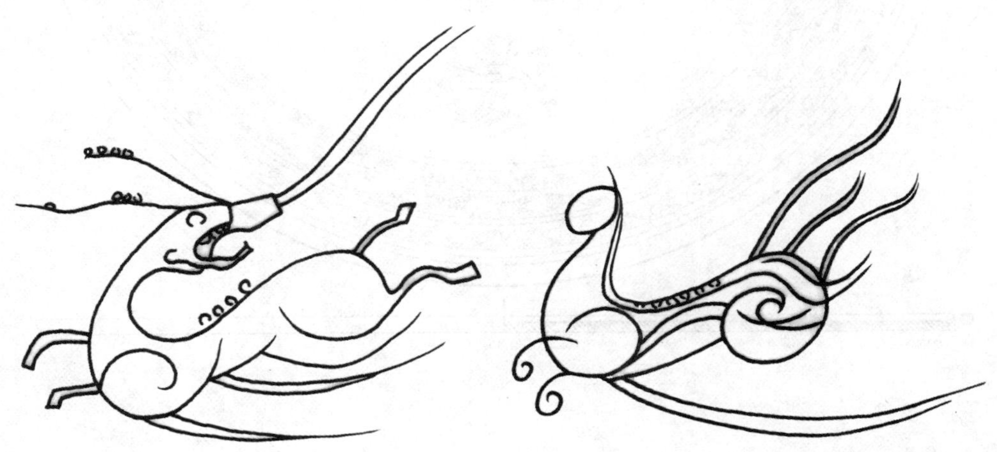

第二章　石、玉器

1. 新石器时期岳石文化　石钺(yuè)

名　　称：石钺

时　　代：新石器时期岳石文化

尺　　寸：残长9.8厘米，宽8.8厘米，厚1.6厘米

来　　源：1996年山东省淄博市桓台史家遗址出土

收藏单位：山东省淄博市桓台博物馆

石钺，长方形，通体磨光。刃部、顶部残，两侧磨成圆弧形，中部有一对向琢磨的孔。

石器是指原始社会时期以岩石为原料制作的工具，同时也是人类历史上最原始的生产工具。根据不同的发展阶段，石器大致可分为旧石器时代和新石器时代，石器的种类较多，早期遗址中大量出土的农业、手工业和渔猎工具有斧、锛、铲、凿、镞、矛头、磨盘、网坠等，稍后又增加了犁、刀、锄、镰等。石器时代对于人类历史的发展具有非常重要的意义。

旧石器时代早期的石器较为原始简陋，一般将天然砾石加以敲击或碰击，使之形成刃口，然后再稍作加工，即成石器，形状不规则，且一器有多种用途。打制切割用的带有薄刃的石器，方法和步骤较为复杂：先从石块上打下所需要的石片，再将石片加以修整而成石器。初期，石器是用石锤敲击修整的，边缘不太平齐。到了中期，打制技术有很大提高，可以制作较为复杂的石器，加工也比较精细。使用木棒或骨棒修整，边缘比较平整了。至后期，修整技术进一步提高，创造了压制法。压制的工具主要是骨、角或硬木。用压制法修整出来的石器已经比较精细。

到了新石器时代，石器制造技术有了很大进步。首先，对石料的选择、切割、磨制、钻孔、雕刻等工序已有一定要求。石料选定后，先打制成石器的雏形，然后把刃部或整个表面放在砺石上加水和沙子磨光，从而制成磨制石器。磨制石器与打制的石器相比，已具备了上下左右部分更加准确合理的形制，使用途趋向专一，增强了石器刃部的锋度，减少了使用时的阻力，使工具能发挥更大的作用。

穿孔技术的发明，是石器制作技术上的又一重要成就，它基本上可分为钻穿、管穿和琢穿三种。钻穿是用一端削尖的坚硬木棒，或在木棒一端装上石制的钻头，在要穿孔的地方先加些潮湿的沙子，再用手掌或弓弦转动木棒进行钻孔。管穿是用削尖了边缘的细竹管来穿孔，具体方法与钻穿相同。琢孔，即用敲琢器在大件石器上直接琢成大孔。穿孔的目的在于制成复合工具，使石制的工具能比较牢固地捆缚在木柄上，便于使用和携带，以提高劳动效率。原始社会时期生产工具的每一次改进，人类社会便向文明迈进了一步，但由于当时人们所能支配的物质只不过是石、木、骨、角和利用天然纤维简单加工而成的绳索等，这就限制了工具的创造和发展。

夏商以后，人类社会进入了阶级社会，但夏商甚至更晚的一段时期内，石器仍作为重要工具使用，为人类社会进步做出了重要贡献。

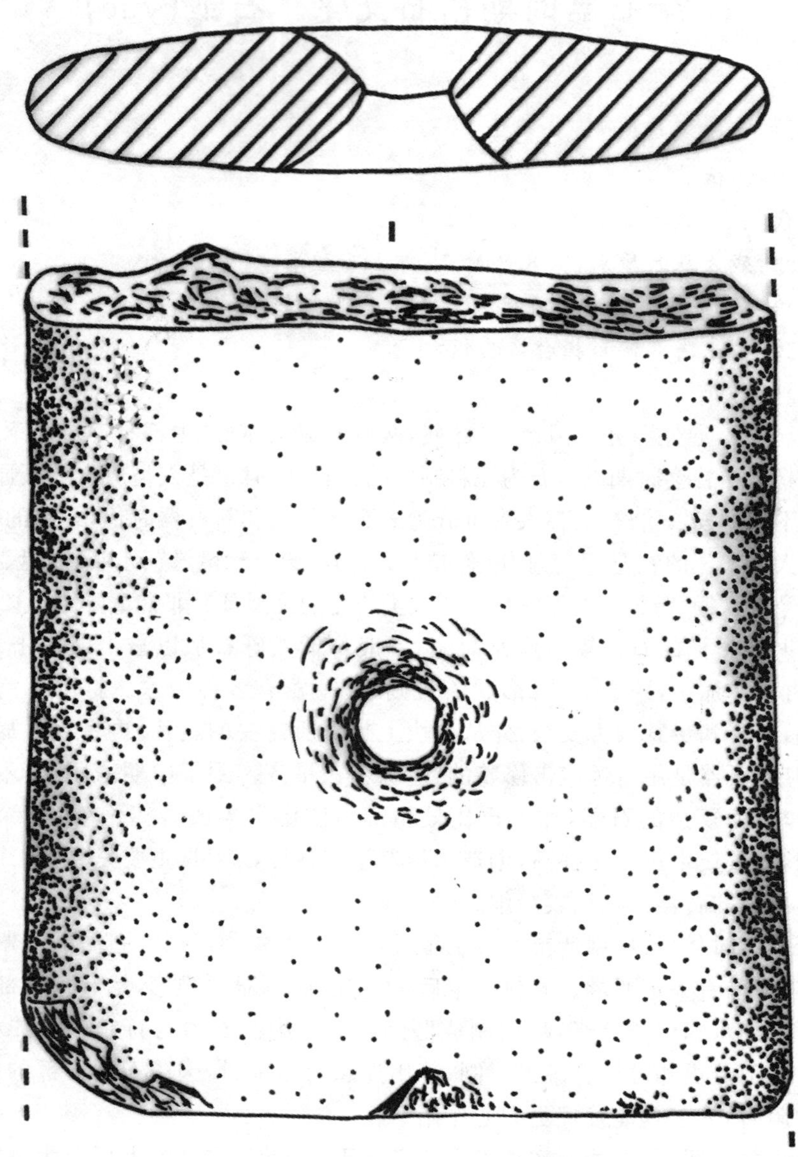

2. 新石器时期岳石文化 半月形石刀

名　　称：半月形石刀
时　　代：新石器时期岳石文化
尺　　寸：长 10.2 厘米，宽 5.5 厘米，厚 1.0 厘米
来　　源：1996 年山东省淄博市桓台史家遗址出土
收藏单位：山东省淄博市桓台博物馆

半月形石刀，通体磨光。钻双孔，双孔为对向管钻，两面对接不准。直刃，长宽比例近于 2∶1，背面稍凸。刃部粗糙，有明显的磨制弦纹。

岳石文化的石器是工具和武器的主体，在制作方法上讲求实用而不尚华丽。主要有三个小组合，即以斧、锛、凿为主的加工工具；以铲、镢、镰、刀为基本组合的农具；由钺、镞、矛构成的武器。特色最鲜明的是农具，平面呈长方形或梯形、器体扁薄的单面刃石铲，平面呈长方形或方形、器体略厚的长方形孔多刃石镢，平面呈半月形、一面平而另一面内凹的双孔石刀。这三类器物以其数量多（约占全部石器的半数）和独具特色而构成岳石文化基本特征的重要内容之一。

石器的制作技术和工艺，到龙山文化时期已经达到近乎完备的程度，岳石文化基本上沿袭了龙山文化的石器制作技术与方法。在石器器形上，两者基本一致，如岳石文化的斧、锛、凿、钺、镞、铲、镰、刀，均可在龙山晚期找到相同的器形。尤其是岳石文化典型的扁薄单面刃石铲和半月形双孔石刀，在龙山文化晚期均已出现。而岳石文化独有的长方形孔多刃石镢，不见于其他任何文化，应是其创造的新器类。

该件半月形石刀具是有岳石文化典型风格的器物。

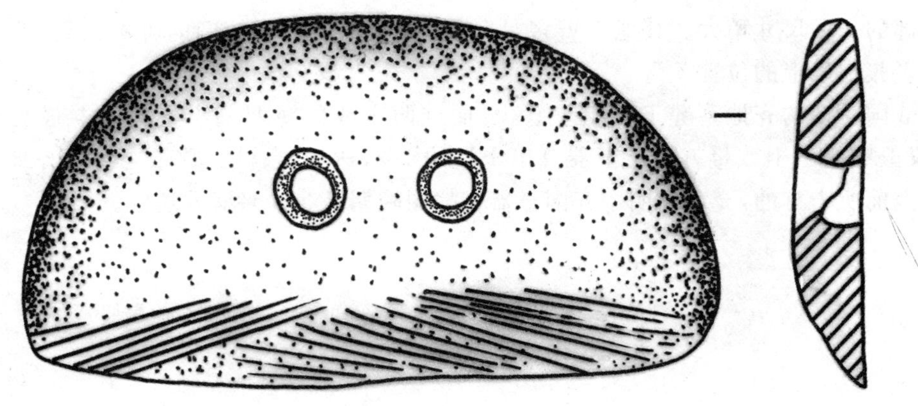

3. 战国　兽面纹玉璧(一)

名　　称:兽面纹玉璧
时　　代:战国晚期
尺　　寸:外径19.4厘米,内径5.7厘米,厚0.5厘米
来　　源:1992年山东省淄博市临淄商王墓地战国晚期墓出土
收藏单位:山东省淄博市博物馆

该兽面纹玉璧,青玉,墨绿色,局部土沁泛白。两面纹饰相同,内外轮廓线各饰有一周绹纹,绹纹将肉上纹饰分为内外两区,内区饰网格、卧蚕纹,外区饰四组龙蛇纹,龙首双角,长须,一首双身,尾与蛇纹相互缠绕,生动活泼,动感十足。

玉是人们在制造和使用石器的过程中,逐步认识并从石器中分离出来的。在质地、色彩、硬度诸方面,比一般石器优良,此后,先民们便更多地用这些美石作为高档用品的制作材料。最早的玉器为辽宁海城仙人洞遗址出土的距今1.2万年的绿色蛇纹石砍凿器。

琢玉技术是中国古代重要的技术发明创造。在古代玉器当中,玉璧是最具神秘色彩的器物,不仅其简单的造型和纹饰,令后人难以追根溯本,而且其用法,也令人感到神秘莫测。作为礼玉时,它好像是祭祀天地四方的至宝;作为葬玉时,又似阴间的神物。战国、秦汉时期,以玉璧随葬渐为兴盛,虽然大部分玉璧仍然被用作礼玉和葬玉,但也有一部分脱去神秘的外衣,成为人们佩戴的饰物。在许多贵族墓中,不但随葬贵族们生前佩戴的玉饰,而且还在尸体上、下铺盖数量不等的玉璧,反映了当时人们认为玉能保持尸体不腐的葬俗。临淄商王墓地两座战国墓出土大量玉璧,大部分置于死者腰部以上,其盖于面部的玉璧尺寸稍大。其他玉璧多是蒲纹璧,个别为琢制精细的卧蚕纹璧,主要覆盖于死者腹部以上的位置。

战国时期的齐地墓葬玉器出土甚少,而这两座战国晚期墓出土的玉器极为丰富考究,仅玉璧的出土数量就占了玉器总出土量的1/2,达50余件。数量之多是齐地考古发掘史上前所未有的,充分说明了齐国玉器在战国晚期是非常兴盛发达的。

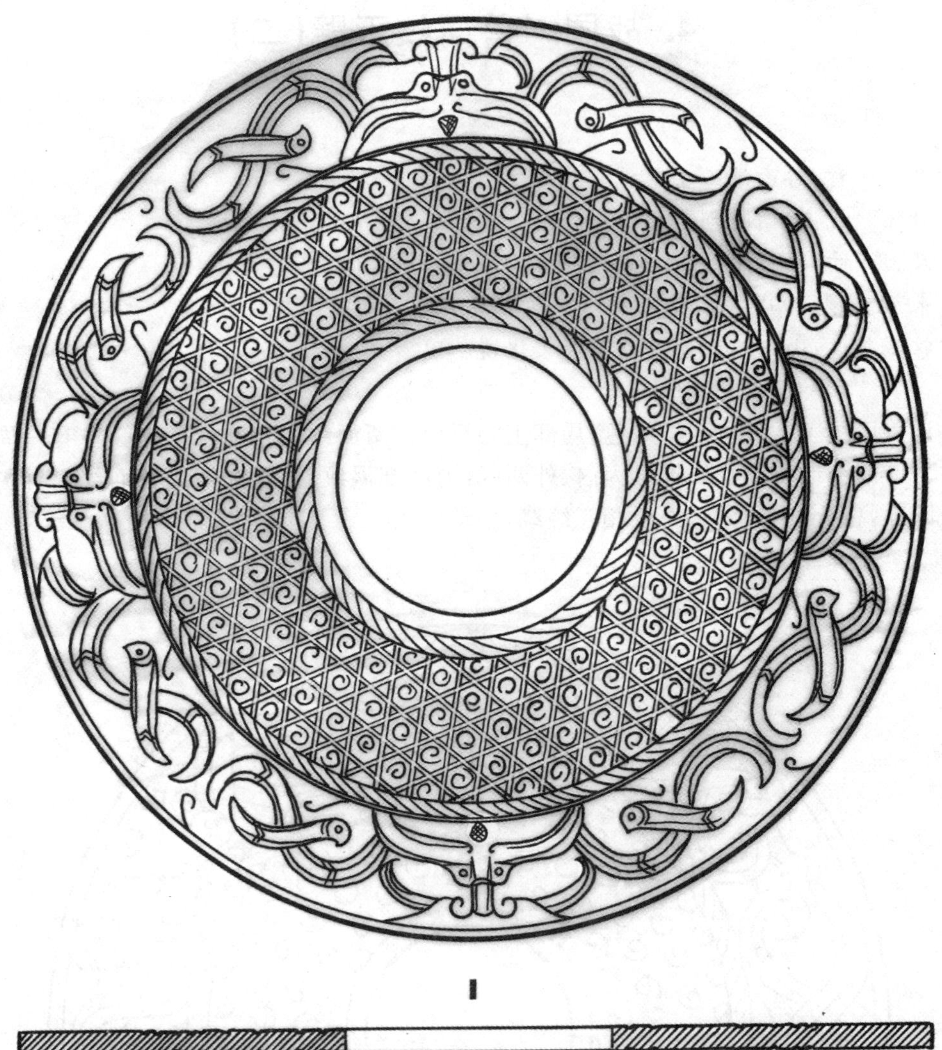

4. 战国　兽面纹玉璧(二)

名　　称：兽面纹玉璧

时　　代：战国晚期

尺　　寸：外径19.0厘米，内径4.4厘米，厚0.5厘米

来　　源：1992年山东省淄博市临淄商王墓地战国晚期墓出土

收藏单位：山东省淄博市临淄齐文化博物院

该兽面纹玉璧，青玉，墨绿色，局部土沁泛白。两面纹饰相同，内、外缘各有一周阴刻弦纹。一周绹纹将肉上纹饰分为内、外两区：内区饰涡纹；外区饰四组兽面纹，兽面有角，双目圆睁，兽分别与“S”形蛇纹相互缠绕，生动活泼。

5. 战国　涡纹玉璧

名　　称：涡纹玉璧
时　　代：战国晚期
尺　　寸：外径16.3厘米，厚0.4厘米
来　　源：1992年山东省淄博市临淄商王墓地战国晚期墓出土
收藏单位：山东省淄博市博物馆

涡纹玉璧，碧玉，温润有光泽，肉上饰涡纹，突起较高，两面纹饰相同。

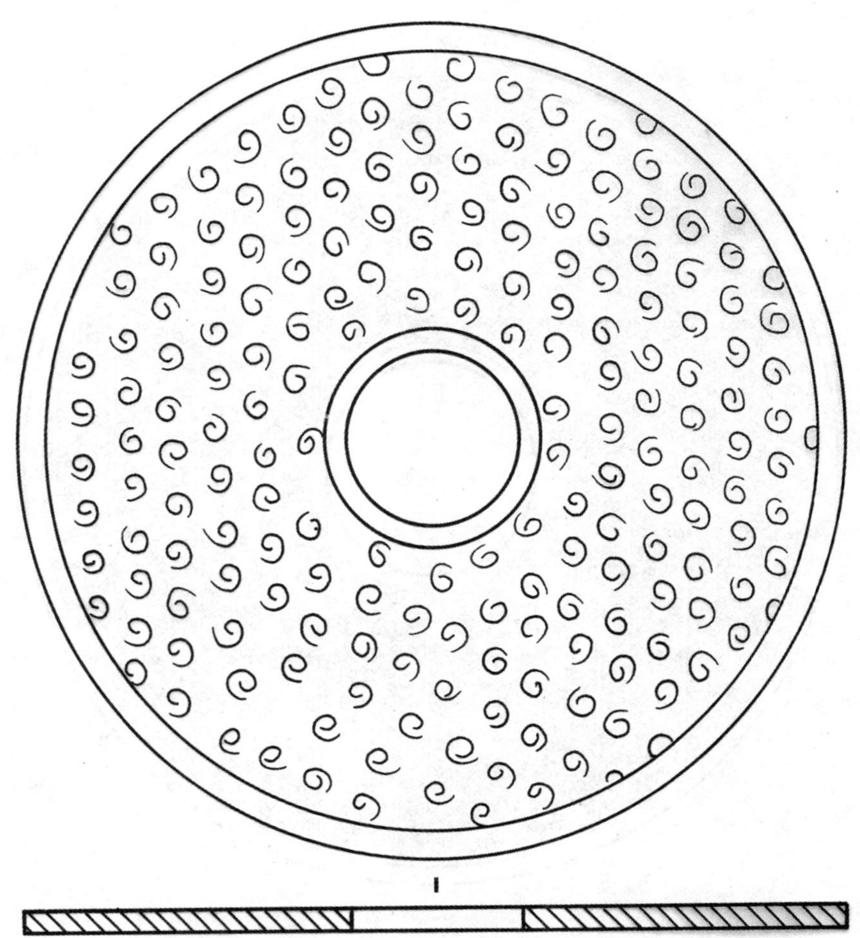

6. 战国　蒲纹玉璧

名　　称：蒲纹玉璧
时　　代：战国晚期
尺　　寸：外径 14.3 厘米，内径 3.8 厘米，厚 0.4 厘米
来　　源：山东省淄博市临淄商王墓地战国晚期墓出土
收藏单位：山东省淄博市临淄齐文化博物院

蒲纹玉璧，青玉，局部有黄褐色土沁，肉上饰网格状蒲纹，突起较高，正、反两面纹饰相同，纹饰规整，雕刻细腻。

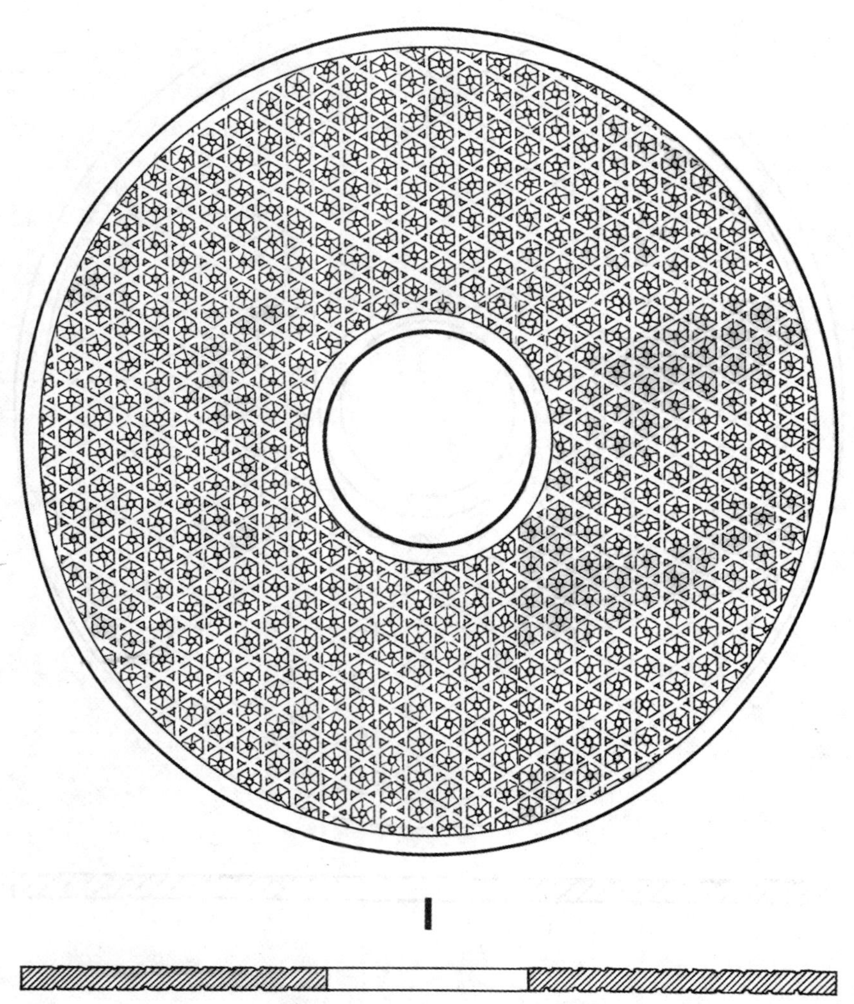

7. 战国　双凤纹玉瑗(yuàn)

名　　称:双凤纹玉瑗

时　　代:战国晚期

尺　　寸:外径 5.2 厘米,厚 0.4 厘米

来　　源:1992 年山东省淄博市临淄商王墓地战国晚期墓出土

收藏单位:山东省淄博市博物馆

双凤纹玉瑗,扁平状,青玉,部分呈绿色,局部有土沁白斑。中部透雕变体双凤纹,俯首勾喙,圆目,曲颈弯躯,体饰双阴线“S”形纹和网格纹。内外缘阴刻轮廓线,中饰 8 组对称等距的双阴线卷云纹,分别以阴线网格纹相间。该器出于墓室西北部,同位置还有玻璃器、青铜器等。这件玉瑗所用之青玉料,经鉴定属于由新疆输入的和田玉系列,玉质优良。整器纹饰别致,雕琢技艺精湛,采取抽象的动物纹样结合几何纹样,规整中透出动感,展示了琢玉工匠的想象力和创造力。

8. 战国　透雕双龙双螭(chī)纹玉环

名　　称:透雕双龙双螭纹玉环

时　　代:战国晚期

尺　　寸:外径11.0厘米,内径6.1厘米,厚0.4厘米

来　　源:1992年山东省淄博市临淄商王墓地战国晚期墓出土

收藏单位:山东省淄博市博物馆

透雕双龙双螭纹玉环,扁平片状,白玉,玉质温润透明,局部有少许灰白色土沁。器物表面分内外缘和中部主纹饰带三部分,内外缘雕饰绹纹,雕琢规整柔美,一丝不苟,制作难度很大。绹纹之间透雕双龙、双螭纹,呈左、右对称布局。双龙曲颈回首,张口露齿,杏目圆睁,云纹冠,身体修长,长尾饰绞丝纹,尾稍内卷。双螭口衔双龙之尾,身体弯曲翻转,似在与双龙嬉戏争斗,神形兼备,惟妙惟肖,活灵活现。龙螭的躯体和尾部透雕出飞翼和云纹更加增强了动感。

玉环作为玉佩饰,可供佩挂,或用以随葬,也可用于祭祀、馈赠等。我国玉器文化源远流长,人们以玉器的高贵圣洁,象征贵族的权力地位;以玉器的温润无瑕,比之君子的完美品德。佩玉在战国时期非常流行,考古发掘中出土的玉器资料虽较为丰富,但战国时期齐国墓葬出土的玉器数量却极少。这件双龙双螭纹玉环器形规整,通体采用透雕、阴刻、隐起的雕琢技法,纹饰线条琢刻精美,技艺娴熟精湛,更显玲珑剔透,富有层次感。该玉环中的绹纹雕饰难度非常高,是最为考验琢玉水平的一项技术,在当时制玉工具相对落后的条件下,显示出了制玉工匠高超的琢玉技艺,可谓是齐墓出土玉器中的经典之作。该玉环为新疆输入的和田玉所制,玉料择选考究,玉质优良,从而造就了这件精妙绝伦的美玉,具有极高的艺术欣赏价值。此玉环出土时置于墓主人的左股骨外侧,应为墓主人生前佩饰之物。

在玉佩饰中,环是出现较早的重要器型,并被赋予了深刻内涵。古代文献中也不乏记载,在晋代郭璞注《尔雅·释器》中,环被归入璧类:"肉倍好,谓之璧;好倍肉,谓之瑗;肉好若一,谓之环。""好",指其孔,"肉",指孔至廓之间的实体。同时,环与玦的形状相近,韦昭曰:"玦如环而缺。"即环上有缺则为玦。璧、玦在古代礼仪和礼制中被赋予丰富的内涵,环可能与璧、玦的原始内涵相同或相近。从《周礼》记载的"以苍璧礼天"中可以看出,它们最初应与人们对上苍和太阳的原始崇拜有关。在不断发展的历史长河中,环在被人们不断赋予更多新内涵的同时,其原有意义则被逐渐淡化或遗忘。由于它与"还"读音相同,以致后来被用以表示"归来""归还"之意。如《荀子·大略》云:"绝人以玦,反绝以环。"杨倞注曰:"古者臣有罪,待放于境,三年不敢去。与之环则还,与之玦则绝。"这

说明环、玦是古代社会交往的信物，并非仅用于罪臣的还与不还。与之环，就是希望对方能够早日归来，表达了给予者再见到对方的良好愿望，与当下说声“再见”一样，只是形式更为庄重而已。对于佩戴者而言，环可能还具有希望自己诸事顺利、平安归来的寓意。

9. 战国　白玉透雕双龙瑗

名　　称：白玉透雕双龙瑗

时　　代：战国晚期

尺　　寸：通高 11.0 厘米，宽 10.5 厘米，内径 6.4 厘米，厚 0.3 厘米

来　　源：1992 年山东省淄博市临淄商王墓地战国晚期墓出土

收藏单位：山东省淄博市博物馆

白玉透雕双龙瑗，玉质温润，光泽性强，局部受沁呈黄褐色。扁平体，两面纹饰相同，局部有土沁白。内外缘饰凸弦纹，肉上纹饰等分四格，以剔地平面雕手法雕出卷云纹和星云纹。两侧透雕双龙，左右对称（左首龙下部纹饰有残缺），缠绕攀附于环之上，二龙相背，回首曲颈伸于环外，云纹长冠向内上卷，并穿出外缘形成佩戴穿孔。龙身弯曲呈"S"形，背饰云纹长鬣时隐时现，流畅自如。四足二趾踏于环内侧，作攀登状，矫健有力。龙尾细长，由环内伸出环外，然后又弯曲上卷收于环内。

玉瑗整体造型上宽下窄，左右对称，双龙矫揉并济，所刻线条细腻自然，生动活泼，形神俱佳，尽管略有残缺，但"瑕不掩瑜"，仍不失为一件技艺精湛、艺术价值极高的玉雕珍品。

10. 战国 白玉透雕龙凤珮

名　　称：白玉透雕龙凤珮
时　　代：战国晚期
尺　　寸：长 8.8 厘米，宽 5.8 厘米
来　　源：1992 年山东省淄博市临淄商王墓地战国晚期墓出土
收藏单位：山东省淄博市博物馆

白玉透雕龙凤珮，灰白色沁，体扁平，双首龙形，龙首相背，引颈高昂。龙身呈“门”字形，饰凸起的勾连云纹。“门”字形之内透雕对称的双凤，勾喙，有冠，修颈，曲身，振翅，卷尾，作对歌起舞状。在龙体正中和颈部有三个孔可供穿系，是重要的组玉佩饰之一。

佩饰左右两端各镂雕一相互对称，引颈高昂的龙首，杏仁目，张口利齿，钺形下唇，一足二趾。龙之躯体较为宽厚，并朝上弓曲，减地浮雕、阴雕法并用，刻画出内外缘轮廓线和凸起的勾连云纹。在龙腹之下透雕对凤，长冠，长尾弯曲内收，相向挺胸而立，作对歌起舞状。龙背上琢留一三角形凸起，上钻有一孔。左、右两侧亦各钻有一穿。该玉珮出土时放置于墓主小腹部，龙凤象征吉祥。该玉珮可单独佩挂，亦可与其他玉饰组合悬佩。在雕刻工艺上采用了雕、琢、镂、刻、切、磨等多种不同的琢制技法，线条流畅，玲珑剔透，具有较高的艺术价值。

11. 战国　白玉透雕龙虎珮

名　　称：白玉透雕龙虎珮

时　　代：战国晚期

尺　　寸：通高 4.3 厘米，宽 7.9 厘米，厚 0.35 厘米

来　　源：1992 年山东省淄博市临淄商王墓地战国晚期墓出土

收藏单位：山东省淄博市博物馆

白玉透雕龙虎珮，龙虎形，龙首曲颈平伸，长角无须；虎首引颈高昂，短角有须。龙虎背向，尾部相对，皆张口露齿，杏仁目，身体弯曲，并饰阴线纹，边缘阴刻轮廓线。龙虎首颈之间饰透雕卷云纹。

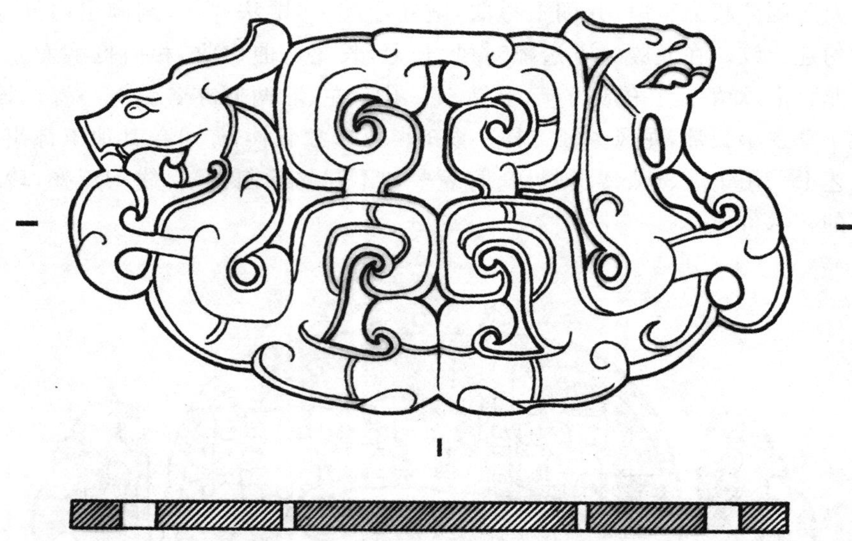

12. 战国　白玉透雕龙首璜

名　　称：白玉透雕龙首璜
时　　代：战国晚期
尺　　寸：通长 12.5 厘米，宽 4.0 厘米，厚 0.3 厘米
来　　源：1992 年山东省淄博市临淄商王墓地战国晚期墓出土
收藏单位：山东省淄博市博物馆

白玉透雕龙首璜，扁平体，受沁呈黄褐色，两面纹饰基本相同。双首龙形，两端透雕龙首，尖卷唇，巨目圆珠，独角，利齿，颌下有须，颈饰绞丝纹，龙身饰凸起的勾连云纹，顶脊透雕卷云纹，中部有孔可供穿系，腹部透雕两相向回首的虺纹，龙体中部饰“出”字形花叶纹，与上下透雕纹饰连为一体。

同墓共出土 3 件玉璜，位置在墓主人腿部，成为组玉佩主要构件，足以证明当时对玉璜的重视程度，同时也反映出墓主高贵的身份。该玉璜造型精美灵巧，纹饰复杂、雕琢技艺精湛，取双龙首形，纹饰采用透雕、阴线刻等丰富的琢制技法，疏密有致，收放自如，富有较强的节奏感和韵律感。

组玉珮是战国秦汉时期较为繁荣与盛行的一种佩玉形式，不仅出土数量多，而且琢制精美，纹饰华丽。在出土的组玉珮中，玉璜作为组玉珮中必不可少的重要构件，同时也是墓主身份等级的象征。在诸多文献资料中也不乏记载。《周礼·天官·王府》中说：“共王之服玉、佩玉、珠玉。”郑玄注引《诗经》曰：“佩玉，上有葱衡，下有双璜冲牙，蠙珠以纳其间。”又《诗经·郑风·女曰鸡鸣》中说：“知子之来之，杂佩以赠之。”毛传曰：“杂佩者，珩璜琚冲牙之类。”另孔颖达在《礼记正义》卷十三中说：“凡佩玉，必上系于衡，下垂三道，穿以蠙珠，下端前后以悬于璜，中央下端悬以冲牙，动则冲牙前后触璜而为声。”玉璜的佩戴形式，春秋以前大都是在璜的两端穿孔，除用在组玉珮最上端的璜是凸上凹下之外，其他的均凹上凸下佩戴。

关于玉璜的形制，在《说文·玉部》中的注解为：“璜，半璧也，从玉，黄声。”实际上，从大量考古发现资料来看，新石器时代的红山、良渚等文化时期中的玉璜，形制更接近于半璧形，至西周时期多为璧表面的 1/3，其弧心角一般约为 120°。玉璜的造型一般为双首龙形，即二龙合体之形，个别为独体龙形，这是古代典型的龙崇拜的具体体现。龙是华夏民族最具影响力的图腾，也是最有神力的动物，其神能之一就是掌管风雨，是祈雨之神。《左传·昭公二十九年》：“龙，水物也。”晋代葛洪《抱朴子·登涉》曰：“辰日称雨师者，龙也。”由于龙是雨神，雨后出现的彩虹，也被看作龙的化身，早在商代甲骨文中就有“有虹自饮于河”的记载，“虹”字甲骨文的结构便是取二龙合体之形。《山海经·海外东经》中言：“虹在其北，各有两首。”认为“虹”是一身双首之物，也就是常见的玉璜的造型。《搜神记》中就有“孔子……斋戒，向北辰而拜，告备于天……白虹，自上而下，化为黄玉，长三

尺，上有刻文，孔子跪受而读之”的记载。东汉卫宏《汉旧仪》中曰：“龙星左角为天田，右角为天庭。天田为司马，教人种百谷为稷。”其“龙星”即东宫苍龙七宿之总称，在龙首玉璜的身体上，往往刻有云纹或谷纹，表达了人们对生活风调雨顺、五谷丰登的美好诉求。

13. 战国 组玉珮

名 称:组玉珮
时 代:战国时期
尺 寸:通长约73.0厘米
来 源:1992年山东省淄博市临淄商王墓地战国晚期墓出土
收藏单位:山东省淄博市博物馆

此组玉珮是由3件双首龙形璜,2件龙形珮,2件玉珮饰和3件玉管串饰构成。

史前时期的玉串饰是组玉珮的初始形态。这个时期的串饰一般构成简单,纹饰较少,多为佩戴于颈部的饰品。夏商时期,组玉珮考古发现较少,结构尚不清楚。在山西曲沃晋侯墓地、陕西长安张家坡西周墓地、河南三门峡上村岭虢国墓地都出土了西周时期的组玉珮。这些玉珮结构复杂,式样也很少重复,但大体可分两种:一种以玉璜为主,用各种管珠串联而成,挂于颈部;另一种是以钻有成排小孔的梯形玉饰为主,其上下缀以玉珠、玉雕小昆虫或小玉戈,可能佩于颈部,也可能挂于腰间。1993年山西曲沃晋侯墓出土的一组玉珮,由璜、玛 瑙管、玉飞鸟等多种玉饰组成,长达150厘米,其结构之复杂,佩体之长,在已出土的组玉珮当中十分罕见。

春秋时期的组玉珮也很少发现,有些与西周晚期的很难区分,从出土的零散玉器分析,这时玉珮也是以玉璜为主。山东临淄郎家庄一座春秋时期的齐侯墓,出土一批以玉髓、玛瑙、水晶、紫晶等材料制成的串饰,主要由环和管珠组成,光华晶莹,色彩丰富,与其他各国所出玉饰有明显不同,这也是齐国玉器的一大特色。

组玉珮从史前萌芽到汉代兴盛,其总的趋势和形制结构经历了一个由简到繁,又由繁到简的过程,但玉质却越来越好,制作技艺水平越来越高,装饰效果也愈发华丽。战国至秦汉时期,是组玉珮最为繁荣的时期。战国时的组玉珮虽然礼制色彩有所淡化,但这时期的组玉珮不仅出土数量多,而且饰件结构合理,主次分明。主要饰件的造型多为龙凤螭虎,雕镂精致,形象生动,装饰十分华丽。

古人随身佩玉不仅是为了美观,更重要的是显示自己的身份和地位。春秋战国时期,在政治上主张“德治”和“仁政”的儒家,主张“君子比德如玉”“君子无故,玉不去身”,因而佩玉在战国时期非常流行,成为社会文化的主流,而佩挂由多件(种)玉饰组成的组玉珮,则成为当时的时代潮流和社会风尚。临淄商王村战国一号墓出土的这套组玉珮便是典型例证。

该组玉珮,由双首龙形璜、龙形珮和各种串饰构成,大体分布于墓主人腰部至膝之间,腰部位置还出土一枚铜带钩,显然是用来挂玉珮的。玉珮玉质优良,造型优美,雕饰华丽,琢玉技术高超,有着较高的艺术价值。它是目前为止齐墓出土的唯一一套组玉珮,不仅丰富了齐地出土玉器品类,而且对齐国的政治、经济、文化等方面的研究有着重要的参考价值。

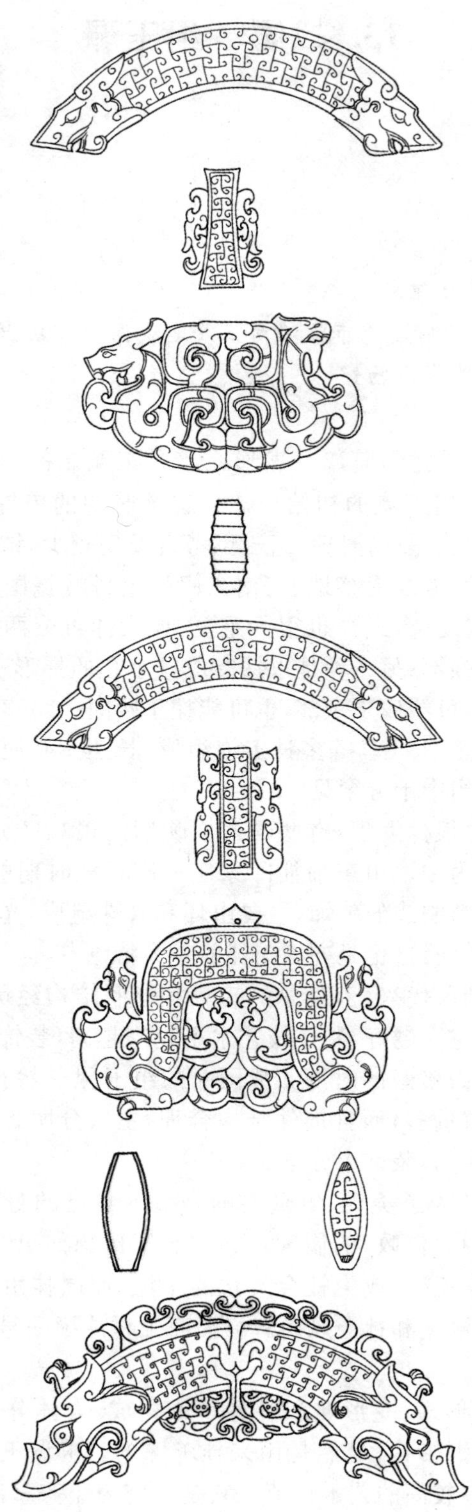

14. 战国　玉具剑(一组四件)

名　　称:玉具剑
时　　代:战国晚期
尺　　寸:(1)玉剑首,直径6.0厘米
　　　　(2)玉剑格,高3.4厘米,宽6.0厘米,厚2.2厘米
　　　　(3)玉剑璏(zhì),长13.9厘米,宽2.4厘米,高1.5厘米
　　　　(4)玉剑珌(bì),长8.3厘米,宽6.6厘米
来　　源:1992年山东省淄博市临淄商王墓地战国晚期墓出土
收藏单位:山东省淄博市博物馆

临淄商王墓地出土的这一组玉具剑(铁剑,剑长108.0厘米,宽3.5厘米),其上带有玉剑首和玉剑格,附近还有玉剑璏和玉剑珌。出土时放于棺内墓主身体一侧。玉质上佳,纹饰精美,雕刻技艺精湛,是目前齐墓出土的唯一一套,为研究齐国的冶炼技术、手工业发展的历史,提供了重要的实物资料。

玉具剑亦称“玉头剑”,一套完整玉具剑的玉饰部分可分为玉剑首、玉剑格、玉剑璏、玉剑珌四部分。玉剑首、玉剑格是剑身的装饰。玉剑璏、玉剑珌则是剑鞘上的装饰。早在西周晚期,玉、剑开始相结合,剑上以玉装饰,春秋晚期,出现了“玉具剑”,即剑体的“首”“镡”、剑鞘中部的“璏”与末端的“镖”均以玉制作。春秋战国晚期,四样俱全的玉剑饰逐渐形成,成为王公贵族佩剑上的重要装饰品,是当时社会地位和身份的象征。文献对此不乏记载。《吕氏春秋·侈乐》中体现了当时以佩戴“玉具剑”为时尚。《史记·田叔列传》记载:“将军取舍人中富给者,令具鞍马绛衣玉具剑,欲入奏之。”张敞《东宫旧事》亦记载:“太子仪饰有玉具剑。”

(1)玉剑首,也称“玉镡”,土沁泛白。剑首呈圆形,剖面为梯形,正面中部浮雕一只凸起的螭虎,虎首居中,身体弯曲,呈圆形,螭虎周围饰卧蚕纹。另一面中央稍高,有一周径1.6厘米的凹槽,以镶入铁剑。剑首周围饰阴线勾连云纹。

(2)玉剑格,也称“护手”,在剑饰中数量最少。它是镶嵌于剑柄与剑身交接处的玉质饰物,正视略成长方形,中部逐渐凸起一脊,侧视为菱形断面,穿孔有长方形、椭圆形和菱形。该剑格为白玉,土沁泛白。外形呈“山”字形,横剖面呈菱形,中有菱形銎可以镶于剑格之上。两面纹饰相同,皆饰浅浮雕卷云纹,边缘阴刻轮廓线。表面饰左右对称的浅浮雕兽面纹和几何云纹,四周阴刻轮廓线。其上端有一大两小三孔,下端饰浅浮雕卷云纹。

(3)玉剑璏,镶嵌于剑鞘上,供穿带佩系之用,俗称“文带”。该剑璏为白玉,长方形,两端勾卷,背有长方形銎可以穿插腰带。表面饰整齐的卧蚕纹。璏,在几种剑饰中占的比例最大,以汉代出土和传世的数量最多。璏嵌于剑鞘中央,正视为长方形,其上雕琢云纹、兽面纹、螭虎纹等纹饰。底下有一方框,便于革带穿过,可固定剑于腰带上。

(4)玉剑珌，是安在剑鞘尾端的玉制品，流行于战国、秦汉时期。该剑珌为白玉。束腰梯形。表面饰左右对称的浅浮雕兽面纹和几何云纹，四周阴刻轮廓线。其上端有一大两小三孔，下端饰浅浮雕卷云纹。战国剑珌直身、体圆、较厚，早期光素无纹。战国晚期，出现了琢有兽面纹和卷云纹的剑珌。汉代剑珌器形呈不规则的长方形或梯形，纹饰以螭纹为主，采用浮雕或透雕的技法雕琢，磨制细腻。

以玉饰剑，古称“玉具剑”，盛行于春秋至两汉时期。在殷商之前，剑如未成形的铜矛头，无首无格，仅有极短的茎，几乎不成为柄。西周早期，剑身加长，开始有柄，有格，但仍无剑首。春秋末战国初，除铜剑首外，已开始有以玉为剑首剑格者。剑首形制作圆柱状或梯形厚片，而剑格则为横长矩形，有的上角抹圆。战国中期之后，铜剑形体加长，柄加大，格变宽，而且多以玉为剑首和剑格，在剑鞘上缚以剑璏和剑珌，这就成为一套完整的的玉具剑。汉代玉具剑兴盛，不但文献当中多有记载，而且发现的实物也很多。《晋书·舆服志》中说：“汉制，自天子至于百官，无不佩剑。”《汉书》当中，也有不少关于皇帝用此赏赐少数民族使者和宠臣的记载，同时还有皇太子即位时也佩以玉具剑的记载。可见只有具有相当身份的人，才能使用玉具剑。

汉代的玉剑饰雕镂精致，出土量也大。广州南越王墓墓主腰间两侧有 10 把铁剑，其中 5 把是玉具剑。这时期的玉剑饰纹饰可分为谷纹、兽面纹、兽面勾连云纹和蟠螭纹三类。剑首纹饰多为向中心倾斜的卷涡纹，剑格和剑璏饰高浮雕的螭虎，其艺术性很强。另外，兽面纹、卧蚕纹雕刻也很细致。兽面纹多用隐起的形式。兽面胡须以细阴线刻画；卧蚕纹排列整齐，突起较锐。剑珌形制为规整的梯形，也有高浮雕螭虎纹，其形状不规整，有的纹饰扩出廓外。

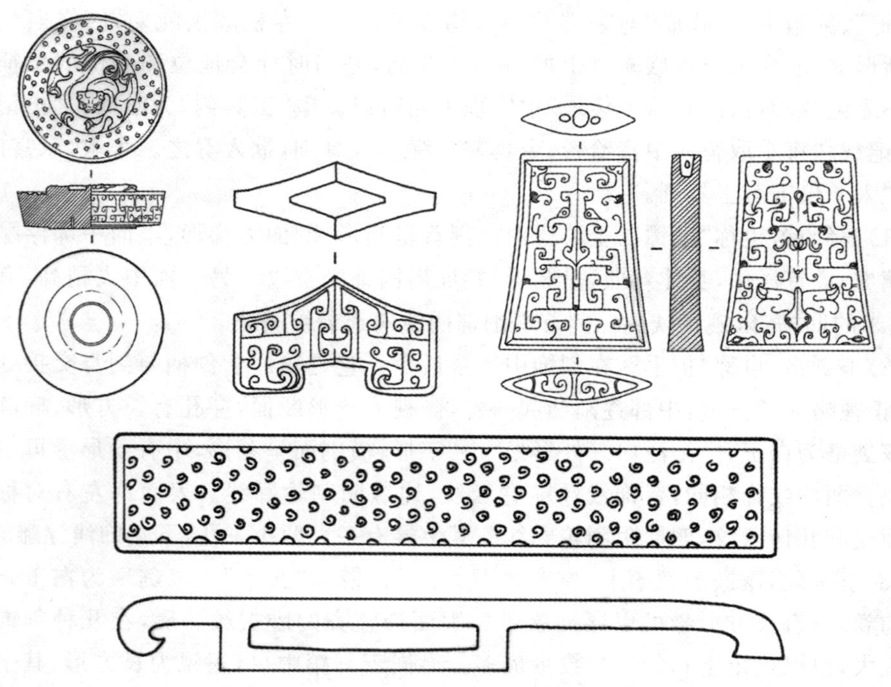

15. 战国　玉剑珌

名　　称:玉剑珌

时　　代:战国晚期

尺　　寸:长 4.1 厘米,宽 4.4～5.4 厘米,厚 2.0 厘米

来　　源:1992 年山东省淄博市临淄商王墓地战国晚期墓出土

收藏单位:山东省淄博市博物馆

玉剑珌,白玉。一端中央有一径 0.9 厘米、深 1.5 厘米的圆孔,另一端刻阴线卷云纹和边缘轮廓线。两面各饰一高浮雕螭虎纹,螭虎周围为浅浮雕几何云纹。两虎形态各异,造型生动。

16. 战国　白玉觿(xī)形珮

名　　称：白玉觿形珮
时　　代：战国晚期
尺　　寸：长 6.15 厘米，宽 1.4 厘米，厚 0.2 厘米
来　　源：1992 年山东省淄博市临淄商王墓地战国晚期墓出土
收藏单位：山东省淄博市博物馆

白玉觿形珮，扁平体，透雕龙形。张口，露齿，尖唇，杏仁目，头上有粗角，下颌有卷须，身体婉转作卧伏状。尾部尖锐，上有一穿。身体刻饰阴线纹。

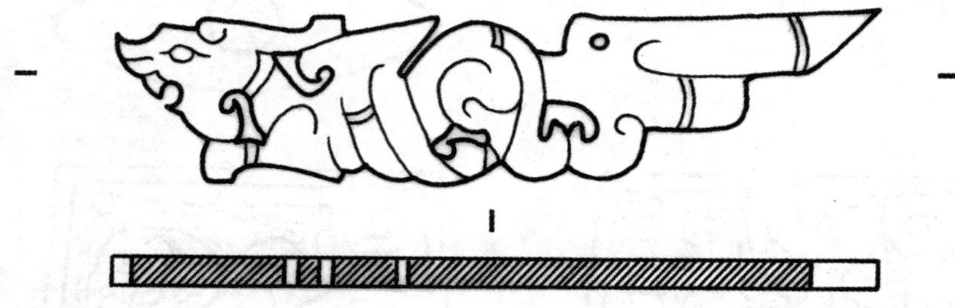

17. 战国 韘(shè)形玉珮

名　　称：韘形玉珮

时　　代：战国晚期

尺　　寸：长 5.2 厘米，宽 5.0 厘米，厚 1.0 厘米

来　　源：1992 年山东省淄博市临淄商王墓地战国晚期墓出土

收藏单位：山东省淄博市博物馆

韘形玉珮，白玉，椭圆形，一面微鼓，另一面内凹，中部有一圆孔，圆孔周围刻放射双线纹，凸凹面均饰阴线勾连云朵形耳钮，上端尖平，并有犬牙状后勾，钮两面饰阴线纹，并且也有一个圆孔。它是由韘演变而来的佩饰，因而称之为"韘形珮"。韘是套在拇指上射箭勾弦用的器具，韘于后世俗称为"扳指"。

弓箭的使用是石器时代的重要发明。在距今 2.8 万多年的山西峙峪等旧石器时代遗址中，就发现了打制的石箭镞。在新石器时代，箭镞的磨制更精致，杀伤力也随之增强。使用范围更加广泛，不但用于狩猎，而且还用于氏族部落之间的战争。

东夷族就是一个善射的民族，其首领后羿就以善射著称。相传上古之时，天上有十个太阳，它们按部就班，各司其职。但至后羿之时，十日并出，田野干枯，禾木尽焦。后羿拔箭怒射，一口气射下九个。从此以后人民安居乐业，天下太平。后羿的神功感动了天地。一天，他从一座山下路过，突然山石崩裂，露出一块晶莹无瑕的宝玉来。他捡起一看，原来是一枚鬼斧神工般的玉韘。后羿得到天赐的玉韘，箭法更加神奇了。从此玉韘也就成了善射者神勇的标志和象征。

韘形玉珮一般形状为圆形或椭圆形，中间有一个拇指粗细的圆孔，外部雕有各种纹饰。特别是战国、汉代的韘形玉珮，形制多样，装饰华丽。作为佩饰，除了有装饰功能外，它同时也有勇敢、善战的寓意。韘象征着勇敢，并非大人专用之物，小孩也可佩之。《诗经》中便有"芄兰之支，童子佩韘"的记载。小孩佩韘也是从小培养遇事勇敢，有男子汉气概，不要养成怯弱的性格，这也是长辈对孩子的期盼和要求。

在实际功用上，韘是一种用于勾弦的方便实用的工具，弓箭手搭弓用力，使弓张开，然后放开弓，箭在弓的合力作用下迅速发出。由于有了韘的保护，拇指在勾弦、拉弦和放箭的过程中，手指不受磨勒，不易疲劳，而且放弓快而有力，提高了箭的射程和稳定性，大大提高了取胜的机会。

到战国秦汉时期，随着弩机的发明，韘的使用越来越少，其实用性渐渐退化而装饰性不断增强，最后演变成了纯粹的佩饰，也就是我们通常所说的韘形珮。战国时期的韘形尚保留一些原始形态，如商王墓地出土这件韘形珮，形状为扁椭圆形，一侧稍凸，另一侧稍凹，其左上侧突出一云纹勾状物，中间有一圆孔，比较适合戴在拇指上，但从上端中部的穿孔看，其功能转化为佩饰。墓主人是一男性，墓中还出土了玉具铜剑和铁杆铜铍等武

器，可以看出，主人佩戴韘形玉珮，目的是标榜自己的战力和神勇。

汉代的韘形珮形制复杂，装饰华丽。概括地讲，可分为三类：第一类为片状，薄而平，外部装饰较简单，多饰勾连云纹；第二类内部为鸡心状，中部微隆起，边缘装饰有透雕的兽纹、鸟纹和云纹，连于鸡心之上；第三类为复杂的变形体，在圆心周围透雕龙凤等纹饰。

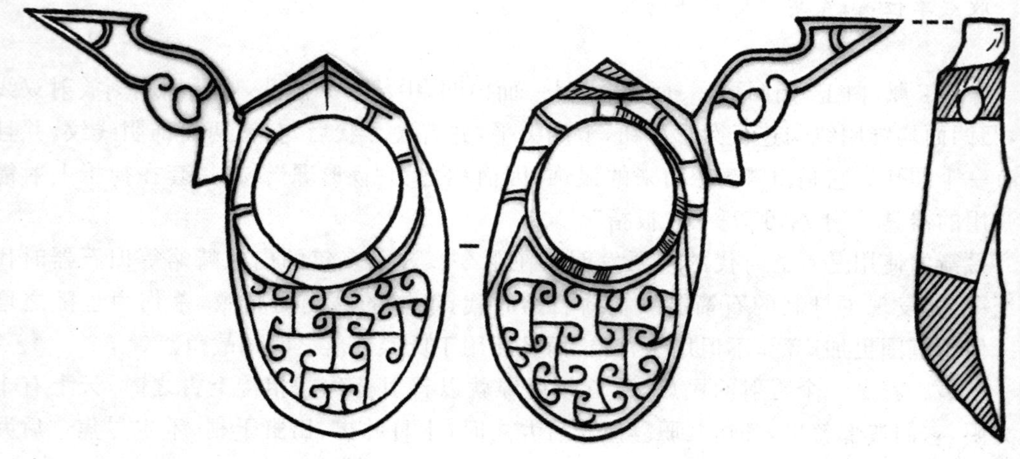

18. 战国　铁柄嵌铜玉匕

名　　称：铁柄嵌铜玉匕
时　　代：战国晚期
尺　　寸：长 20.9 厘米，首宽 2.7 厘米，环宽 5.1 厘米
来　　源：1992 年山东省淄博市临淄商王墓地战国晚期墓出土
收藏单位：山东省淄博市博物馆

铁柄嵌铜玉匕，玉匕之首、环以白玉制成。首呈鸡心形，尖锋，中间起脊，四周为铜边所包镶。首下部为节状长方形銎，镶于柄部。铁柄略弯曲，断面呈三角形。柄下部有一鎏金铜螭虎，口衔扁圆形玉环。

玉匕是古代的一种取食器具，即汤匙。最新考古发掘资料表明，最早的匕出土于辽宁省阜新查海原始村落遗址中。它的发现，标志着中国制玉历史又提前了 2000 年，距今已有 7000～8000 年。南朝宋鲍照《代淮南王》诗中便有“琉璃作碗牙作盘，金鼎玉匕合神丹”的描述。这件玉匕由多种质地复合而成，柄铁质，另有铜和鎏金，形式为金镶玉的镶嵌，形成金玉辉映的别样效果，透出高贵、典雅的独特气质，属贵族阶层使用的器具，这在齐墓出土文物中是不多见的。

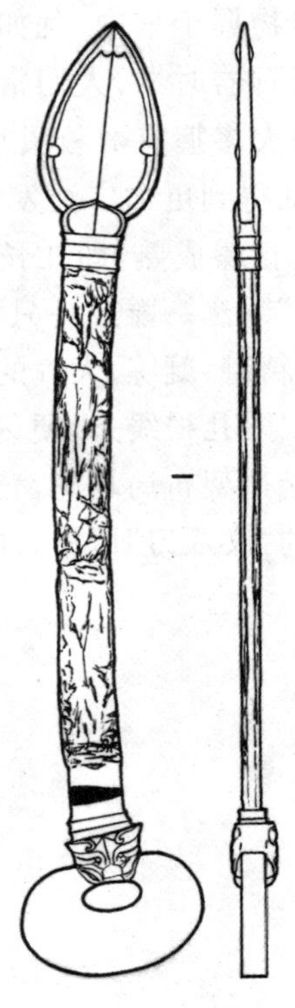

19. 东汉　猪形玉握

名　　称：猪形玉握
时　　代：东汉后期
尺　　寸：长 9.7 厘米，高 1.8 厘米，宽 1.8 厘米
来　　源：1992 年山东省淄博市临淄商王墓地东汉后期墓出土
收藏单位：山东省淄博市博物馆

猪形玉握，青玉，卧猪造型，长方体，一端琢刻猪首形。

猪是人类较早成功驯养的家畜，与日常生活关系十分密切。在远古时代直至现代人类的经济生活中，具有重要的价值和特定的意义。因此，在原始社会和封建社会中，猪还具有一种神圣和权力的象征意义。玉猪俗称“握猪”，在东汉十分流行。握猪丧葬的习俗，究其原因是指猪的繁殖能力强，代表财富生生不息，越生越多，代代发财。死者手中握有财富，可以保佑子孙后代富贵高升。握猪在随葬品中不仅具有显示财富、握住财富的象征，而且还具有显示墓主人身份地位的作用。不同身份的人社会地位不同、贵贱贫富不同，随葬礼品的多寡和握猪质地和制作的粗精也必然千差万别。

玉握是古代玉葬器之一。古人认为，人活一世，备尝辛苦，死后不能空手而去。所以，下葬时要将能代表财富、权力的器物握于手中，犹如死者带走了生前的财富，在另一个世界就不用过贫苦的日子了。在新石器时期，人们常将兽牙握在手中，是勇敢和战胜自然的象征；到了商周时期，死者手中大多握有数枚贝币，贝币是当时的钱币，是财富的象征。而到了汉代，猪作为财富的象征得到更加广泛发扬光大，玉握猪的大量出现，成为汉代最为流行的玉握形制。雕刻技法日臻成熟，即在长条圆或方柱玉石上加琢单线条，这就是汉代最常用的、典型的“汉八刀”雕法。雕成一只玉猪，只需要简单几刀，其雕工看似简单，却体现出汉代玉雕刀法娴熟、精湛、凝练、大气的时代特征。

该件猪形玉握，经过简单凝练地浅雕几根线条，便刻画出猪的头部及四肢，看起来非常生动、沉稳、敦实，力道十足。整个猪造型布局均匀，背部及侧面线条简洁而流畅，刀法娴熟，琢磨极好。雕刻工艺具有典型的“汉八刀”风格，加之具象与抽象的完美结合，造就这件具有典型汉风的艺术精品。

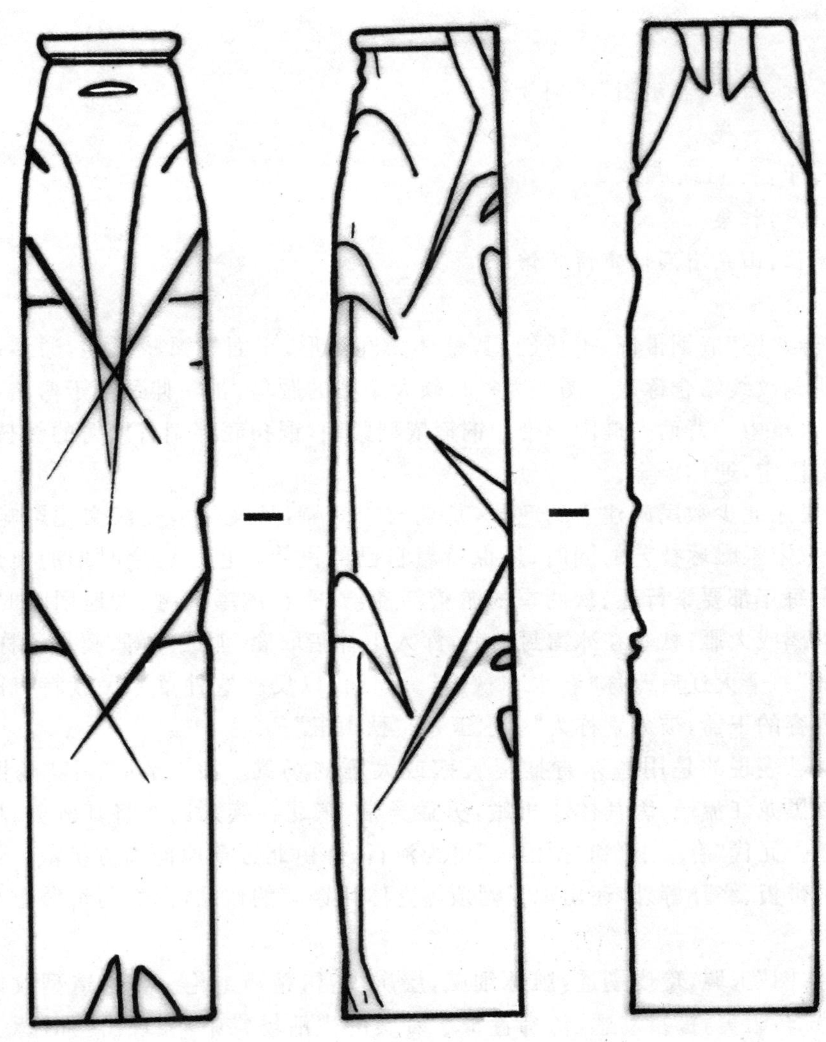

20. 金　白玉“春水图”嵌铜带饰

名　　称：白玉“春水图”嵌铜带饰

时　　代：金代

尺　　寸：长 11.4 厘米，宽 9.0 厘米

来　　源：征集

收藏单位：山东省淄博市博物馆

白玉“春水图”嵌铜带饰，玉质圆润，整体为椭圆形，正面呈弧状凸起，通体以多层镂空透雕和阴刻纹线结合琢成。图案为一只硕大笨拙的雁鸟，张翅伸颈藏于弯曲缠绕的荷叶、荷花及水草中。背面一椭圆形带扣铜箍依型紧固，铜扣底部刻有繁缛的缠枝花纹，并用六个螺钉固定，通体鎏金。

辽、金是东北少数民族建立的政权，长期与宋对峙，其文化多受汉文化影响，也喜爱玉器，在汲取宋玉雕琢技艺的同时，还保持着自己的民族特色。辽金时期的契丹族与女真族的帝王每年都要举行春、秋两季的游猎活动，春季在冰雪消融、大地回暖时，到沼泽地带捕猎天鹅或大雁；秋季在冰雪封山前，深入山林猎取鹿、熊或虎等，契丹语称为“春捺钵”“秋捺钵”。金灭辽后改称“春水”“秋山”。因而，以反映这种草原民族特有的捕猎活动为题材内容的玉器，被分别称为“春水玉”与“秋山玉”。

“春水玉”表现的是用海东青捕捉天鹅或大雁的场景。海东青，亦名“鹰鹘”“吐鹘鹰”，生活在黑龙江流域，因其体小机敏，勇猛异常，东北各族人民便将其驯养，用来捕获大雁和天鹅。元代“春水玉”和“秋山玉”更为流行，并由北方草原向南方扩散。器形除了平面镂雕的带板、绦环等外，还出现了帽顶等立体化镂雕的作品，图案与情节也趋向复杂化、多样化。

该“春水图”玉珮，玲珑剔透，雕琢细腻，层次丰富，精巧绝伦。整个造型纹饰随器形而取曲线，婉转柔美，极富动感，仿佛置身于真实的生活场景中，表现出当时琢玉工匠们高超精湛的技艺。

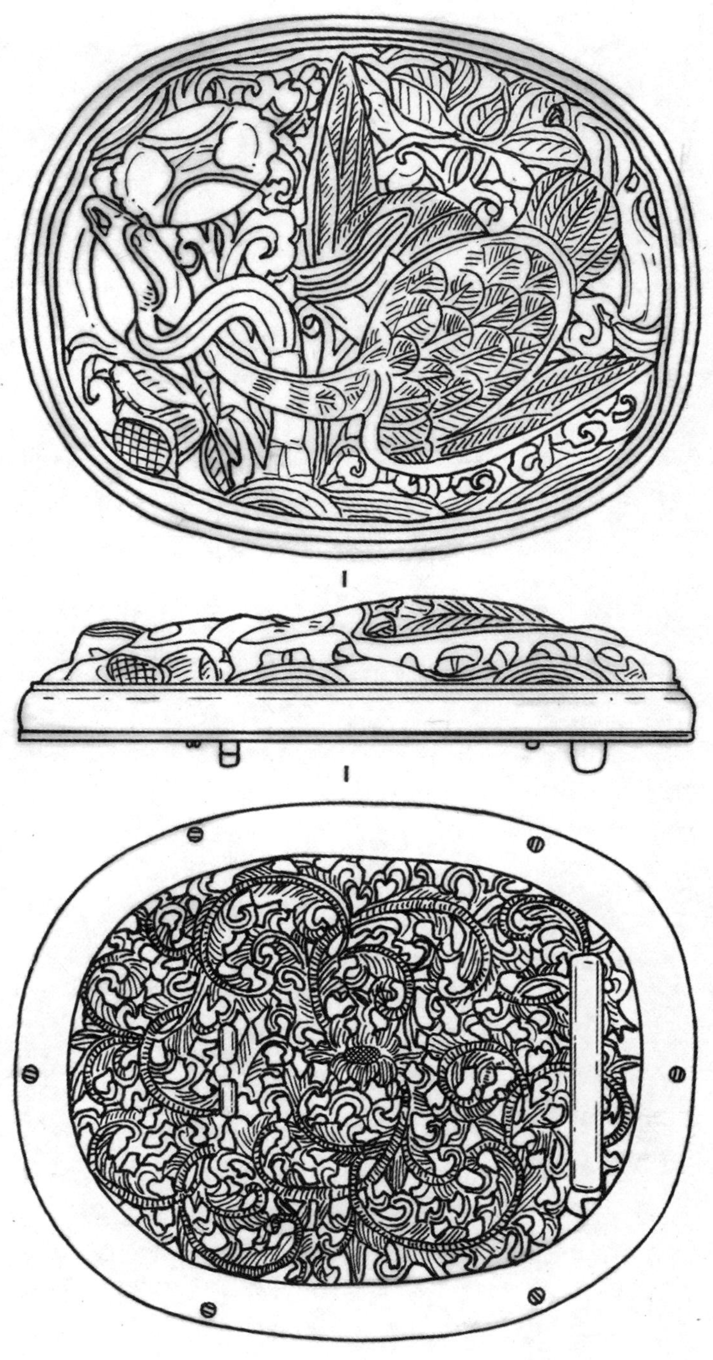

第三章　铜　器

1. 商　兽面纹“父辛鱼”铜觯(zhì)

名　　称:兽面纹“父辛鱼”铜觯

时　　代:商代

尺　　寸:通高12.9厘米,口径7.4～8.3厘米

来　　源:接受捐赠

收藏单位:山东省淄博市博物馆

兽面纹“父辛鱼”铜觯,器身呈椭圆形,方唇,侈口,束颈,深腹,腹下部鼓出,高圈足,足下端呈台形。颈部饰蝉纹和夔纹,前、后有两牺首。腹部饰圆浮雕兽面纹,圈足饰一周夔纹,器身还饰凸弦纹数道。口内颈部有“父辛鱼”三字铭文。

觯是中国古代礼器中的一种,是饮酒用的杯子。盛行于商朝晚期和西周早期。从字形特征中不难看出,觯这类酒具大多源于上古时期兽角制作的水器。《礼记·礼器》中曰:“尊者举觯,卑者举角。”“尊者举觯”,郑玄注称:“凡饮酒时,三升曰觯。”

周朝时,对青铜酒器作了明确的规定:一升曰爵,二升曰觚,三升曰觯,四升曰角,五升曰散,六升曰壶。一般来说,饮酒主要用爵、斝、觚、觯、角等。角的样子似爵,但前后都有尾,无柱,有的角还有盖,盛行于商代;觚,圆形侈口,相当于后代的杯;觯,形似尊而小,用以饮酒或盛酒。

该件铜觯虽器形不大,但内铸三字铭文,弥足珍贵,且由于纹饰的粗犷豪放、大气磅礴,更显王者之气,对研究商文化有着重要价值。

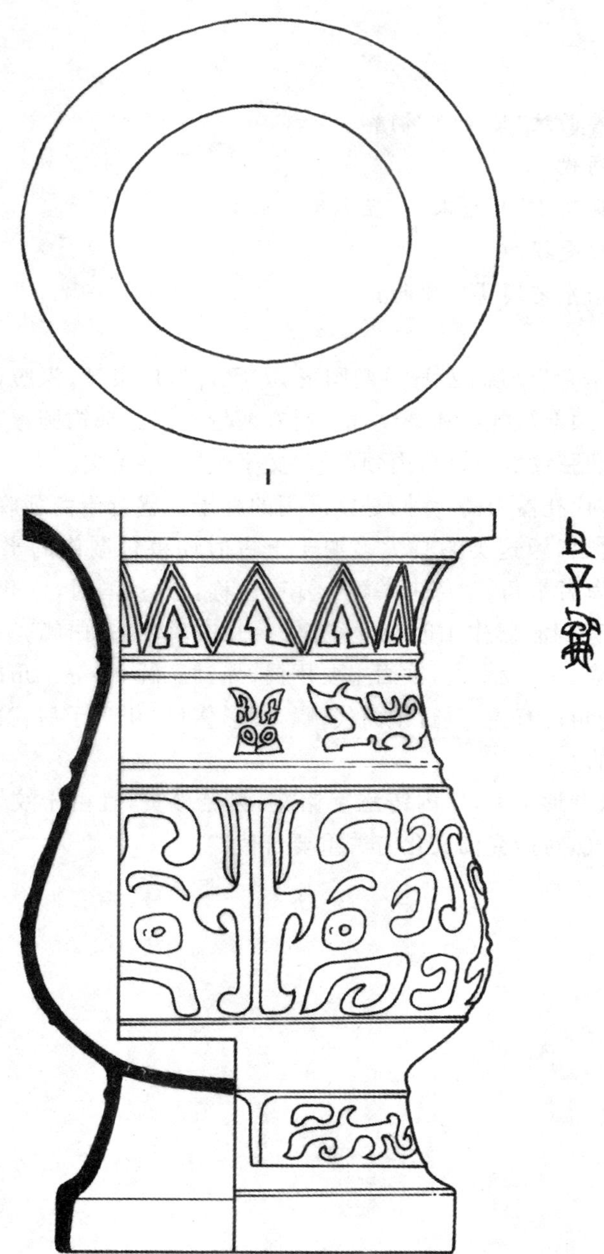
1

2. 商 兽面纹铜爵

名　　称：兽面纹铜爵
时　　代：商代晚期
尺　　寸：通高18.9厘米
来　　源：接受捐赠
收藏单位：山东省淄博市博物馆

兽面纹铜爵，前流后尾，敞口，流与口交接处有一对菌形柱。卵形深腹，壁较厚，一侧有条形素鋬，三角锥形足略外撇，腹部纹饰以云雷纹为地，其上饰饕餮纹。腹外壁鋬处铸刻“命”字铭文。

爵，也称“爵杯”，是我国古代的一种饮酒的容器，是较为典型的青铜器类。在天子分封诸侯时，爵是赐给受封者的一种赏赐物。爵同时也是君主国家贵族封号，爵位、爵号是古代皇帝对贵戚功臣的封赐。旧说周代有公、侯、伯、子、男五种爵位，后代爵称和爵位制度往往因时而异。再后来“爵”就成了“爵位”的简称，“加官晋爵”也就由此而来。

爵，是流行于夏商周时期的饮酒器和礼器，圆腹，少数为方腹，一侧的口部前端有流（即倒酒的流槽），后部有尖状尾，流与口之间有立柱，腹部一旁有把手，下有三个锥状长足。夏代爵胎体轻薄，制作粗糙；椭圆形器身，流长而狭，短尾，流口间多不设柱，平底；一般没有铭文和花纹，偶见有连珠纹者。商早期流与口之间开始出现短柱，下腹部中空；有的透镂有圆孔，以便温酒加火时透风。商中期后，爵演变为圆身，圆底，流口增高，多设一柱或二柱，柱身加长并向后移，三足粗实且棱角分明，器身加厚。商晚期至西周早期，爵体厚重，制作精美；爵身饰有饕餮、云雷、蕉叶等精美的纹饰，上端和柱上也饰有动物形象，有少数无柱而带盖的爵，盖铸成兽首形。西周前期还有一种器表铸有扉棱的爵，往往以云雷纹作地，饰有两层或三层花纹，纹饰繁缛而精美。西周后期，爵逐渐消失。

作为酒器，爵口沿处均有柱，分单柱、双柱两种。饮酒时柱则抵住鼻梁，据说是以此法提醒饮酒者，贪杯误事，饮酒要适可而止。

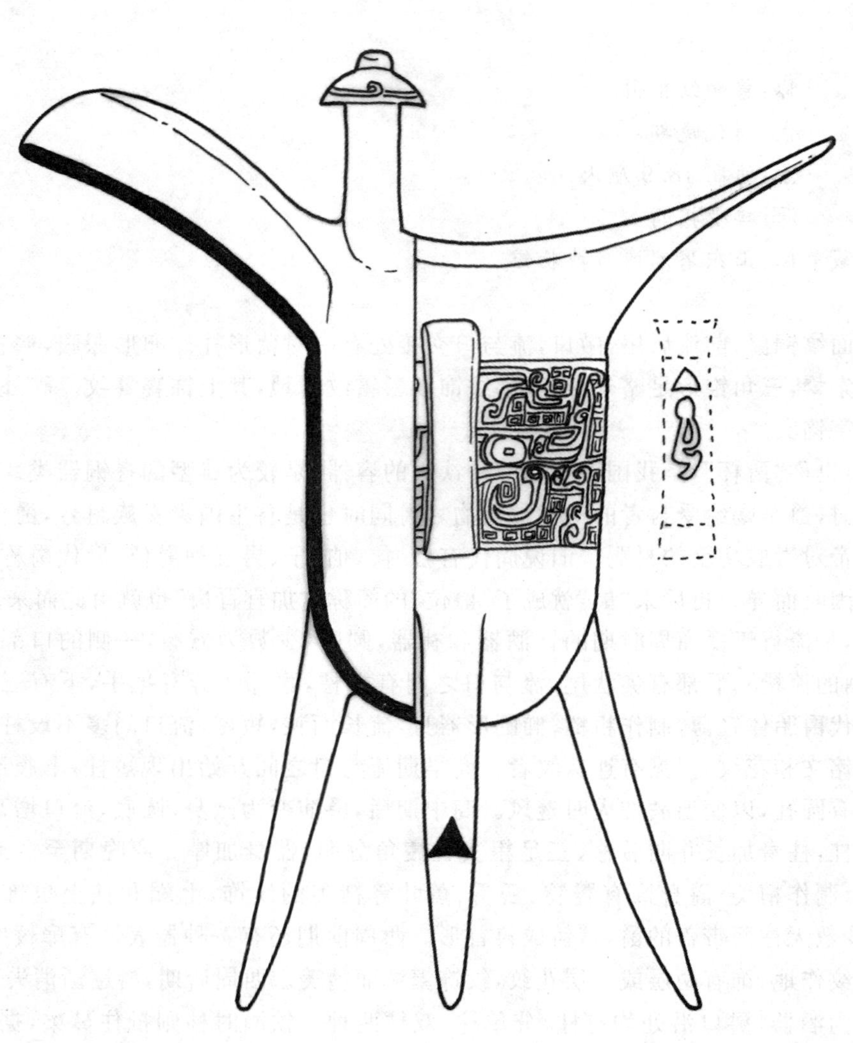

3. 商　兽面纹铜觚(gū)

名　　称:兽面纹铜觚

时　　代:商代

尺　　寸:通高 25.0 厘米,口径 14.4 厘米,底径 8.1 厘米

来　　源:接受捐赠

收藏单位:山东省淄博市博物馆

兽面纹铜觚,喇叭形口,腹中部稍鼓,高圈足。腹中部鼓起部分上、下分饰两周和一周凸弦纹,弦纹之间和圈足外皆饰四扉棱和两组兽面纹。圈足内壁有“ㅅ”族徽。

觚,是饮酒器和礼器,盛行于商周时期,作用相当于酒杯。造型为圆形细长身,喇叭形大口,侈口,细腰,圈足外撇。觚身下腹部常有一段凸起,于近圈足处用两段扉棱作为装饰。商早中期,觚的器身较为粗矮,圈足部有一“十”字形孔。商晚期至西周早期,觚身细长,中腰更细,口沿和圈足外撇更甚,圈足上无“十”字形孔。这一时期的觚胎体厚重,纹饰繁复而华丽,器身常饰有蚕纹、饕餮、蕉叶等纹饰。西周中期以后,即逐渐消失。

觚之与觯,古籍记载颇有混淆处。如《考工记》云:“梓人为饮器,勺一升,爵二升,觚三升。”而《韩诗》云:“二升曰觚。”因此古文献中对于觚的容量解释也不相同。现今考古界所通称之觚,是沿用宋人所制订的旧名,是否即为古文献中的觚,无法证明。因为商周之觚铭中皆无自名,但据形体定为饮酒器,还是有根据的。觚与爵是一组配合使用的青铜饮器,常相伴出土,也有觚与斝成组合的。

商晚期至西周早期,觚之造型修长,外撇的口、足线条非常优美,纹饰繁复而华贵。

该觚造型优雅、端庄秀丽,纹饰铸造精美,是商代铜觚中的经典之作。

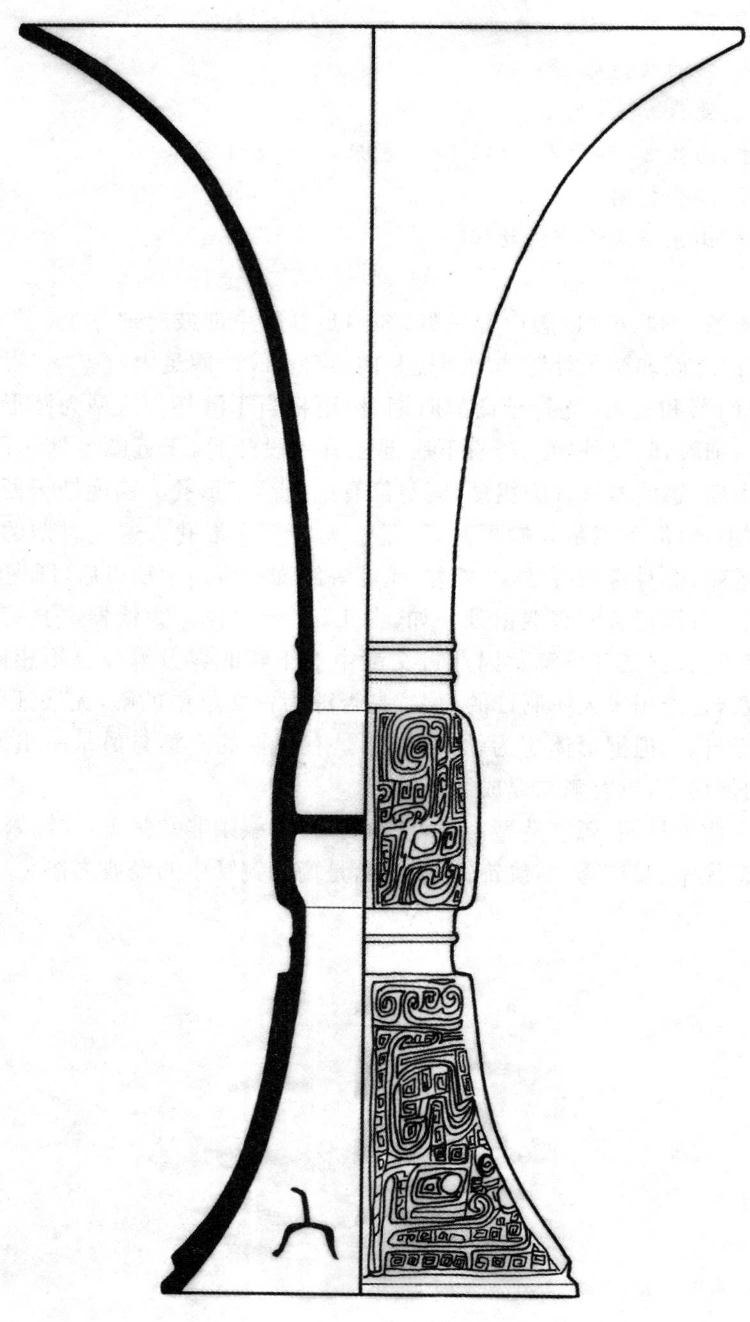

4. 西周 “叔龟”铜觯

名　　称:“叔龟”铜觯
时　　代:西周
尺　　寸:通高13.0厘米,口径8.0厘米,足径7.1厘米
来　　源:1987年5月,山东省淄博市桓台荀召遗址西周墓出土
收藏单位:山东省淄博市博物馆

“叔龟”铜觯,圆唇,侈口,束颈,垂腹,圜底,高圈足外侈。因器身锈迹厚重,纹饰漫漶不清,后经认真辨识,发现颈部三道凹弦纹之间饰两条夔龙纹带。足内壁阴刻“叔龟”二字铭文。该件器物是1987年5月桓台县田庄镇旬召村农民取土时发现,除该铜觯以外,还有铜鼎1件,铜铃4件,铜戈1件,铜觚1件,共8件器物。

最早的关于青铜觯的文献记载,是北宋时期吕大临著录的《考古图》,但当时大都被归为卣,而并非现在的称谓觯。觯的名称或最早源于北宋王黼编纂的《宣和博古图录》。而在考古发掘中,至今未发现有自名为觯的青铜器。

早在东周时期就有觯作为器名的记载,如《仪礼・乡饮酒礼》记载:“主人实觯酬宾,阼阶上北面坐奠觯,遂拜,执觯兴。”郑玄注:“酬,劝酒也。酬之言周,忠信为周。”贾公彦疏:“此解主人将酬宾,先自饮之意……示忠信之道,故先自饮。”又如《礼记・礼器》记载:“宗庙之祭,贵者献以爵,贱者献以散,尊者举觯,卑者举角。”《说文解字・角部》:“觯,乡饮酒角也……觯受四升。”《仪礼》成书于东周,《礼记》约成书于西汉,《说文解字》成书于东汉。由此可知,在东周和汉代,觯被视为是一种酒器,且据《礼记》其中的觯也作为礼器。但是文献中的觯究竟是什么形制,尚无明确记载。其与现在定名为觯的器物是否为同一种,亦不能确定。

关于青铜觯的用途,从铜器组合角度来看,青铜觯出现于商代后期,但并未占据主要地位,通常是作为觚、爵等基本组合的衬托。至西周早期,爵、觚的基本组合逐渐变为爵、觚、觯甚至是爵、觯的组合。由此可见觯已开始取代觚。从中可以得知,觯和觚有着相似的用途,由于觚为饮酒器,觯也应是饮酒器。进而从造型上看,觯多为圆形或椭圆形,敞口,束颈,深鼓腹,高圈足。早期多有盖,晚期逐渐变得瘦长。高度多在20厘米以内。微侈口利于液体的流出,束颈、鼓腹以及十几厘米的高度利于用手持握,深鼓腹可以增加容量,带盖可以起到保温的作用。西周中期,觯逐渐向细高、大喇叭口的方面发展,不适宜饮酒,也就逐渐衰落。所以从考古资料和自身造型特征包括前面的文献记载等几个方面分析,青铜觯实际用途应当为饮酒器。

据文献资料表明,该器物之铭文在历代著录金文中不乏记载,仅《金文编》就载八式,李孝定先生在《金文诂林附录》中阐释:“上文不知何字,下文应为‘龟’字。”并释彝器中此铭文为“吊龟”,疑与此为一字,读作“叔龟”,是一人名。而《殷周金文集成》中将同类的字

释为“弔龟”。关于二字的意思,“弔”一是作为“伯仲叔季”的“叔”字,二是通“淑”。而在《说文解字·人部》中释“弔”曰:“问终也,古之葬者,厚衣之以薪。从人持弓。会驱禽。”意义同今天的“吊”字。上文“叔”字亦为“吊”字,是图腾柱的实物摹画,下文形似乌龟,是将龟作图腾宗神之徽识。

关于“龟”字代表的意义,一说指代龟族,即奄族。若如此,此件器物可能是奄族之物。龟族即奄族,随墓葬出土器物应为奄族使用之遗物。商代奄国的青铜器为何出现在薄姑国的领土上,这应起源于周成王时期的一场战争。《史记·周本纪》中记载:“成王既迁殷遗民……召公为保,周公为师,东伐淮夷,残奄,迁其君博姑。”《汉书·地理志》载:“至周成王时,薄姑氏与四国共作乱,成王灭之。以封师尚父。”由此可证,此器当为周公东征迁奄郡于薄姑时的遗物,而薄姑国亦当在此附近。出土的这些青铜器是不可多得的历史佐证,进一步证明东夷薄姑国及其旧城即在此范围内。

该铜觯的出土,对于考证商奄、薄姑等东夷古国的地望所在、族名徽识以及深入研究商奄、薄姑等山东地区古国历史和齐鲁文化的形成等诸方面,留存了宝贵的实物资料,有着极为重要的学术研究价值。

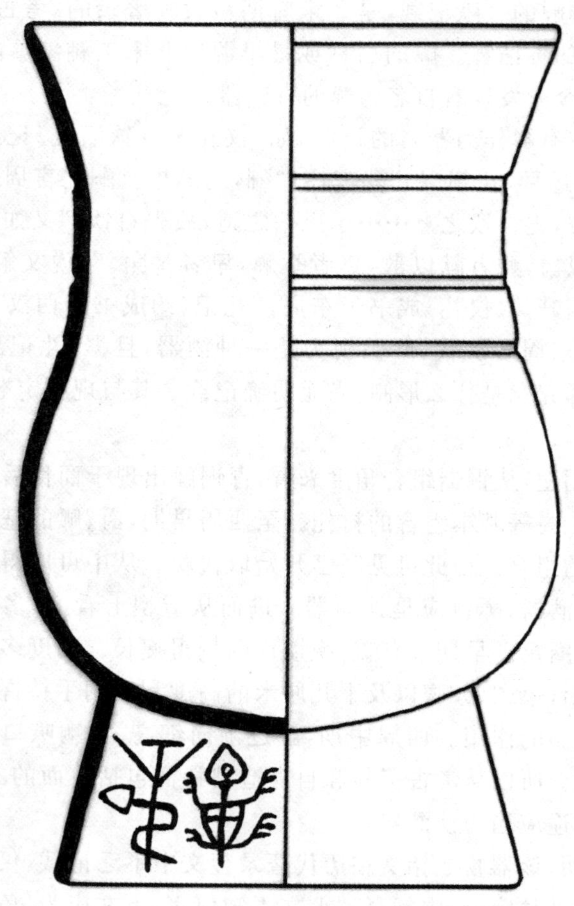

5. 西周 圭援方内(nà)铜戈

名　　称：圭援方内铜戈
时　　代：西周时期
尺　　寸：通长 23.4 厘米，援长 15.4 厘米，内宽 3.4 厘米，阑长 11.0 厘米
来　　源：1982 年山东淄博淄川磁村出土
收藏单位：山东省淄博市博物馆

圭援方内铜戈，援前锋尖削，似玉圭造型，头部上刃斜直，下刃在援末和胡相接处作斜缓的弧线，圜底，高圈足外侈。内长方，穿作长条状孔，援胡部饰三穿，内一穿。

戈由戈头、戈柲（即手持的长柄，多为竹、木质，柲顶端捆扎戈头）和戈柲下端的镈组成。戈头一般由援、内、胡、阑组成。“援”是戈的长条形锋刃部分；“内”有纳入之意，是戈尾部横向伸出的部分，呈榫状；“胡”是指由援向下转折延长的弧形部分。内和援之间的凸起部分称“阑”。内与胡上有穿（即孔眼，以长方形居多），可以穿系皮条将戈头捆扎在柲上，保证戈头不至于在实战中脱落。但并不是所有的戈都有胡，商代的戈就多为无胡戈。另外，商代晚期还流行一种銎内戈，内部呈銎孔状。东周时期，柲的下端常装有套筒状的镈。

戈头的形制很多，大致可分为直内戈、曲内戈、銎内戈等。戈头的形制是在实战中不断发展的，商周时期的銎内、曲内戈由于在相互钩挂中容易脱落，渐被淘汰。直内的戈头，援和内之间有阑，并增加了胡，与柲结合得最牢固，因此得到发展。

戈柲的长度根据实际需要而不同，有短戈、长戈之分，一般说来，车战用的戈柲长，步战用的戈柲短。柲的材料除了木质之外，此时还采用了“积竹”的做法，即中间用木质作芯，外面围裹竹篾，并用丝布或丝线紧缠，然后在表面髹漆，使得戈柲不但牢固而且富有弹性。

“国之大事，在祀与戎。”在青铜时代，战争是关乎国家生死存亡的大事，兵器在青铜器铸造中占的比重很大。“青铜戈”成为中国青铜时代常用的、特有的、最主要的一种长柄冷兵器，是古代格斗兵器中使用频率较高的典型代表。戈在实战中能勾能啄、可推可掠，具有极强的杀伤力，尤为适宜在战车上进攻时使用。

时至今日，耳熟能详的与戈有关的成语仍在沿用，如“大动干戈”“同室操戈”“枕戈待旦”“反戈一击”等，足以见证它对后世有着较为深远的影响力。

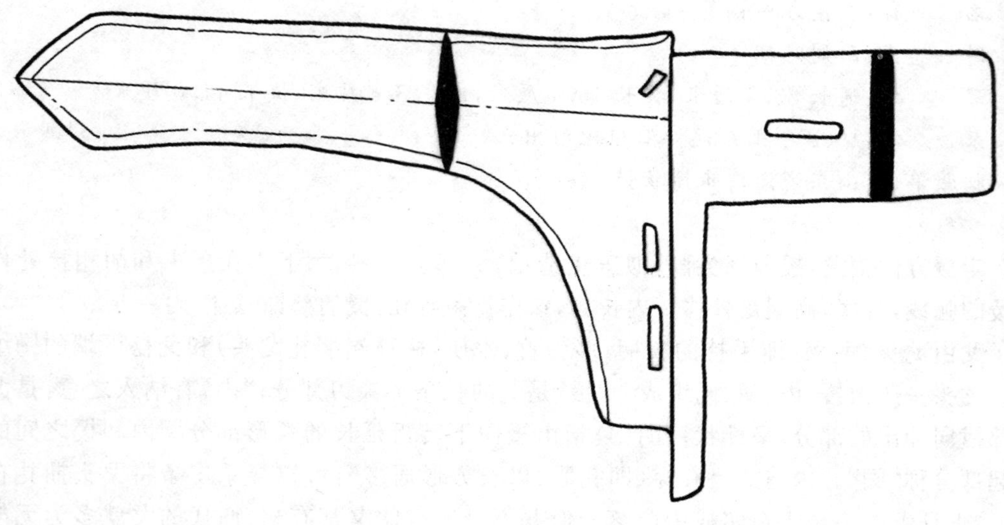

6. 春秋　短援阔内铜戈

名　　称：短援阔内铜戈
时　　代：春秋时期
尺　　寸：通长 18.4 厘米，内宽 4.1 厘米，援长 12.0 厘米，阑长 9.9 厘米
来　　源：征集
收藏单位：山东省淄博市博物馆

短援阔内铜戈，尖锋，短援短胡。援微上扬，援身较宽，未起脊，截面呈纺锤形。胡饰三穿，胡下端呈锐角，内尾端呈圆弧形，内上圆穿与长条形穿相连。

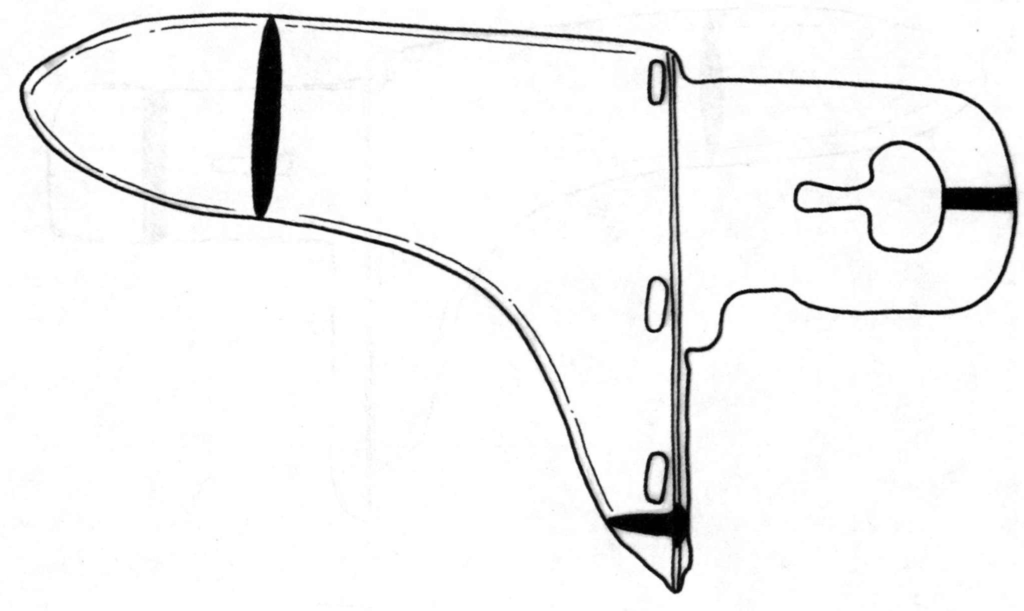

7. 战国　短援方内铜戈(一)

名　　称:短援方内铜戈

时　　代:战国时期

尺　　寸:通长 20.2 厘米,内宽 2.6 厘米,援长 12.7 厘米,阑长 9.6 厘米

来　　源:1982 年山东省淄博市临淄齐鲁石化烯烃厂建设工地出土

收藏单位:山东省淄博市博物馆

该短援方内铜戈,尖锋,短援上扬,援身未起脊,截面呈纺锤形。长胡饰二穿。长方形内,内上饰一长条形穿。

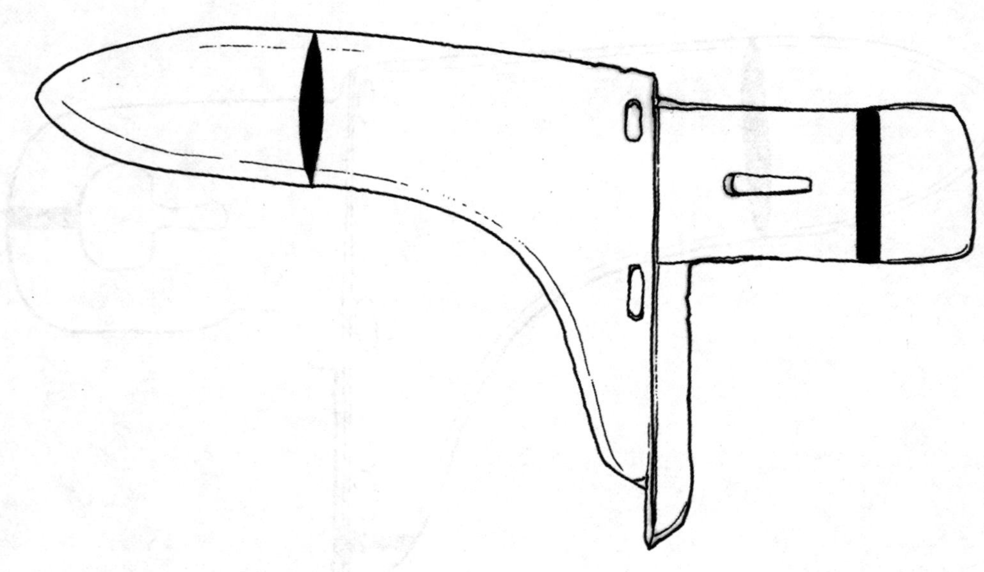

8. 战国　短援方内铜戈(二)

名　　称：短援方内铜戈

时　　代：战国时期

尺　　寸：通长 20.9 厘米，援长 12.6 厘米，内宽 2.2. 厘米，阑长 9.4 厘米

来　　源：征集

收藏单位：山东省淄博市博物馆

该短援方内铜戈，前锋尖削，上、下援及胡部刃均较明显，长胡三穿。长方形内(后下角有缺失)，内上有一长方形穿。内上有三字铭文。

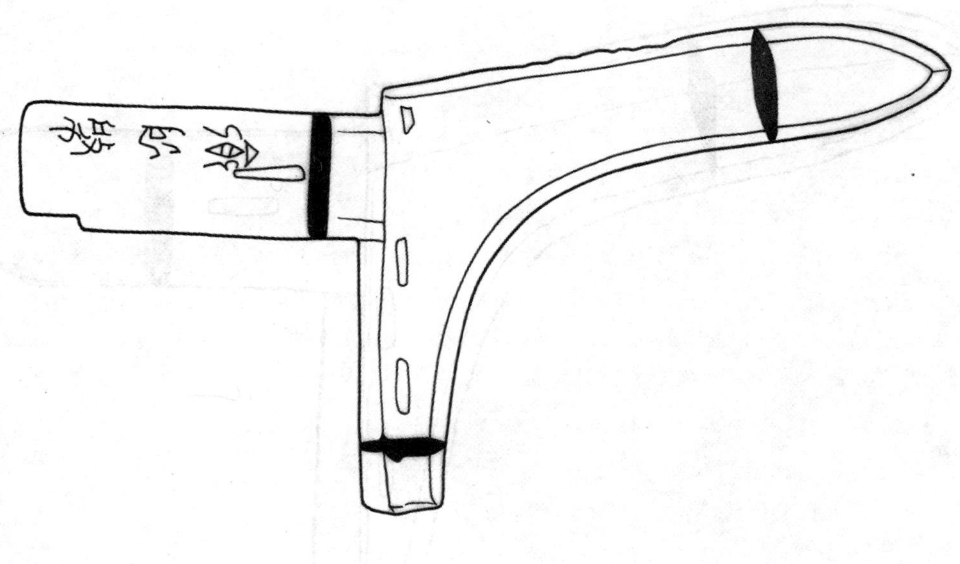

9. 战国　短援方内铜戈(三)

名　　称:短援方内铜戈
时　　代:战国时期
尺　　寸:通长 18.7 厘米,援长 11.5 厘米,内宽 2.8 厘米,阑长 10.3 厘米
来　　源:1990 年山东省淄博市周村北岭砖厂出土
收藏单位:山东省淄博市博物馆

该短援方内铜戈,短援上扬,尖锋,上、下援及胡部刃均较明显。援部起脊,剖面呈菱形,援胡饰三穿。长方形内,内上饰条形穿。

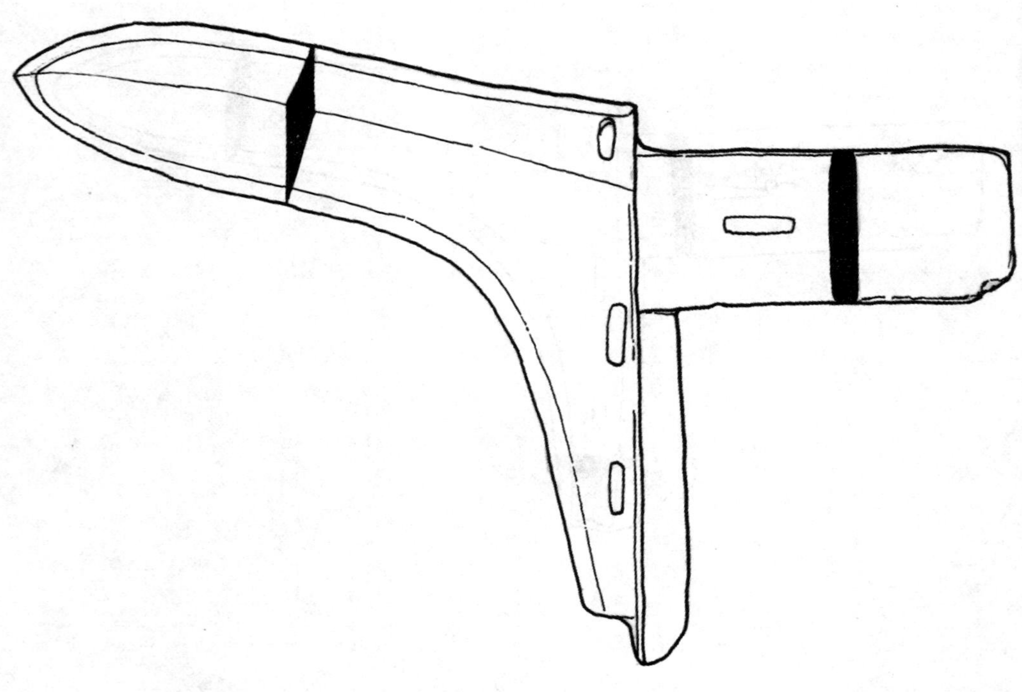

10. 战国　“陈氏造戈”铜戈

名　　称:“陈氏造戈”铜戈
时　　代:战国时期
尺　　寸:通长19.0厘米,内宽7.0厘米,援长12.0厘米,胡长6.5厘米,宽11.0厘米
来　　源:征集
收藏单位:山东省淄博市博物馆

“陈氏造戈”铜戈,尖锋锐利,援略宽、上扬,上、下刃明显,援身未起脊,截面呈纺锤形。短胡,援胡饰三穿,胡下端呈锐角,内尾端圆弧形,内上圆穿与长条形穿相连。内尾端铸“陈氏造戈”四字铭文。

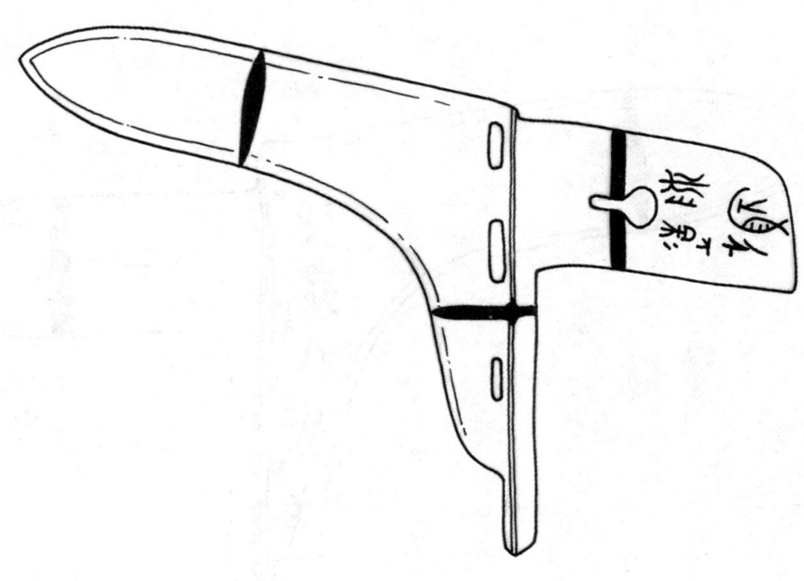

11. 春秋 “叔孙氏”铜戈

名　　称:“叔孙氏”铜戈
时　　代:春秋晚期
尺　　寸:通长 18.8 厘米,援长 12.5 厘米,内长 6.0 厘米,胡长 6.3 厘米
来　　源:征集
收藏单位:山东省淄博市博物馆

“叔孙氏”铜戈,长胡三穿,援略上扬,不起脊、剖面呈纺锤形。长胡三椭圆形穿,长方形内,上有一穿。近胡处刻有“叔孙氏监戈”五字铭文,“戈”字锈蚀较重。

该戈是具有典型的鲁地地域风格特征,应是由鲁地流传到齐地的。此“叔孙氏”即春秋时期鲁国“三桓”之一的叔孙氏。铭文中的首字释读为“叔”,即“伯叔长幼”之“叔”。该字同书体还见于哀成叔鼎、叔仓父盨等器。第二、三、五字,分别释“孙”“氏”“戈”。第四字从“人”“目”“皿”中,应释为“监”。《说文》中:“监,临下也。”甲骨文、金文象人于皿旁附身垂视之形,在此当有制造和监制之意,即该铜戈监造人为“叔孙氏”。

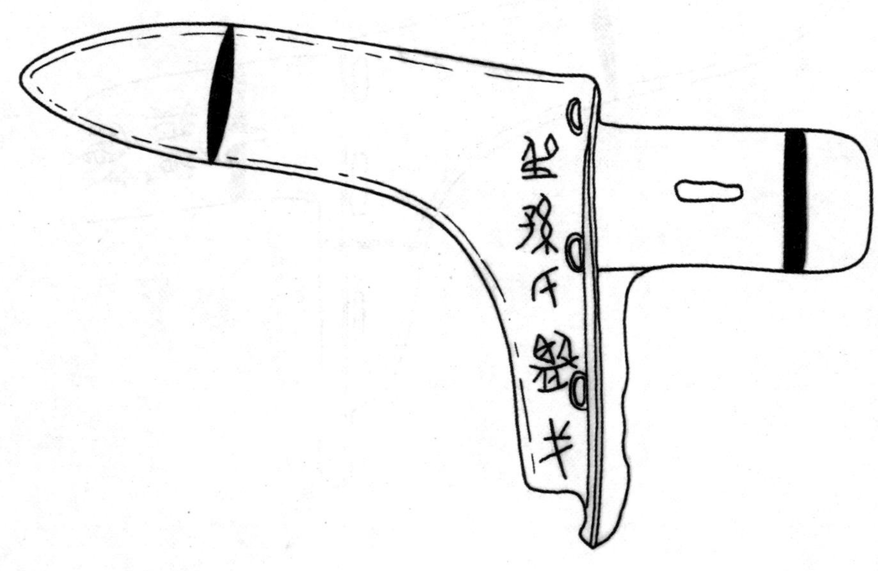

12. 战国　铜弩机

名　　称:铜弩机

时　　代:战国晚期

尺　　寸:长 12.1 厘米,高 13.0 厘米,厚 3.2 厘米,郭长 8.0 厘米,高 8.9 厘米

来　　源:1992 年山东省淄博市临淄商王墓地战国晚期墓出土

收藏单位:山东省淄博市博物馆

铜弩机,出土时由木质和铜质两部分构成,木质构件已朽,只剩铜质的郭、望山、牙、悬刀、键和钩心。郭为曲尺形,一键将望山、牙和悬刀固定于郭上。郭下部有一圆銎,内镶木柄把持。另有一键将钩心固定于郭前横木上。钩心上部扣牙,下部搭于悬刀凹槽中。该弩机铸造工艺精良,设计严谨,结构紧凑。

我国古代兵器种类繁多,弩便是一种源于弓而不同于弓的远射武器,始于春秋战国时期,并得到大规模应用。据《史记》记载,著名的齐魏马陵之战,便首次显示了"弩"这一新式武器的巨大威力。它体现了古代工程技术的杰出成就,也是中国古代重要的技术发明创造。有西方学者认为中国战国时期的弩机可以和近代的来福枪相媲美。

弩一般长 1 米左右,携带方便。弓干扁圆,大多为桑木制作,却又不是所谓的单质弓。因为整个弓干皆由密实的皮条缠扎,并用生漆浸泡。这样不仅增强了弓干的结构强度,而且皮条的韧性极好,弹力强,可以积蓄更多的能量,因此弹力更大。张弦装箭时,手拉望山,牙上升,钩心被带起,其下齿卡住悬刀刻口,这样,就可以用牙扣住弓弦,将箭置于弩臂上方的箭槽内,使箭栝顶在两牙之间的弦上,通过望山瞄准目标并往后扳动悬刀,牙下缩,箭即随弦的回弹而射出。

弩机是弩的重要部件,是古代远射兵器中最早的青铜机械装置。由望山、牙、钩心、悬刀组成,其中望山和牙被铸成一体,钩心上承钩牙,下抵悬刀,是整个机构的核心受力部位,利用四杆机构的"死点效应",用很小的力量来控制弩弦的巨大应力,这和现代工程力学是不谋而合的。望山除了能在上弦时让弩机自动复位以外,更重要的一个作用就是配合弩臂的头部用来瞄准。望山应该是人类步兵武器发展史上最早的瞄准机构。用这种弩射出的箭更准确,更具穿透力。由于易于操作,机动性强,命中率高,弩是延续使用时间非常长的一种冷兵器。齐墓出土的大量铜弩机,成为齐国军事强盛的重要体现。

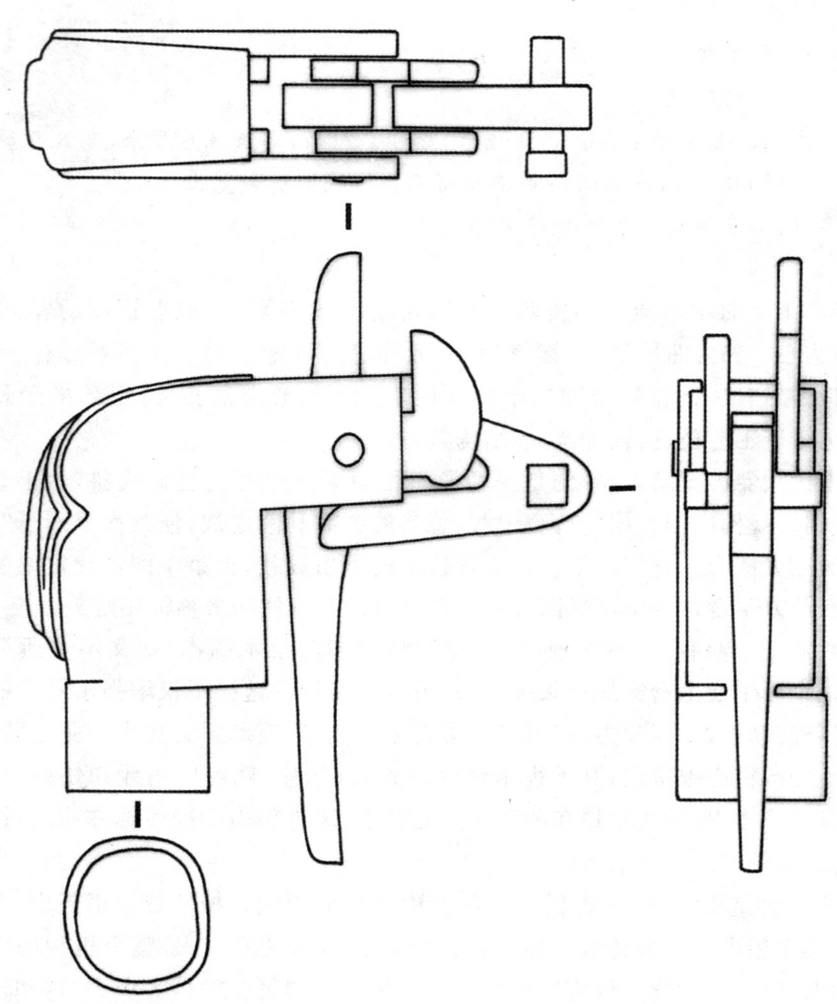

13. 战国　包金龙凤纹铜镦(duì)

名　　称：包金龙凤纹铜镦
时　　代：战国晚期
尺　　寸：通高长 12.3 厘米，宽 2.8 厘米
来　　源：1992 年山东省淄博市临淄商王墓地战国晚期墓出土
收藏单位：山东省淄博市博物馆

包金龙凤纹铜镦，属铜铍下部之镦，近扁椭圆筒状。镦两面饰浅浮雕龙凤纹，两侧边饰刻划重环纹。镦中上部饰宽带弦纹，镶一圈约 3 毫米的包银圆箍，将镦和纹饰分成上下呼应的两个部分。镦上端，两面各饰一龙一凤；下端两面饰双龙双凤。龙张口曲体，鳞甲玲珑，足趾粗壮锋利，盘绕于凤尾之上，神态生动。凤曲冠弯喙，昂身直立，羽翼散展。经放大后观察，羽毛上点、线刻画精巧工整，纤细入微，一丝不苟。此系包金工艺完成以后，用针刻工艺进行二次加工完成，形成更加富有层次感的艺术效果。龙凤的爪甲皆包银，与金黄色相得益彰。该铜镦包金技艺精湛，尽管历经久远，但仍金光灿灿，熠熠夺目，尽显王者风范。

包金工艺最早见于商代，西周、春秋战国时期应用较广，但多用于铜泡、铜贝、铜矛柄等小件器物表面的装饰。金具有较强的抗拉性和延展性，可碾成厚度为 0.025mm 的箔片和拉成直径仅 0.001mm 箔丝。因此，在装饰中可以充分利用金的这种特性。它的制作技法是将金块捶揲成极薄的金箔片，包罩于青铜器表面，再以锤敲打密实，使凹凸纹理自然如胎体表面即成。这种金箔极薄而所包罩的面积小，可以不用黏着剂，只需用轻力捶压，就可牢固地贴附于器物表面，制作工艺相对简单。到战国时期的包金工艺仍非常流行。秦汉时期，皇帝乘车称“金根车”，《后汉书·舆服志上》中的“金薄缪龙”，大概就是指贴金或包金工艺。

在齐墓出土的众多青铜器中，以包金或贴金的工艺形式用于青铜器的装饰，向世人展示了该技术在春秋战国时期的齐国已经较为成熟，并得到较为普遍的应用。

齐国墓葬出土较早的青铜器包金工艺实物资料，为临淄郎家庄东周墓中的一批金箔和 10 枚贝形包金铜泡。值得一提的是，其中一片金箔，厚度仅为 0.04 毫米，上有蟠龙纹压印痕，据推测应是用于贴附铜器或漆器表面，充分证明了包金工艺技法在东周时期已相当成熟，对后世这一技法的传承与发展，产生了深远的影响。该包金龙凤纹铜镦，代表了齐国包金工艺的最高水平。

14. 西周 夔(kuí)龙纹铜鼎

名　　称:夔龙纹铜鼎

时　　代:西周中期

尺　　寸:通高23.6厘米,口径19.9厘米

来　　源:1987年山东省淄博市张店山东铝厂宿舍301工地出土

收藏单位:山东省淄博市博物馆

夔龙纹铜鼎,方唇,敞口,折沿,束颈,鼓腹略垂,立耳,三足略外撇,足跟饰兽面纹,腹部饰两道凸弦纹,弦纹之间饰扉棱纹和六组夔纹。

鼎最初是由远古时期陶制的炊食器具演变而来的,即由釜、陶支脚和灶组合而成。鼎的主要用途是烹煮食物,鼎的三条腿便是灶口和支架,腹下烧火,可以熬煮烹食。

自青铜鼎出现后,它作为一种饪食器,由最初的用来烹煮肉食,到后来随着功能的转化,演变成盛放已熟肉禽并专门用于祭祀的礼器,在功能上便有了烹煮肉食、实牲祭祀和宴享等多种用途,它是青铜礼器中的主要器型之一。青铜是锡、铜、铅的合金,夏代开始出现。现存的商周青铜礼器中,以河南安阳殷墟出土的高133厘米、重达875千克的“后母戊”方鼎形制最为巨大,是贵族阶级权力至高无上的象征。目前发现最早的青铜鼎出现于商代早期,历经各个朝代,一直沿用到西汉,是青铜器中行用时间最长的器物。

鼎作为礼器中的主要食器,被当作“明尊卑,别上下”的器物,是区别统治阶级等级制度和权力的标志。礼器的概念即“藏礼于器”。何休注《公羊传·桓公二年》云:“礼祭:天子九鼎,诸侯七,卿大夫五,元士三也。”奴隶制列鼎制度,即奴隶主贵族等级愈高,使用的鼎愈多。此外由鼎派生出的成语也耳熟能详、脍炙人口,如“一言九鼎”“三足鼎立”“鼎鼎大名”“人声鼎沸”等,足见其对历史文化的巨大影响。

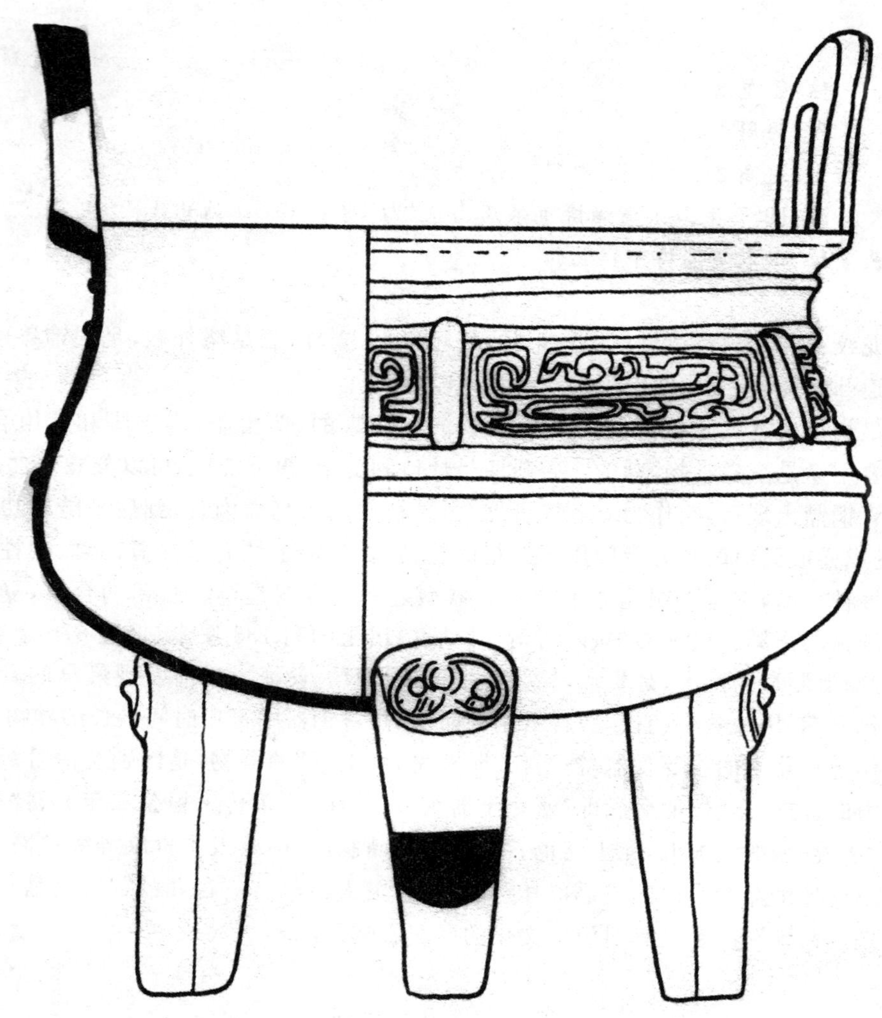

15. 西周　铜鼎(一)

名　　称:铜鼎

时　　代:西周晚期

尺　　寸:通高 27.0 厘米,口径 26.7 厘米

来　　源:1982 年山东省淄博市淄川磁村出土

收藏单位:山东省淄博市博物馆

该铜鼎,敞口,折沿,鼓腹,圜底,蹄形足,足跟肥大。立耳微外撇,上腹部饰一周环纹,腹中部饰一周凸弦纹。

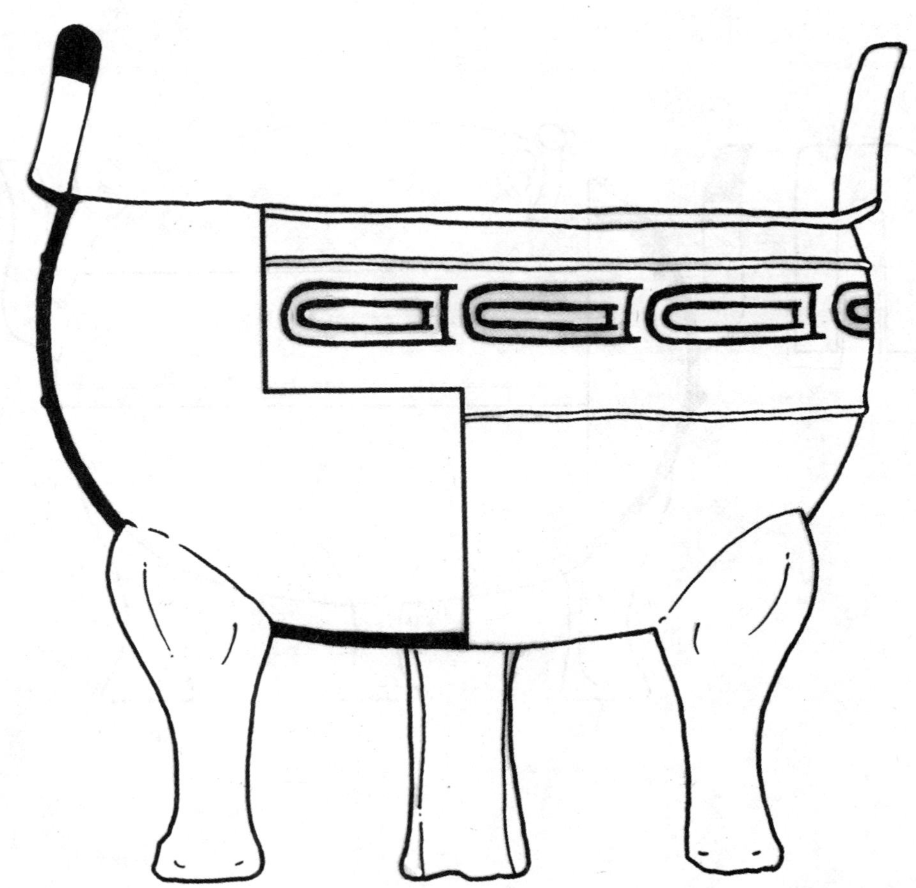

16. 战国　铜鼎(二)

名　　称:铜鼎
时　　代:战国晚期
尺　　寸:通高 24.2 厘米,口径 22.2 厘米,腹径 28.0 厘米,盖径 25.6 厘米
来　　源:1992 年山东省淄博市临淄商王墓地战国晚期墓出土
收藏单位:山东省淄博市博物馆

该铜鼎,形体较大,器整体呈扁圆形。敛口作子口,腹较深,圜底,蹄形足,足跟肥大,附耳外侈,腹中部饰一周凸弦纹。弧顶盖,上列三饼状环钮。

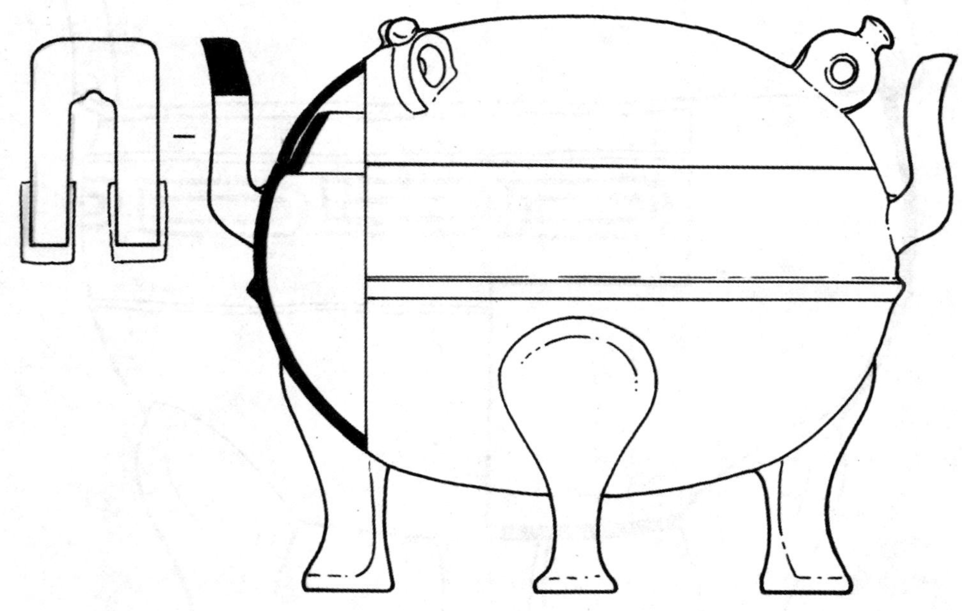

17. 战国　模印凤鸟纹铜鼎

名　　称：模印凤鸟纹铜鼎
时　　代：战国晚期
尺　　寸：通高 11.5 厘米，口径 8.8 厘米，腹径 11.7 厘米，盖径 8.3 厘米
来　　源：1992 年山东省淄博市临淄商王墓地战国晚期墓出土
收藏单位：山东省淄博市博物馆

模印凤鸟纹铜鼎，整体扁圆形。敛口，鼓腹，圜底近平，蹄形足，附耳外撇较甚。弧顶盖，上列尾状三环钮。在颈、腹和底部饰四周弦纹，弦纹之间为两条纹饰带，每条纹饰带内各模印两周形制相同的椭圆形凤鸟纹；上部凤鸟纹回首左向正立，下部凤鸟纹回首右向倒立。凤鸟纹圆目有珠，勾喙，振翅，尾上翘，刻画简练，形神备至。在鼎耳内外两侧均饰绹索纹，三足上部饰“Y”形双角兽面纹。在外底部阴刻“师厓”二字。“师”为工师的简称，在战国时期官府手工业中，管理工匠的有工师。工师有官吏的身份。《荀子・王制》以工师同司徒、司马、司空、治田等并列。《礼记・月令》郑注谓工师乃“工官之长”，有着较高地位，故其可担任督造之职，工师一般由从事技艺工作多年的工匠中擢升，因而具有娴熟的技能并担负传授技艺的责任。“师”之后的“厓”为工师名字的简称，省去了姓，仍为“物勒工名”之义。铜鼎耳部所铸绹索纹、腹部饰椭圆形凤鸟纹带以及三足上部饰兽面纹，制造技术要求高、难度大，因此，由工师主持制造或督造，制作完成后铭刻工师名字，以示对制造质量的高度负责。

该铜鼎装饰简约，尊贵典雅，底部铭刻工师名字，为研究“物勒工名”提供了重要实物资料。纹饰采用风格独具的模印技法进行装饰，这在齐地出土青铜器中是极为少见的，极大地丰富了齐国青铜器装饰工艺技法，具有较高的艺术价值。

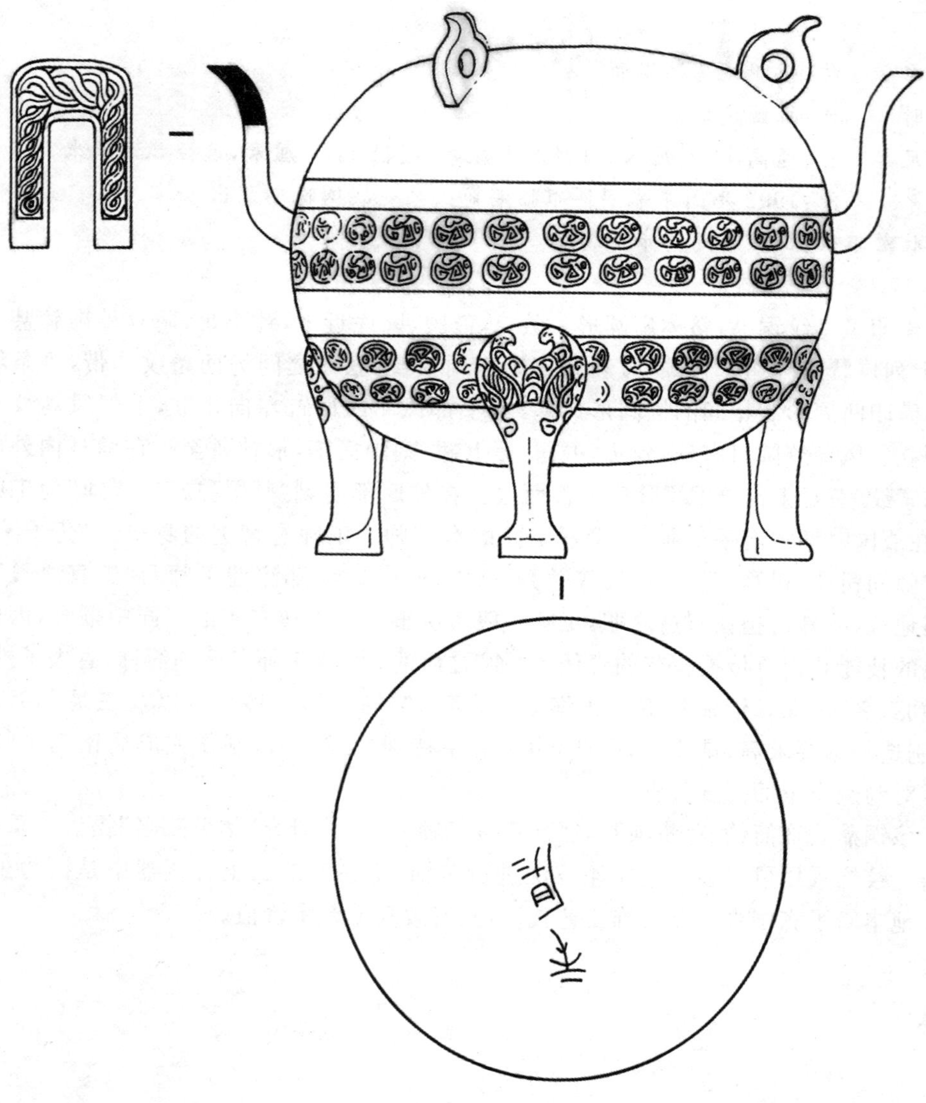

18. 战国 铜盒

名　　称：铜盒
时　　代：战国晚期
尺　　寸：通高 14.4 厘米，口径 21.4 厘米，腹径 23.8 厘米，底径 12.2 厘米
来　　源：1992 年山东省淄博市临淄商王墓地战国晚期墓出土
收藏单位：山东省淄博市博物馆

铜盒，出土时盖和外底部均粘有苇席痕迹。子口微敛，扁圆腹，大平底，矮圈足。口沿下有两对铺首衔环。弧顶盖，顶部较平，上列四个凤鸟形钮，凤鸟尖喙，圆目，尾上卷，与身体组成环形，环上呈圆饼状。盖钮和铺首衔环均为铆合，器壁内侧有铆钉痕。

齐国青铜器的铸造以浑铸、分铸、焊接、榫卯、铆合等工艺进行组合应用，充分反映了其灵活多变的铸造工艺。一件器物附四个铺首衔环，也是不多见的。

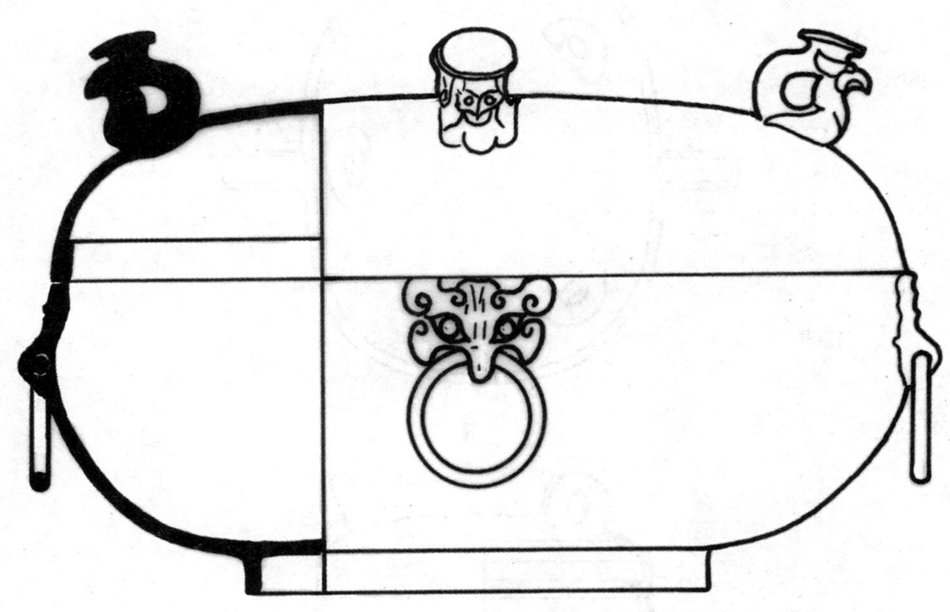

19. 战国　双环鋬(pàn)铜铷

名　　称：双环鋬铜铷

时　　代：战国晚期

尺　　寸：通高 6.2 厘米，口径 5.4～6.8 厘米，底径 4.0～5.2 厘米

来　　源：1992 年山东省淄博市临淄商王墓地战国晚期墓出土

收藏单位：山东省淄博市博物馆

双环鋬铜铷，器身椭圆形。敛口，方唇，鼓腹，平底。腹中部有一对环钮。弧顶盖，盖沿下折作母口以承器口，上列三个环钮。

该盒小巧精致，造型设计独特，在齐地出土的青铜器中极为少见。

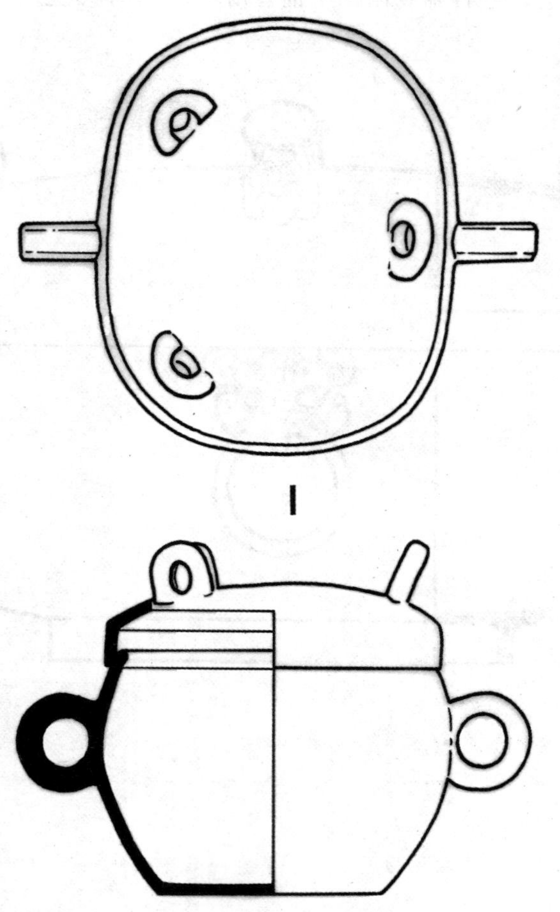

20. 战国　错金银铜盒

名　　称：错金银铜盒

时　　代：战国晚期

尺　　寸：通高12.4厘米，口径12.5厘米，腹径15.0厘米，足径9.4厘米

来　　源：1992年山东省淄博市临淄商王墓地战国晚期墓出土

收藏单位：山东省淄博市博物馆

错金银铜盒，器身扁圆形。敛口作长子口，圆鼓腹，平底，矮圈足。口沿下一对环钮。弧顶盖，盖沿作母口，中央有一鼻形钮，周围饰三个环钮。盖面和腹部饰错金银卷云纹和龙凤虎鹿纹。盖内和器底内均铸“约奠”二字。关于“约奠”二字并列，不见有金文资料，存多种释义。

第一种：奠有“置”义，“约”读为“绚”或“紃”，均通用。“绚”字本义为五彩之意，在此可能指一处具体地方，奠绚即置于绚。

第二种：奠为祭奠之义。先秦在死者的殡期内要举行各种祭奠，主要有朝夕奠、朔月奠、荐新奠、小敛奠和大敛奠等。其中荐新奠指荐五谷若时，果物有新出者为荐新奠。在整个殡期中，逢朔日，或者新鲜的谷物果品之时，都要对死者祭奠，这件铜盒出土时内盛大枣，可能死者殡期正逢枣熟季节，因而盛鲜枣祭奠。据此可推断 这件铜盒为祭奠用器。

第三种：可解释为人名，即“郑绚”。古“郑”字不从邑，与“奠”字重文。“郑绚”一名铸于器内非明显位置，主要起标记作用。该墓出土器物的工匠或工师名，多为器物做成后刻划，有些字较为草率，而这件铜盒的铭文为铸造，书体规整，可能为器主名字，而为工匠或工师名字的可能性较小。铜盒制作精致，装饰华丽，工艺复杂，可能是按器主要求定做完成。

上述几种解释都不无道理，但似应以第二和第三种解释的可能性较大。

金银错工艺是我国古代传统金属细工装饰技法之一。错金银亦称“金银错”，它是春秋战国时期青铜装饰中出现的新技术。金银具有较强的抗拉性和延展性，可碾成直径仅为0.001mm和0.025mm的箔丝，“金银错”制作精细，在青铜器表面利用金银呈现出的不同金属光泽，来突出显现铭文和纹饰，塑造出细如毫发、色彩明丽、金属感较强的图案。错铜或错金银的制作工艺大致可分以下四个步骤：(1)铸造留槽。铸造青铜器时，大多数在范铸的母范上先把要错金银的纹饰预刻凹槽，待器铸成后，以便在凹槽内嵌金银。少数精细的金错纹饰，其金丝细如毫发，则是在器表錾刻凹线，以便金丝嵌入。(2)錾槽。铜器铸成后，凹槽还需加工錾凿，精细的纹样，需在器表用墨笔勾勒，然后根据纹样，錾刻浅槽，这在古代叫“刻镂”，也叫“镂金”，以便凹槽内嵌金。(3)镶嵌。镶嵌铜、金丝或金片时，铜、金丝、金片要用火适当加温，金丝需截作点线，然后捶打，使之嵌入浅槽。(4)磨错。金丝或金片镶嵌完毕，铜器的表面并不平整，必须用错石磨错，使金丝或金片与错器

表面自然平滑，达到“严丝合缝”的地步。然后在器表用木炭加清水打磨，使之光滑平整。若用皮革反复打磨，光泽度更强。青铜器表面与铜、金银纹饰色彩的交相辉映，呈现出层次分明、色彩绚丽的艺术效果，给人以流光溢彩的华贵之感。

齐国错金工艺最早考古资料见于临淄郎家庄东周殉人墓出土的错金骨器，至战国中晚期普遍盛行。使用错金银工艺的齐国青铜器中不乏精品，淄博市博物馆藏的这件铜盒，即是这一工艺的佳作。该铜盒器盖上饰五周错银细弦纹，将纹饰划分为内外两区。内区部分的纹饰为双鹿相抵和双龙交尾；器腹饰有四周错银细弦纹，弦纹之间夹两条错金银卷云纹带，呈“X”形。外区则饰龙凤纹和虎纹，为四龙双虎。龙凤虎鹿，首部错金，身上饰有错银斜线和鳞状纹；在空白处饰卷云纹。盖内和器底内所铸二字风格不一，特色鲜明，其中器底内二字的外圈为旋转绹纹，文字笔画则采用斜线条纹。通过对铜盒全器图案装饰技法观察分析，纹饰线条錾刻精准细腻，镶嵌金银磨错自然平滑，尤其对鹿、虎等形象的刻画生动活泼，线条流畅凝练、细致入微。具象和抽象的结合、错金与错银的交相辉映，改变了传统青铜器沉稳凝重的面貌，反映出当时社会的变革和生活习俗的演化。该墓出土的另一件错银三角几何云纹的错银器座，口径 5.8 厘米，高 2.5 厘米，同样展现出较高的制作工艺水平。该铜盒的金银错装饰工艺，是齐国青铜器重要的特色工艺，以该工艺制作的像牺尊、三钮铜镜、鸭形尊等青铜器技艺精湛，皆是经典之作。

随着错金、银工艺的日臻纯熟，该工艺装饰领域被进一步拓展，还专用于铭文的装饰。经过错金、银、铜后的铭文，显得更加华贵醒目，使铭文同器物相互映衬，具有较强的装饰美感，改变了以往铸模、錾刻、刻划等传统刻铭模式。如临淄出土的汉代“丙午”铜带钩，其上错银小篆体九字铭文“丙午钩口含珠手抱鱼”，精巧细致、光彩夺目，反映出汉代齐国发达的铭文镶嵌工艺。

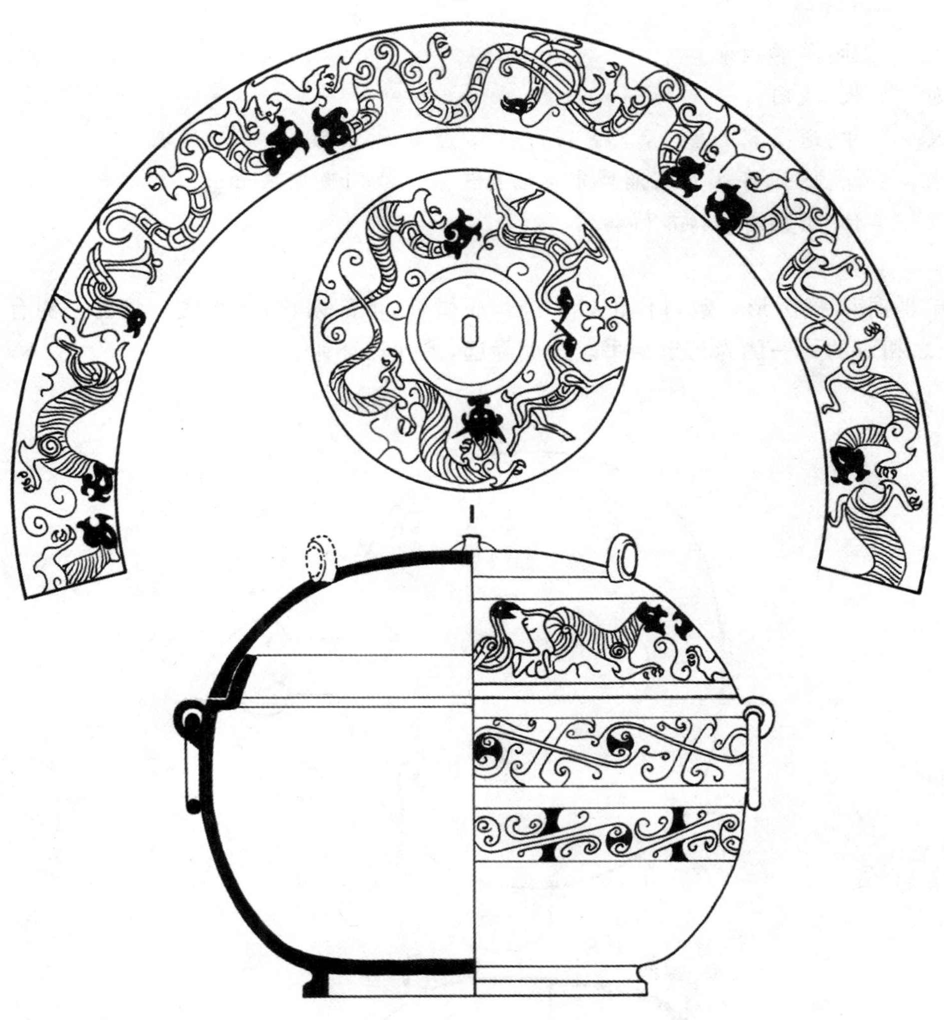

21. 战国　单鋬铜钾

名　　称:单鋬铜钾
时　　代:战国
尺　　寸:通高 8.7 厘米,口径 7.7～9.5 厘米,底径 4.8～5.9 厘米
来　　源:1992 年山东省淄博市临淄商王墓地战国晚期墓出土
收藏单位:山东省淄博市博物馆

单鋬铜钾,椭圆形。敛口作子口,方唇,腹微鼓,下部内收,小平底。腹部一侧有一环钮,与之相对的另一侧为匕形鋬手。盖面隆起,上列三环钮。

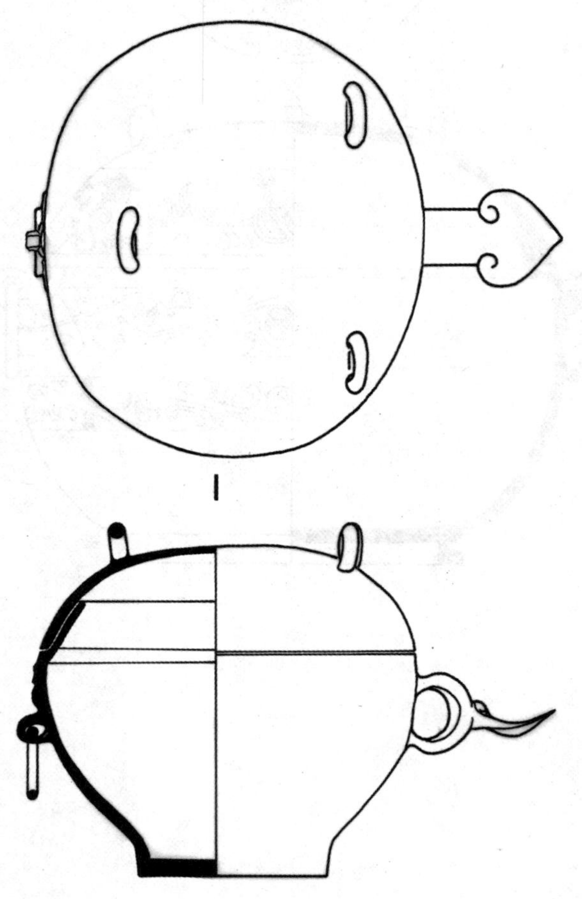

22. 战国 杯形铜壶

名　　称：杯形铜壶

时　　代：战国晚期

尺　　寸：通高26.8厘米，口径9.8厘米，底径6.8厘米

来　　源：1992年山东省淄博市临淄商王墓地战国晚期墓出土

收藏单位：山东省淄博市博物馆

杯形铜壶，呈上粗下细的杯形。口微敞作母口，筒形深腹，上腹略鼓，下腹内收，小平底，矮圈足略外撇，足下端呈台形。腹上部有一对铺首衔环。带弧顶盖、盖沿弧折为子口嵌入母口，上列三环钮，饰三周凸弦纹。

该件杯形铜壶造型优美，由于器壁较薄，在盖的设计上别出心裁。盖外缘中部铸有一圈方形箍，盖盖时正好嵌于壶的口部上沿，既密闭又稳定。此种器盖结构，在齐国出土的青铜器中是不多见的，表现出了匠心独具的造型艺术和精湛的铸造工艺。

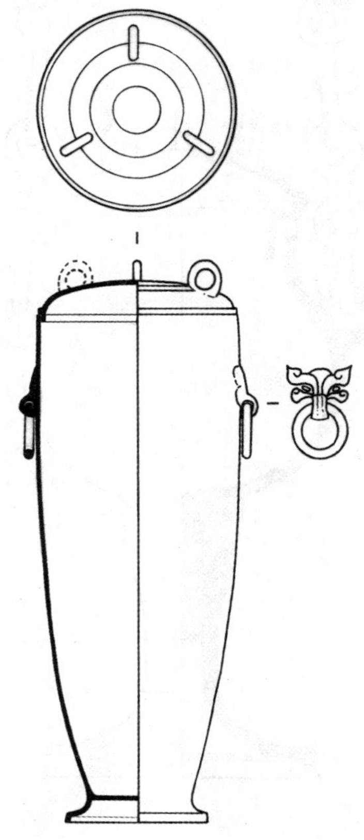

23. 战国　高柄提梁铜壶

名　　称：高柄提梁铜壶
时　　代：战国
尺　　寸：通高 28.0 厘米，口径 7.5 厘米，足径 9.2 厘米
来　　源：1992 年山东省淄博市临淄商王墓地战国晚期墓出土
收藏单位：山东省淄博市博物馆

高柄提梁铜壶，敞口作母口，束颈，球形腹，圜底，下有高柄，喇叭形圈足，足下部呈台形。弧顶盖，盖沿内折为长子口嵌入口中，盖上有三个“S”形环钮。腹部有一对环钮，与双首龙身链索式提梁相连。

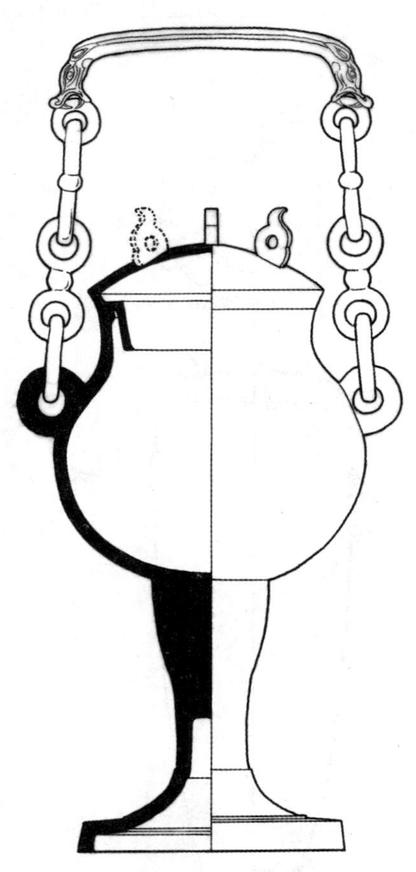

24. 战国　高柄铜壶

名　　称：高柄铜壶
时　　代：战国
尺　　寸：通高 20.8 厘米，口径 9.6 厘米
来　　源：1992 年山东省淄博市临淄商王墓地战国晚期墓出土
收藏单位：山东省淄博市博物馆

高柄铜壶，敛口，方唇，球形腹略下垂，圜底，高柄，柄上有两周凸棱，喇叭形圈足。口沿一侧伸出一直角曲尺形合页与盖相连。盖呈覆斗盘形，平顶，沿下折以承口。可在180°范围内启闭自如，与合页相对的一侧有环钮。腹上部有一对铺首衔环，柄饰宽带弦纹。合页的巧妙设计为青铜器注入了科技元素，使盖自如开闭，又不容易遗失，使造型与实用性融为一体，增加了生活的便利性。

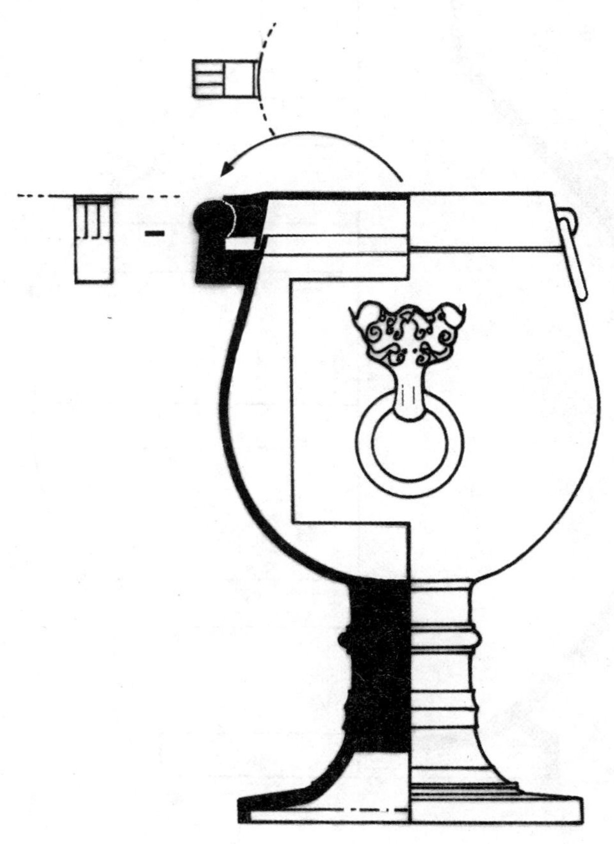

25. 战国　铜壶(一)

名　　称:铜壶
时　　代:战国
尺　　寸:通高 37.7 厘米,口径 14.4 厘米,最大腹径 28.6 厘米,足径 17.4 厘米
来　　源:1992 年山东省淄博市临淄商王墓地战国晚期墓出土
收藏单位:山东省淄博市临淄齐文化博物院

该铜壶,侈口,方唇,束颈较直,斜肩,鼓腹较深,最大径在腹中部,圜底近平,下承矮圈足。肩部有一对铺首衔环。器表肩腹部饰四周瓦棱纹。

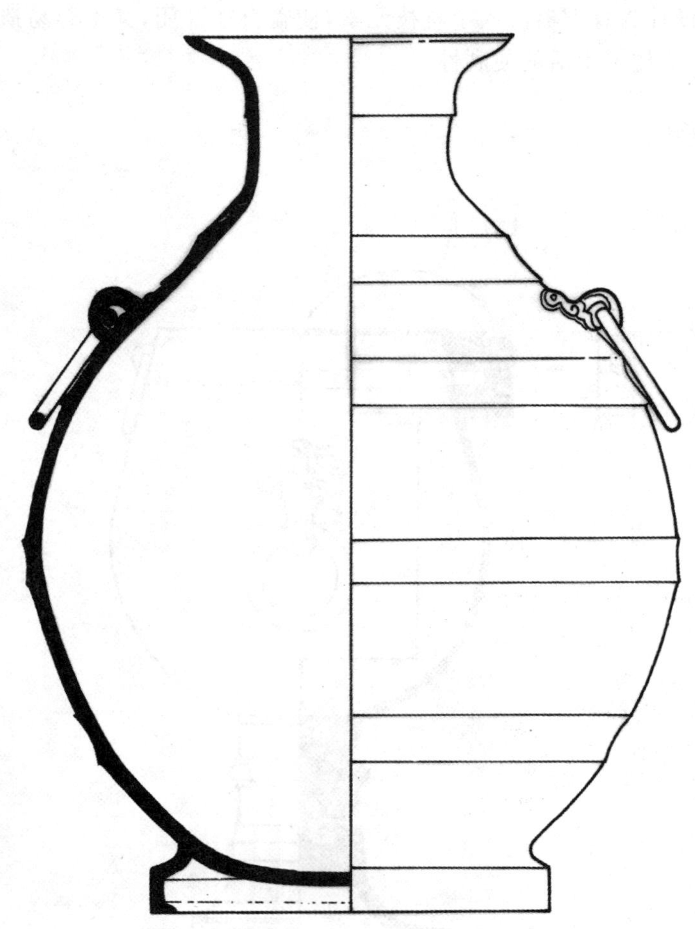

26. 战国　铜壶(二)

名　　称:铜壶
时　　代:战国
尺　　寸:通高 15.8 厘米,口径 6.0 厘米,足径 7.4 厘米
来　　源:1992 年山东省淄博市临淄商王墓地战国晚期墓出土
收藏单位:山东省淄博市博物馆

该铜壶,侈口作母口,方唇,束颈较粗,溜肩,鼓腹,腹部最大径偏下,平底,圈足外侈。肩部有一对铺首衔环。弧顶盖,盖沿内折作子口与器口扣合,上列三个“S”形环钮。颈和腹部饰三周宽带弦纹。内盛黑色液体,发掘出土时存有 120 毫升,据推测应为酒浆。

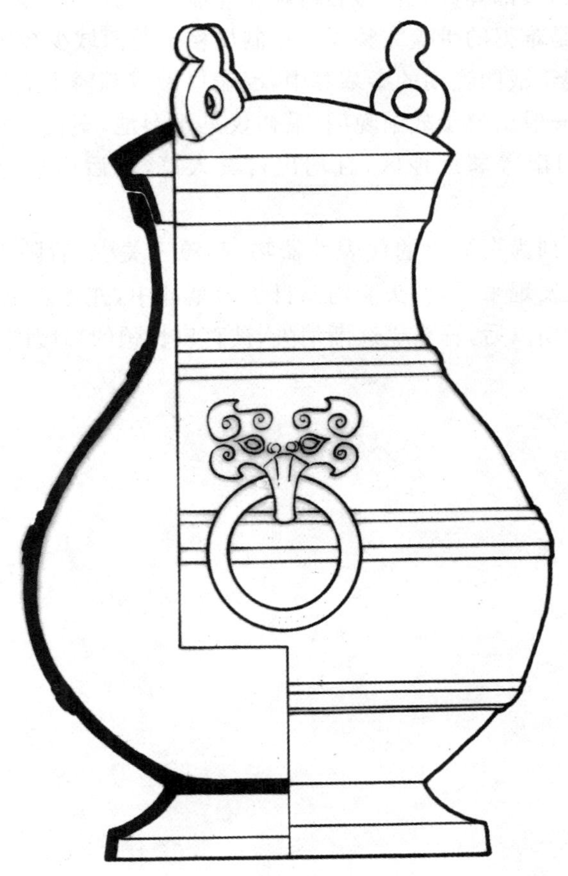

27. 战国　铜蒜头壶

名　　称:铜蒜头壶

时　　代:战国

尺　　寸:通高 42.0 厘米,口径 4.1 厘米,最大腹径 21.8 厘米,足径 13.3 厘米,盖径 4.8 厘米

来　　源:1992 年山东省淄博市临淄商王墓地战国晚期墓出土

收藏单位:山东省淄博市临淄齐文化博物院

铜蒜头壶,瓶口沿下部呈蒜头形,直口作内子口,细长颈,下端略粗。溜肩,球形腹,平底,圈足下端呈台形。盖沿下折作母口,中央有一环钮。颈有两周宽带纹,肩有一对铺首衔环,腹饰凸弦纹一周。外底中央有一半环形钮。

该器物颈部修长,腹部浑圆,造型别致,端庄秀丽,流畅丰满,是出土此类器物中造型较为优美的,同时也是难得的带盖完整器。形制风格也受西域少数民族影响。

蒜头壶最早出现于战国晚期的秦墓葬中,因壶口做成蒜瓣形而得名。蒜头壶是一种储酒或直接饮酒器,一般出现于战国晚期,最初仅见于秦地,秦代和汉初亦仅见于陕西及周边的湖北、四川、河南等邻近地区,且均出自秦人墓,其后山东、广东、广西等地亦有发现。

考古界将蒜头壶列为秦文化的代表性器物,起源于关中,后随着秦的统一战争传播到国内各地。从出土发现来看,蒜头壶均出自贵族墓葬中,并伴随鼎、壶、钫等,为礼器的可能性较大。西汉中期以后,蒜头壶逐渐消失,被直口长颈的扁腹圈足壶取而代之。

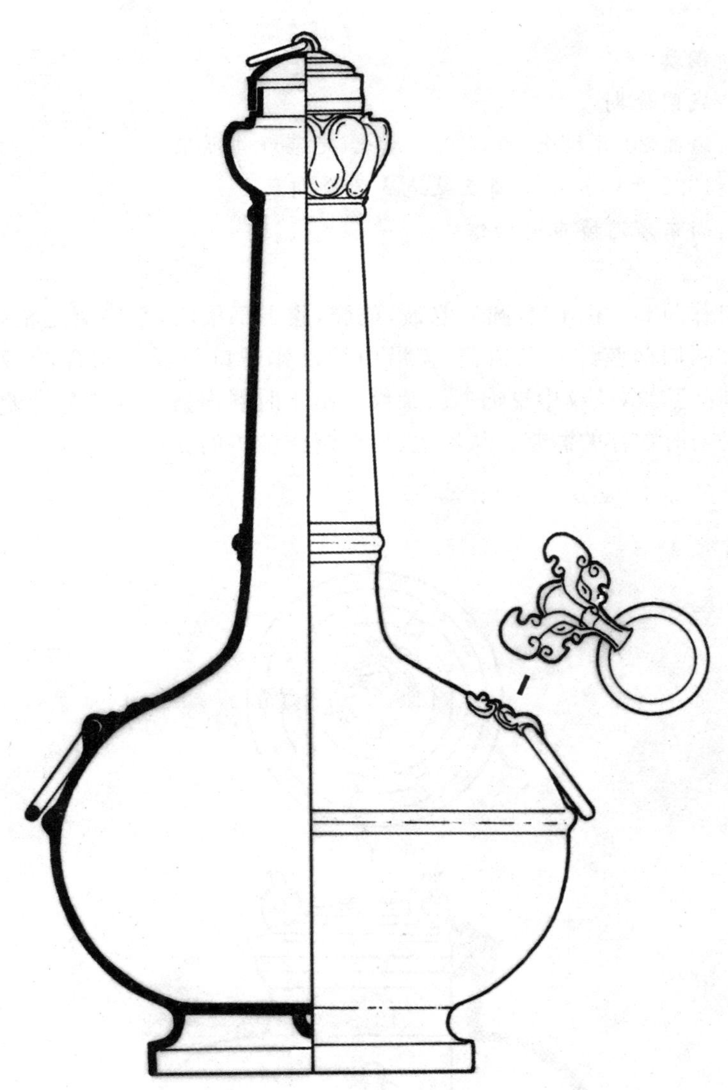

28. 战国　铜罍(léi)

名　　称：铜罍
时　　代：战国晚期
尺　　寸：通高 20.8 厘米，口径 9.8 厘米，足径 9.4 厘米
来　　源：1992 年山东临淄商王墓地战国晚期墓出土
收藏单位：山东省淄博市博物馆

铜罍，侈口作母口，短直颈，圆肩略鼓，鼓腹，腹下部缓收，平底圈足稍高。肩部有一对环钮，沿下饰两周凸弦纹。弧顶盖，盖沿内折以作子口与器口相合，上列三个尾状环钮，盖面饰五周凸弦纹，弦纹中央饰三云朵纹。出土时器内盛约 300 毫升的青绿色液体，据推测，可能是当时贮存的酒浆。从器盖、口部制作精美的弦纹中，可以看出齐国高超的青铜铸造工艺。

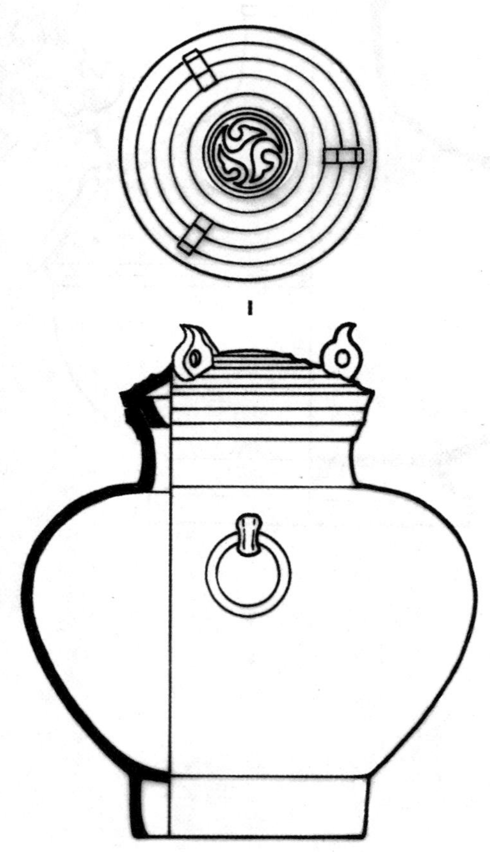

29. 战国 铜釜(fǔ)

名　　称:铜釜
时　　代:战国晚期
尺　　寸:通高 25.8 厘米,口径 18.0 厘米,最大腹径 26.0 厘米,盖径 16.8 厘米
来　　源:1992 年山东省淄博市临淄商王墓地战国晚期墓出土
收藏单位:山东省淄博市博物馆

铜釜,器型矮扁。方唇,敛口,短颈,鼓腹,溜肩,圜底近平略呈小平底状。肩部有一对铺首衔环,并饰两周弦纹。弧顶盖,盖沿内折作子口状与器口相合,上列三环钮。器底有烟熏痕迹。

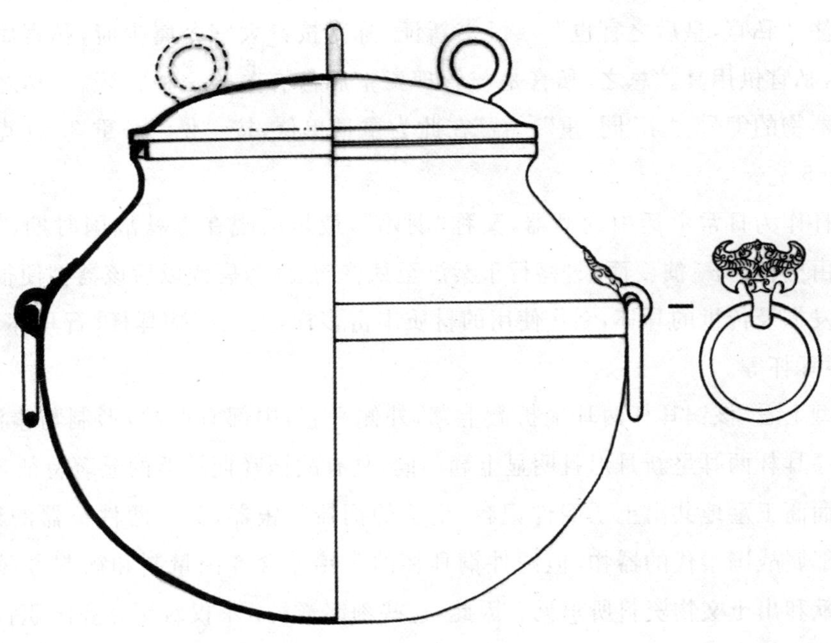

30. 战国　铜耳杯

名　　称：铜耳杯
时　　代：战国晚期
尺　　寸：高 5.9 厘米，通宽 18.2 厘米，口径 20.9～15.0 厘米，底径 10.9～5.0 厘米
来　　源：1992 年山东省淄博市临淄商王墓地战国晚期墓出土
收藏单位：山东省淄博市博物馆

铜耳杯，是临淄商王墓地战国晚期墓出土的两件铜耳杯之一。器身椭圆形。口微敛，斜腹较浅，平底，口沿两侧附云纹方耳，一耳刻铭“▽(私)之十冢(重)，一益卅八僙(货)”。▽同“私”，应为私官的省文。私官，常见于战国至秦汉的器物铭文中，是一种官职名称，如私官铜鼎、公左私官鼎、邵宫私官盉等。《汉书·张汤传》：“大官、私官，并供具第。”服虔注：“私官，皇后之官也”。《汉书新证》陈直按：“大官令属少府，私官属詹事，大官供膳食，私官供用具。”总之，私官是与管理王室后宫有关的一种官职。“私之十”为私官所掌管器物的编号；“冢”同“重”；“益”在此为重量单位，按一僙(货)重 3.89 克计算，一益重 369.65 克。

铜耳杯作为日常生活中的酒器，又称“羽殇”，最早出现在春秋战国时期，但较为少见。它是由椭杯、舟、演变而来，盛行于秦汉至魏晋南北朝，唐代以后该器型便很少见到。目前考古发掘及传世的耳杯，制作使用的材质丰富多样，大致有陶耳杯、石耳杯、玉耳杯、漆耳杯、银耳杯等。

从造型上看，该铜耳杯两耳平折微上翘，外侧平直，中部有凹缺，形制与秦汉时期各地出土的漆耳杯两耳呈新月形且明显上翘不同，具有战国晚期铜器的显著特征。

在临淄商王墓地共出土了四件记容、记重的铜器和银器，其中两件银器的刻铭从字体到内容都属战国秦代的器物，但两件铜耳杯的刻铭兼含齐国量制和衡制方面的内容，为历史文献和出土文物资料所求见。因此，这些刻铭资料，不仅对研究齐国职官制度，而且对进一步研究齐国的量制和衡制等都有着重要的价值。

铜耳杯的刻铭字形属战国古文字。刻铭中的“冢”见于三晋地区和中山国出土的铭文资料。刻铭中的容量单位“益”，同“溢”，文献记载中不多见。据《仪礼·丧服》郑玄注，一益比一升略强，而刻铭中的重量单位“益”同“溢”或“镒”，多见于历史文献尤其是《战国策》一书中，黄金以百益、千益、万益计算之处甚多。因而有些学者据此考证认为“益”是战国时期的黄金计重单位，秦代仍沿用此名。因刻铭中的容量单位“益”同重量单位“益”均属秦统一以前的计量单位，具有鲜明的时代特征。“货”作为重量单位，在齐地为首次

发现，在战国时期其他诸侯国也未曾见到，应是齐国特有的计重单位。秦统一全国后立即推行“一法度衡石丈尺，车同轨，书同文字”等措施，并颁发了统一度量衡的诏书，制发了一大批度量衡的标准器。量制统一用斗、升，衡制统一用斤、两，各国实行的旧杂制不复存在，据此可知这两件铜耳杯属战国晚期制造无疑。铜耳杯既可作为饮酒用的生活实用器，也可兼做量酒的专用器具。

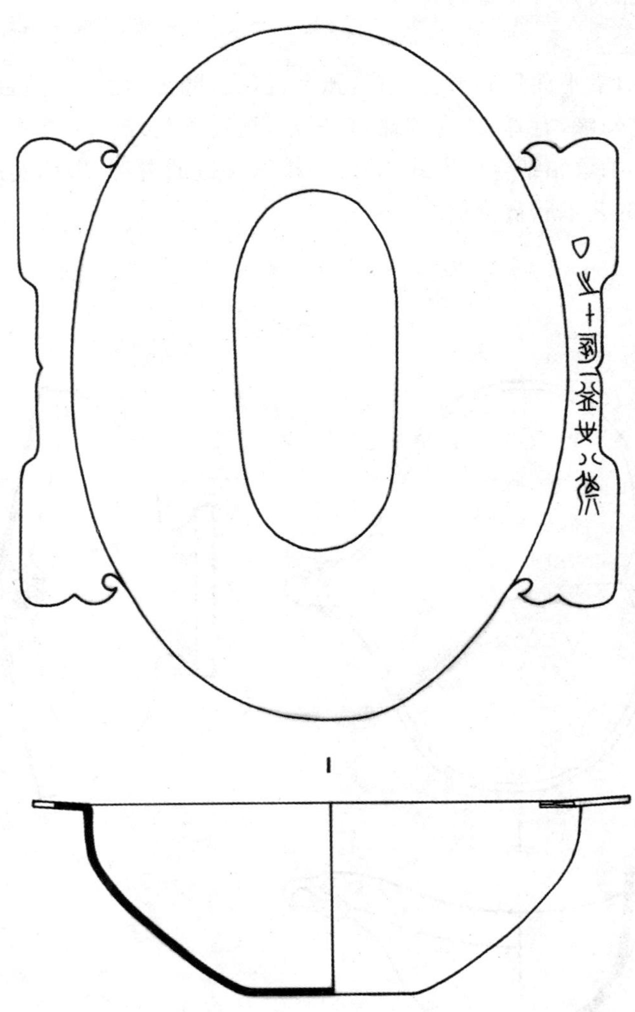

31. 战国　鹰首形铜匜(yí)

名　　称:鹰首形铜匜
时　　代:战国晚期
尺　　寸:通高 10.0 厘米,口径 16.6～18.0 厘米
来　　源:1992 年山东省淄博市临淄商王墓地战国晚期墓出土
收藏单位:山东省淄博市博物馆

鹰首形铜匜,口沿平面呈心形。侈口,弧沿,深腹,圈足,足下端呈台形。口沿一侧有鹰首流状把。鹰首勾喙,有耳,口含圆珠,目嵌银,墨精石为珠。鹰首采用写实手法塑造,整体造型以具象和抽象相结合的方式,表现出雄鹰展翅的造型,堪称实用性、艺术性的完美体现,具有较高的艺术欣赏价值。

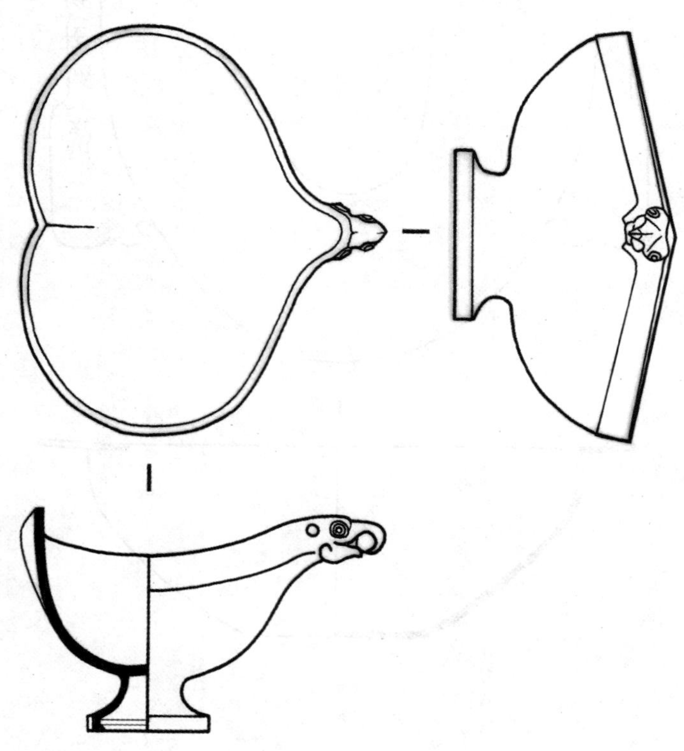

32. 战国　鎏金嵌绿松石铜带钩(一)

名　　称:鎏金嵌绿松石铜带钩
时　　代:战国晚期
尺　　寸:通长 8.2 厘米,通宽 2.8 厘米,通高 1.7 厘米
来　　源:1992 年山东省淄博市临淄商王墓地战国晚期墓出土
收藏单位:山东省淄博市博物馆

该鎏金嵌绿松石铜带钩,钩体呈孔雀形,钩首为兽面纹,钩身镶嵌绿松石,上饰一人面鸟喙神人,额中嵌一圆形绿松石,双手上举作握持状,臂生双翼,“八”字形雁尾。通体鎏金。

带钩在中国良渚文化时期便已出现,当时的带钩还处于原始形态。从考古发现的材料证明,在西周晚期至春秋早期,山东蓬莱村里集墓就有方形素面铜带钩出土,山东临淄郎家庄一号春秋墓曾出土金带钩。带钩又称作“犀比”,是我国男子服饰中的重要构件,它实际上是古代贵族和文人武士用于系束腰带用的挂钩,经过商周、春秋时期的过渡,战国至秦汉时期最为流行。汉代是带钩制作、使用的鼎盛时期,该时期的带钩在承袭战国同类器特征的基础上有了长足的发展与创新。汉代带钩一般由钩首、钩身、钩钮三部分组成,钩首用于勾连,钩钮呈圆菌状位于钩中部,起固定作用。带钩的质地以青铜铸造居多,少数则用黄金、白银、铁、玉、骨等材料制作。江苏大云山汉墓出土的水晶带钩,代表着我国汉代水晶制作工艺的最高水平,为国内仅见。为了适应不同阶层的审美与精神需求,其造型多样,形制丰富,有龙首、兽首、鸟首、马首等,钩身有琵琶形、螭形和兽形等,有的追求奢华,还有各种宝石、鎏金、错金银等的镶嵌,更显富丽华贵。

带钩虽只是服饰中的小构件而已,但在当时社会生活中却有着很大的意义和作用,远超出它本身的使用价值。如《淮南子·说林训》中有“满堂之坐,视钩各异”的记载,充分说明带钩是当时人们身份地位的标志。《淮南子·秦族训》提到的“带不厌新,钩不厌旧”,说明带钩在人们心目中地位是多么重要,也揭示了当时在上层社会使用带钩是较为普遍、不可或缺的。因社会地位身份高低贵贱不同,所使用的带钩在铸造、装饰上也有较大区别。

关于带钩,历史文献中有详细的记载,赋予了带钩新的内涵。如司马迁《史记·齐太公世家》中所记载的春秋时期“管仲射钩”的故事,该故事也见于汉代画像石上。公元前686 年,齐襄公诸儿战死后,逃到莒国的小白和逃到鲁国的公子纠同时日夜兼程地赶回齐国,继承王位。公子纠派管仲带领军队拦截从莒国回国的小白。管仲弯弓搭箭,射中了小白的衣带钩。小白假装被射中,倒在车中,骗过管仲,抢在公子纠之前赶回临淄,登上君位,也就是齐桓公。后来,齐桓公在鲍叔牙的劝谏下,不计一箭之仇,任用管仲为相。他们对内推行全面改革,对外尊王攘夷,九合诸侯,一匡天下,创建了春秋首霸的旷世伟

业。从此以后，使齐桓公腰间的带钩富有了神奇的色彩。这对后世关于带钩的含义，产生了较大影响，带钩也被寓意为“趋吉避凶保平安”的特殊代表。

临淄商王墓地战国晚期墓共出土了8件铜带钩，造型各异，在装饰上通体鎏金，大都镶嵌绿松石，制作考究，符合齐国贵族阶层使用的规格。

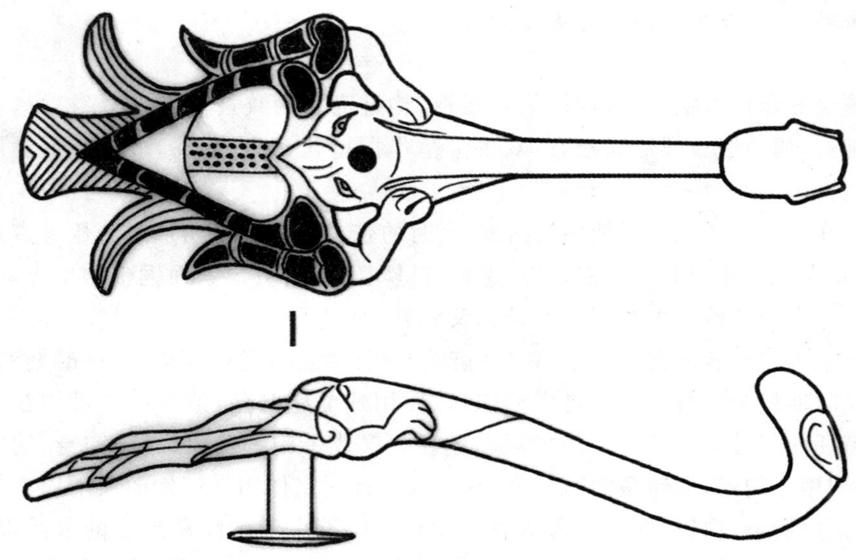

33. 战国　鎏金嵌绿松石铜带钩(二)

名　　称:鎏金嵌绿松石铜带钩
时　　代:战国晚期
尺　　寸:通长 7.5 厘米,宽 4.0 厘米,高 1.5 厘米
来　　源:1992 年山东省淄博市临淄商王墓地战国晚期墓出土
收藏单位:山东省淄博市博物馆

该鎏金嵌绿松石铜带钩,长条形钩体,钩首兽面纹,钩身细长,上部长方形凹槽内镶嵌绿松石。钩尾左右对称,形如蝴蝶云朵纹,上面也嵌有绿松石。通体鎏金。

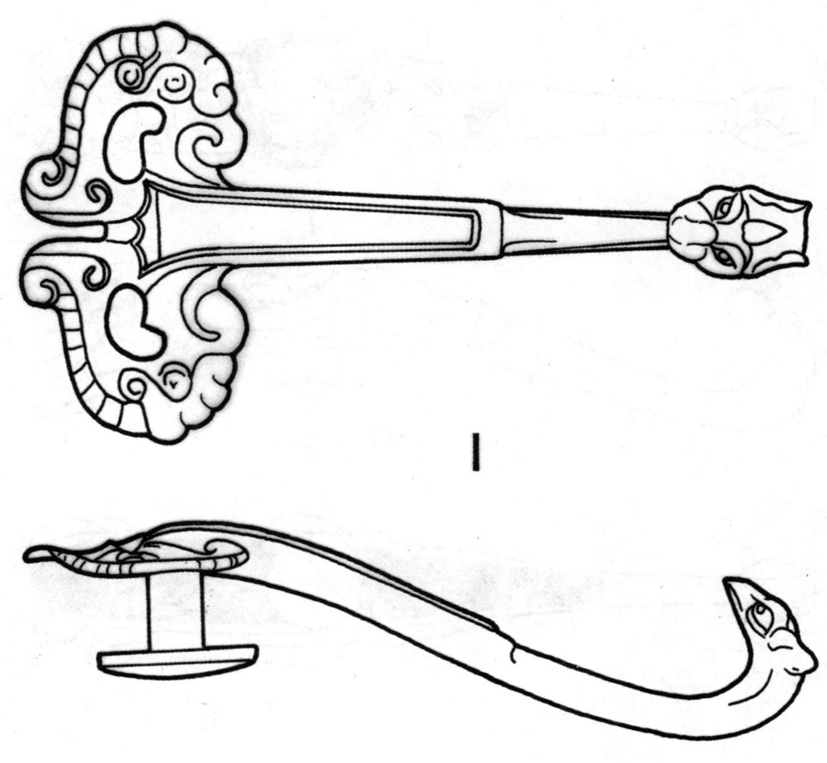

34. 战国　鎏金铜带钩(一)

名　　称：鎏金铜带钩
时　　代：战国晚期
尺　　寸：通长 10.4 厘米，通宽 1.7 厘米，通高 1.9 厘米
来　　源：1992 年山东省淄博市临淄商王墓地战国晚期墓出土
收藏单位：山东省淄博市博物馆

该鎏金铜带钩，钩体呈琵琶形，钩首兽面纹，钩身浮雕一螭虎俯卧另一兽身之上，该兽一肢支撑虎首，一肢抓虎颈，仰身作挣扎痛苦状，刻划细腻，惟妙惟肖。通体鎏金。

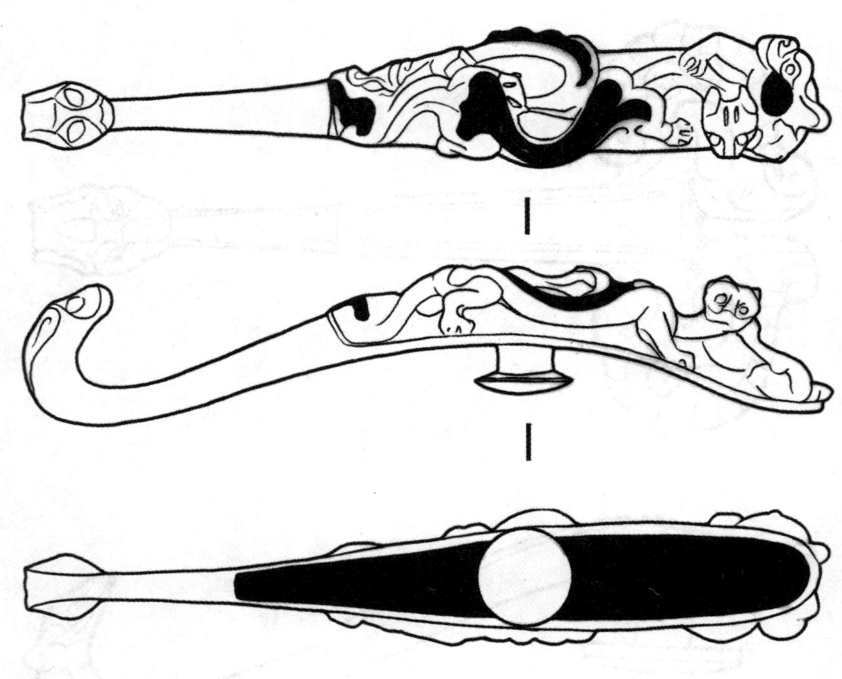

35. 战国　鎏金铜带钩(二)

名　　称:鎏金铜带钩

时　　代:战国晚期

尺　　寸:通长 9.2 厘米,通宽 2.8 厘米,通高 2.5 厘米

来　　源:1992 年山东省淄博市临淄商王墓地战国晚期墓出土

收藏单位:山东省淄博市博物馆

该鎏金铜带钩,钩首方扁,钩身上部细长,钩尾为琴面形,上饰卷云纹。通体鎏金。

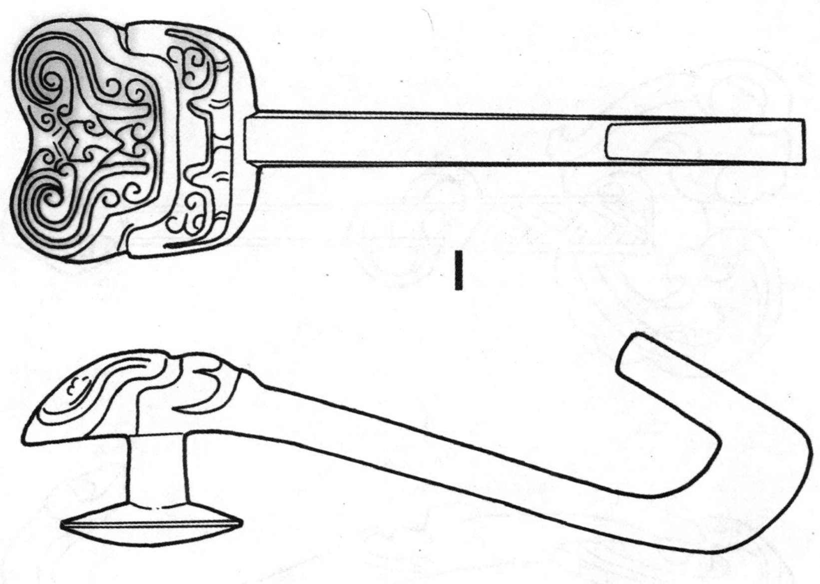

36. 战国　鎏金铜带钩(三)

名　　称：鎏金铜带钩
时　　代：战国晚期
尺　　寸：通长 8.9 厘米，通宽 3.5 厘米，通高 2.1 厘米
来　　源：1992 年山东省淄博市临淄商王墓地战国晚期墓出土
收藏单位：山东省淄博市博物馆

该鎏金铜带钩，长条形钩体，钩首兽面纹。钩身细长，上绕一“S”形虺纹，并饰斜线组成的三角纹。钩尾透雕一凤一虺。通体鎏金。

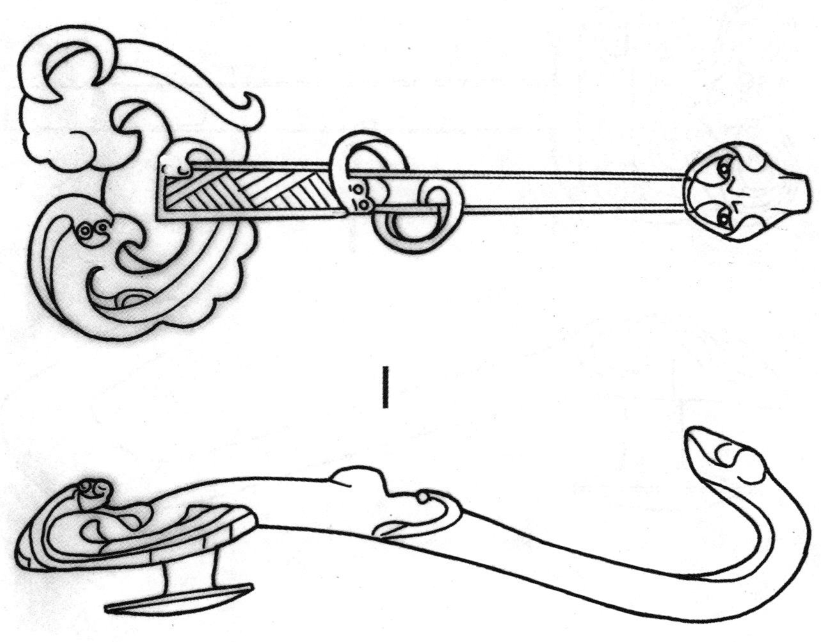

37. 战国　鎏金铜带钩(四)

名　　称:鎏金铜带钩

时　　代:战国晚期

尺　　寸:通长 9.5 厘米,通宽 1.6 厘米,通高 2.2 厘米

来　　源:1992 年山东省淄博市临淄商王墓地战国晚期墓出土

收藏单位:山东省淄博市博物馆

该鎏金铜带钩,钩体呈琵琶形,钩首兽面纹。钩身浮雕一兽,圆目,张口,唇较长,扇形大耳,尾下卷作卧伏状。钩身上部细长,下部为琴面形,上饰卷云纹。通体鎏金。

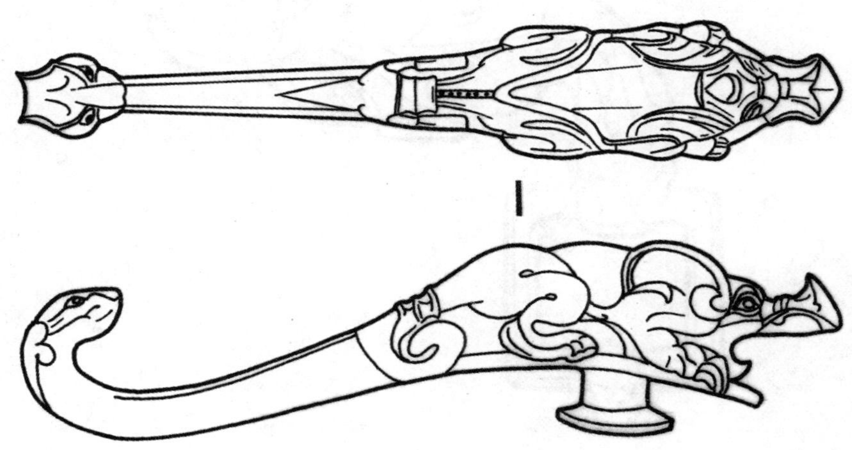

38. 战国　铜带扣

名　　称：铜带扣
时　　代：战国晚期
尺　　寸：通长 4.6 厘米，通宽 3.6 厘米，通高 1.4 厘米
来　　源：1992 年山东省淄博市临淄商王墓地战国晚期墓出土
收藏单位：山东省淄博市博物馆

铜带扣，螭虎衔长方形环状体。螭虎回首勾尾，身体呈“S”形。四足蹲踞，作卧伏状。腹下有一长方形钮，一边向外伸出一蛇形首。

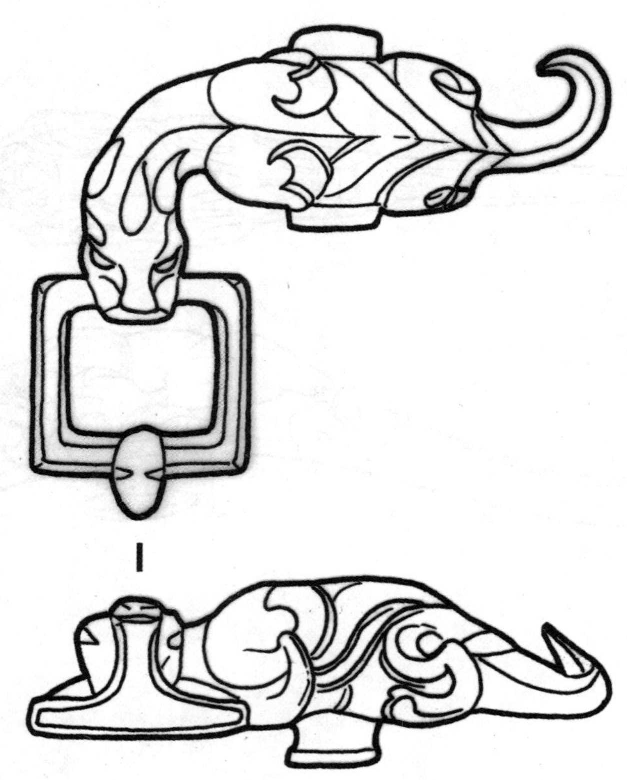

39. 战国　鎏金铜勺(一)

名　　称:鎏金铜勺

时　　代:战国晚期

尺　　寸:残长 16.4 厘米,柄径 0.35～0.5 厘米

来　　源:1992 年山东省淄博市临淄商王墓地战国晚期墓出土

收藏单位:山东省淄博市博物馆

该鎏金铜勺,圆柄呈绞索状,小杯残破,柄与杯口垂直。通体鎏金显示出了它的尊贵。

这种呈绞索纹的器物在齐国墓葬中并不多见。此铜勺虽残破,但是造型别致且通体鎏金,为齐国青铜器的研究增添了重要实物资料。

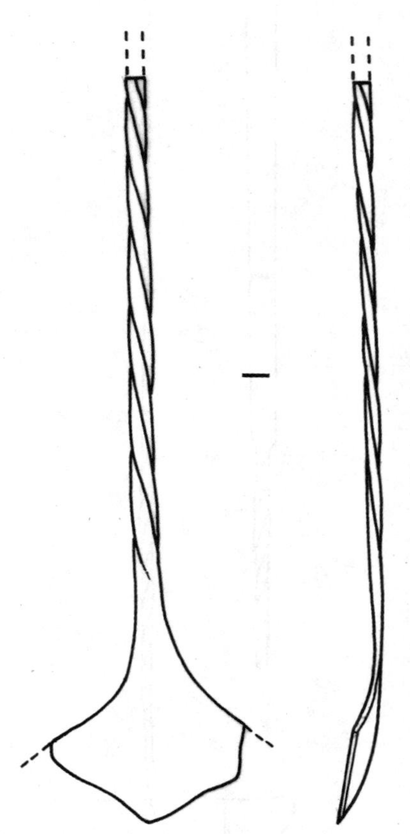

40. 战国　鎏金铜勺(二)

名　　称:鎏金铜勺
时　　代:战国晚期
尺　　寸:残长40.8厘米,杯口径7.0厘米
来　　源:1992年山东省淄博市临淄商王墓地战国晚期墓出土
收藏单位:山东省淄博市博物馆

该鎏金铜勺,出土时已残缺。柄上段扁平,下段圆柄呈绞索纹。近杯端稍细,心形圜底小杯,柄与杯口垂直。通体鎏金,高雅尊贵。

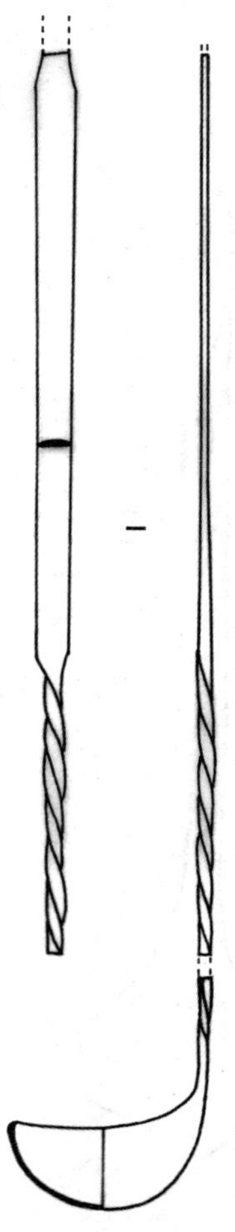

41. 战国 错金铜削

名　　称：错金铜削

时　　代：战国晚期

尺　　寸：残长约 14.5 厘米，柄宽 0.8 厘米，刃宽 1.1 厘米，厚 0.35 厘米

来　　源：1992 年山东省淄博市临淄商王墓地战国晚期墓出土

收藏单位：山东省淄博市博物馆

错金铜削，直背，直刃，刃首呈弧形，刃断面为等腰三角形。尾端装饰有上、下两只动物，上面的尾部弯曲成环首。柄和刃两面均饰错金云纹、斜线纹和圆点纹。柄较刃稍窄，断面为长方形，柄部以上鎏金，并套两件"U"形金饰，一件镂刻猿猴形象，另一件两面各镶四枚绿松石，做工精致，纹饰刻画细腻。

这件铜削虽小，但它装饰考究，采用了鎏金、错金、套金并镶嵌绿松石四种复合装饰工艺技法，这在战国时期实属罕见，当时社会只有王公贵族才可能使用。尽管该铜削已严重残缺分解，但这张线描图却留下了它相对清晰的基本概貌，稍稍弥补了遗憾，保留了体现战国时期齐国发达手工业的一份珍贵资料。

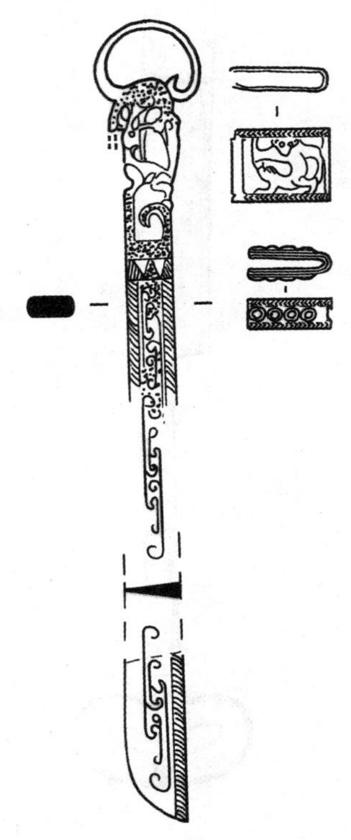

42. 战国　镶玉铜削

名　　称:镶玉铜削
时　　代:战国晚期
尺　　寸:残长 21.8 厘米,刃宽 1.5 厘米
来　　源:1992 年山东省淄博市临淄商王墓地战国晚期墓出土
收藏单位:山东省淄博市博物馆

镶玉铜削,环首直柄,刃部微曲,刃首残断,刃断面呈等腰三角形。柄部较刃部窄,截面略呈椭圆形,柄末端以金箍包白玉环,属于齐国镶嵌工艺中的"金镶玉"。

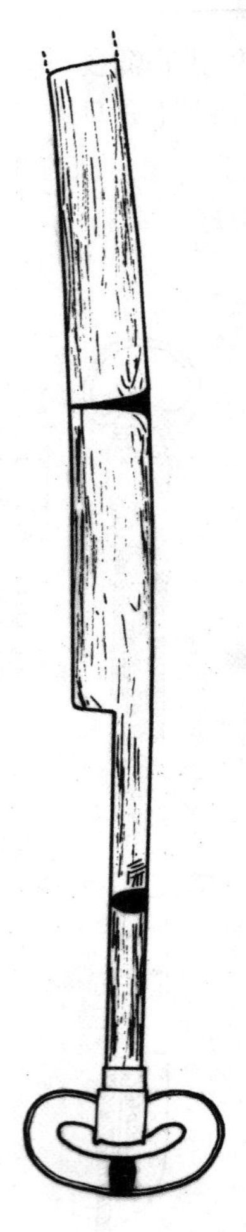

43. 战国　龙身提梁四足圆铜炉

名　　称：龙身提梁四足圆铜炉

时　　代：战国晚期

尺　　寸：通高 19.0 厘米，口径 20.4 厘米，底径 16.0 厘米

来　　源：1992 年山东省淄博市临淄商王墓地战国晚期墓出土

收藏单位：山东省淄博市博物馆

龙身提梁四足圆铜炉，整体为圆形带提梁炉。敞口，弧壁，浅腹，平底，四兽蹄足。在外腹中部四足之间各有一环钮，与双首龙身链索式提梁相连。结构复杂，纹饰精美，铸造工艺精湛。

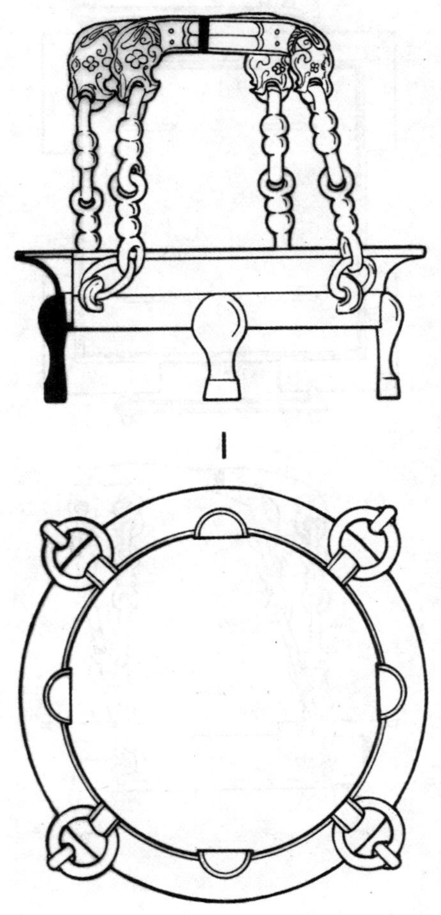

44. 战国　龙身提梁四足方铜炉

名　　称：龙身提梁四足方铜炉
时　　代：战国晚期
尺　　寸：通高 25.4 厘米，口边长 25.6 厘米，底边长 20.4 厘米
来　　源：1992 年山东省淄博市临淄商王墓地战国晚期墓出土
收藏单位：山东省淄博市博物馆

龙身提梁四足方铜炉，方形带提梁。敞口，直壁，浅腹，平底，四角各有一方形足。在口部四角各附一直角曲尺形外撇口沿，腹部相对的两侧均有两个环钮，与双首龙身链索式提梁相连。底部有四条长 3.6 厘米、宽 0.4 厘米的长方形通风口。

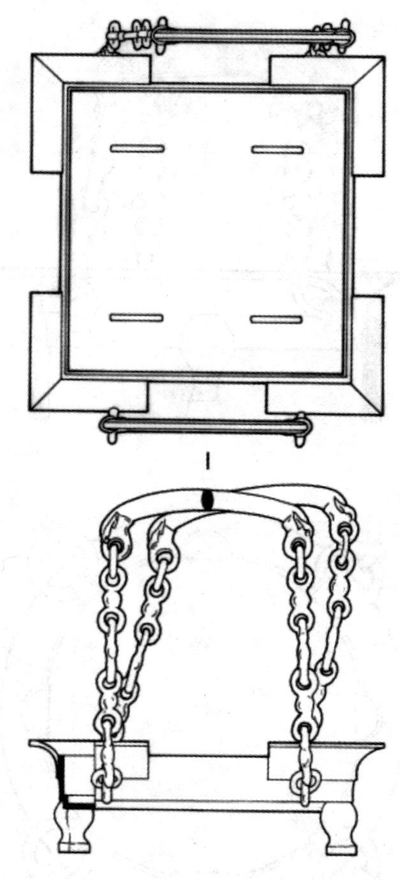

45. 战国　鎏金铜当卢

名　　称：鎏金铜当卢

时　　代：战国晚期

尺　　寸：长 8.6 厘米，宽 3.0 厘米，厚 0.9 厘米

来　　源：1992 年山东省淄博市临淄商王墓地战国晚期墓出土

收藏单位：山东省淄博市博物馆

鎏金铜当卢，呈倒三角形，表面凸出，依形饰半浮雕龙纹，龙首外向，二龙龙身呈对称形左右相互缠绕，呈“8”字形，从头至尾，由宽渐窄，背呈凹形，中部有一半环形钮。

铜当卢属车马器，是古代以穿带缚扎系于马首额部的饰品，质地以铜铸为主，造型形式多样，使马匹更加威武、雄壮，同时它也是主人地位、权力的象征。

当卢一般绑缚于马的额头中央偏上部，也就是马鼻革与额革部位交接处的饰品。当卢之“卢”通“颅”，即头颅，因位于马的头颅正中央，故曰“当卢(颅)”。当卢又名“钖”，《说文·金部》：“钖，马头饰也，从金阳声。”《晋书·舆服志》云：“钖在马面，所谓当卢者也。”

铜当卢在商代即已出现，西周及秦汉陆续流行，而且形制多样。商代晚期的当卢略呈圆形，背面有横穿钮，面微鼓。西周时期的当卢多作“Y”形，中间有一个圆泡，上端连铸两个岐角，下端垂一长方形鼻梁，背面有穿带的横钮，有的呈长条形，上部饰兽面，下部呈钩状。春秋战国、秦汉时期，铜当卢主要功能由防护马头颅，演变为单纯的马头装饰品，体积小而纹饰精美，外观造型也形式多样，有圆形、椭圆形、倒三角形等，装饰图案也较为丰富，并采取浅浮雕、镂空等多种雕铸技法。在装饰技法上，有的还使用鎏金包金工艺，不同国家的地域特色文化，使铜当卢形成异彩纷呈的风格特征。唐宋时期，由于受马具装“面帘”的影响，逐渐变为类似“面帘”的形状。我国各地出土的当卢数量较多，质地有铜、金、银等。

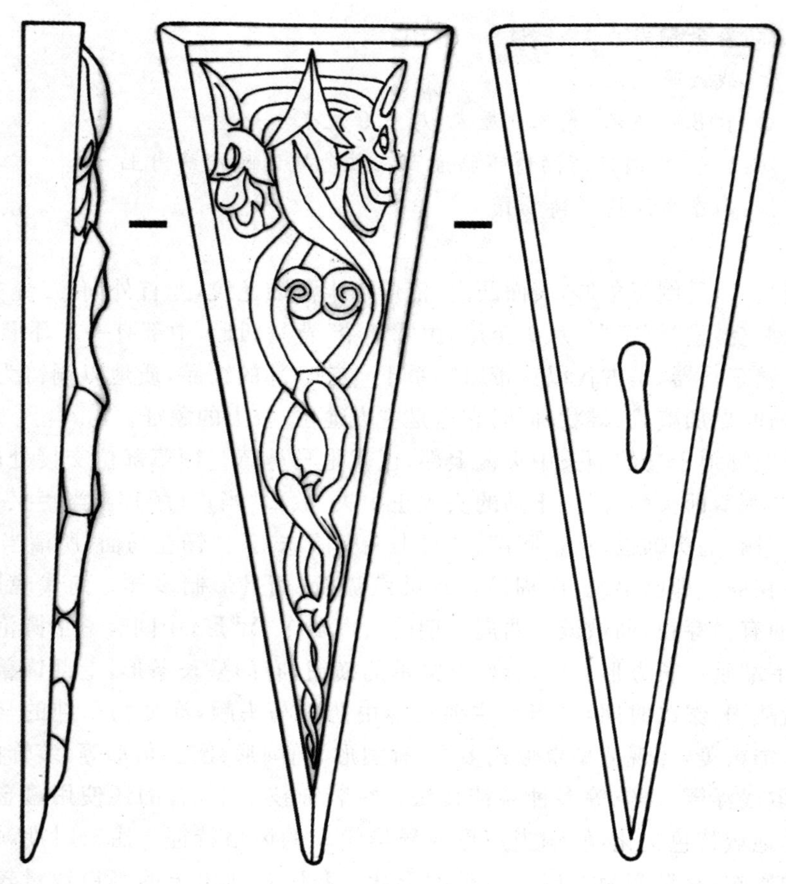

46. 战国　兽形铜器柄

名　　称:兽形铜器柄

时　　代:战国晚期

尺　　寸:通长 7.1 厘米,径 2.2 厘米

来　　源:1992 年山东省淄博市临淄商王墓地战国晚期墓出土

收藏单位:山东省淄博市博物馆

兽形铜器柄,属车马器。器柄上部呈圆筒状,前阔后狭,前端底侧有一穿,内镶铜销,后端有一兽头,圆目大耳,口衔圆环,耳颈饰一周贝形纹。

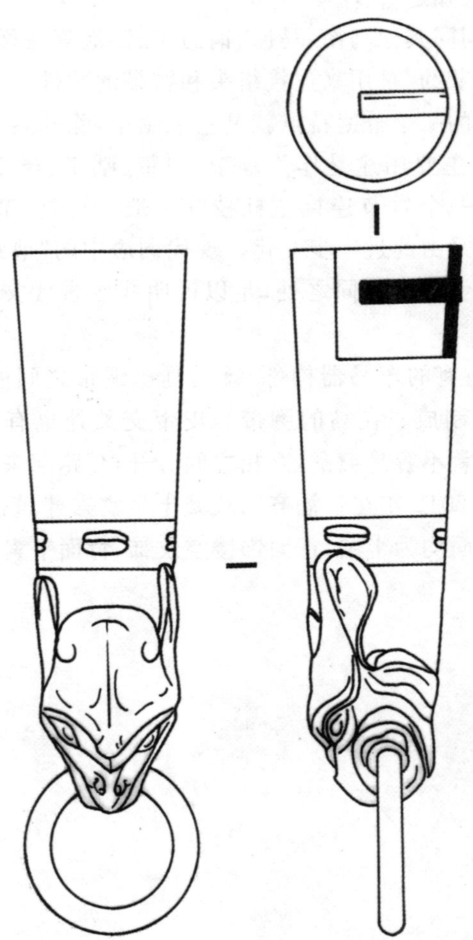

47. 战国　鎏金铜节约

名　　称：鎏金铜节约

时　　代：战国晚期

尺　　寸：高 1.8 厘米，上径 2.8 厘米，下径 2.5 厘米

来　　源：1992 年山东省淄博市临淄商王墓地战国晚期墓出土

收藏单位：山东省淄博市博物馆

鎏金铜节约，上部呈圆盖状，饰三周凹弦纹，下部为扁圆环，上下之间有四柱相连，每个节约之中都穿有“十”字形皮革带，皮革带四端从四个圆柱之间穿出。器表鎏金。

对于现代汉语中的“节约”一词，大家应该都不陌生，但是它同古代车马马具中的“节约”有关系，恐怕大多数人知之甚少。

其实最初“节约”一词同其他马衔、马镳、铜当卢、铜泡等一样，是车马器的一种，商代晚期就已经铸造成型。“节约”是用来连接络头和辔带的配件，综合众多考古文物资料中的记述，各式马具“节约”的一个普遍特点就是它形制小，除开装置，主要的部分是单个铜管或是交叉的形制，它的主要用途是作为颊带、项带、咽带、鼻带和额带的连接点。“节约”套在绳带上时就犹如一个竹节连接主杆枝叶一般。马具“节约”是竹节“节约”的借用，而其他众多的词义便又由此进一步变化。现代词语中的“节约”与古代实际功用上的“节约”虽然有天壤之别，但却有相同之处，足以说明我国古代文物对后世文化的传承与发展影响巨大。

铜节约是我国古代特有的车马器构件，既是马车绳带之间的连接件，也是马辔头中的连接器物，一般用青铜制成。在马的胸带等皮带交叉处也有节约，但造型多种多样。有了节约，马具中的绳带就不容易缠乱，互相之间分开，马跑起来不会被勒而受伤。

节约的形制很多，如 2012 年在临淄齐国故城十号宫殿建筑遗址出土的铜节约，便有直筒形和拐角形两种，截面均为半圆，正面饰镂空纹饰，背面平素无纹，设有长方形穿孔。

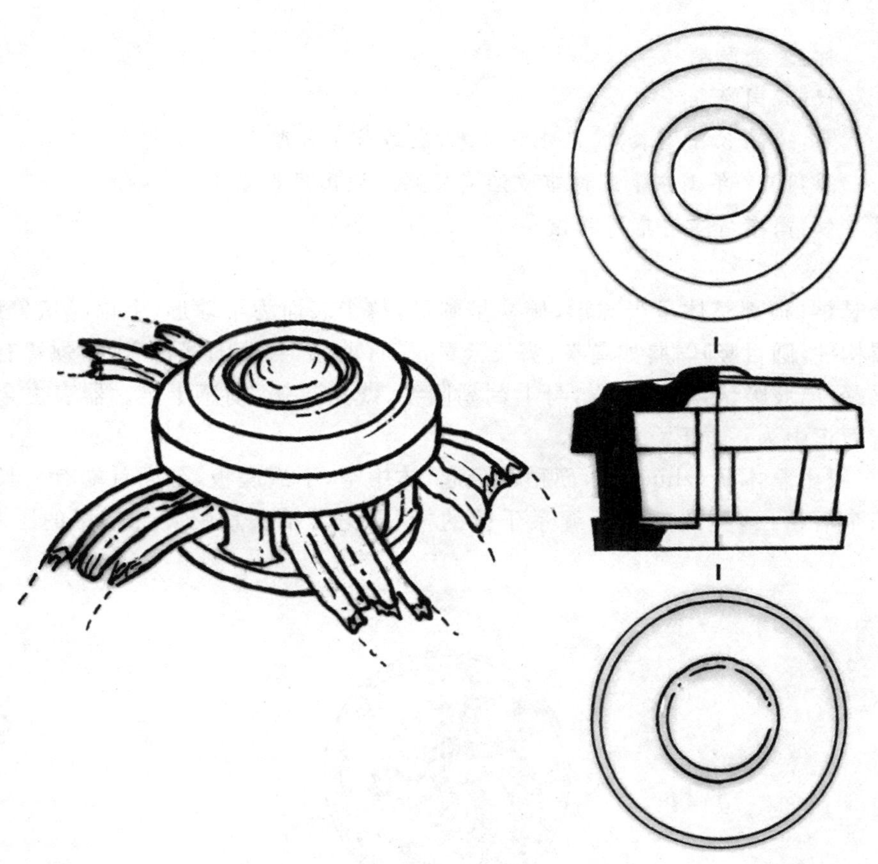

48. 战国　鎏金瑟枘(ruì)

名　　称:鎏金瑟枘
时　　代:战国晚期
尺　　寸:通高 3.8 厘米,圆径 4.5 厘米,底边长 1.8 厘米
来　　源:1992 年山东省淄博市临淄商王墓地战国晚期墓出土
收藏单位:山东省淄博市博物馆

鎏金瑟枘,顶部整体呈半球形,俯视呈圆形,整个表面为半球形,上饰跪伏兽纹。瑟枘为乐器构件,圆目竖耳,唇如鸟喙,头长云髻,昂首曲颈,身体随器物弯曲,颈背有长鬃,四肢如马蹄,前肢跪伏,后肢弓立,身上刻划阴线,线条流畅,动感十足。器表鎏金,熠熠生辉。背面正中为一方形立柱。

瑟,一般由整木斫(zhuó)成,面稍微隆起,体中空,下嵌底板,瑟面首端有一长岳山,尾端有三个短岳山,并装有四个缠系乐弦的枘,即为瑟枘。紧弦旋瑟枘用的工具为瑟轸钥。

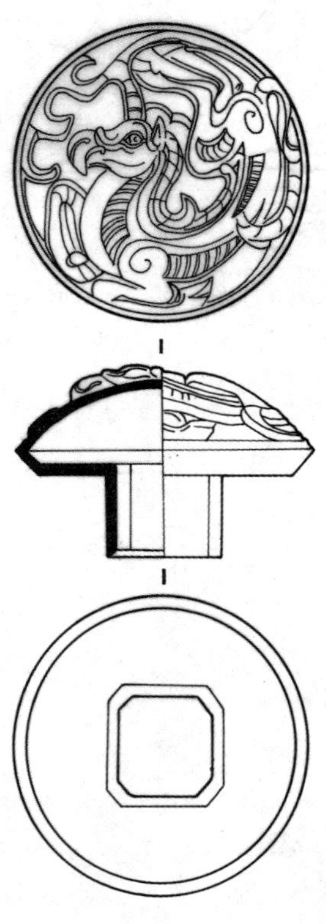

49. 战国 龙形铜瑟轸(zhěn)钥

名　　称:龙形铜瑟轸钥

时　　代:战国晚期

尺　　寸:高 13.3 厘米,宽 4.5 厘米,銎边长 1.5 厘米

来　　源:1992 年山东省淄博市临淄商王墓地战国晚期墓出土

收藏单位:山东省淄博市博物馆

龙形铜瑟轸钥,一端铸刻一蜷曲躬身龙形,劲足利趾,动作夸张,富有张力。形神备至,铸造精美,栩栩如生。中部为细长柄,柄下连接一方銎。龙张嘴露齿,双目圆睁,两耳向后,前肢扶按后肢膝部,后肢抓放于脖颈之上,修尾下收并经下颌贴于柄上方銎根部。

这件铜瑟轸钥以龙作为造型,在把握和实际运用中,巧妙合理地运用人体工程学原理,使之方圆凹凸有致,握于掌心饱满圆润。銎部制作规矩、精良,在设计和制造中表现出了较强的科学性、专业性,同时也是艺术性和实用性的完美结合。该件器物与江苏盱眙大云山江都王陵 M9、M10 陪葬坑出土的西汉瑟轸钥形制大小相仿。

轸是古琴上的常见部件,用以紧固乐弦。流传至今的唐宋全箱体古琴上皆有轸,出土的战国、西汉半箱体琴也多见有轸,琴以有轸为常制。西汉文献《韩诗外传》《列女传》中已记载了轸在琴上所起的作用,可知当时人已将琴上用以调弦的部件称为"轸"。而乐器瑟上则鲜见有轸。迄今为止,仅 2001 年山东章丘洛庄汉墓 14 号陪葬坑见有瑟轸,其他考古发现的战国、西汉瑟均未见,但其瑟轸的主要功能可能仅是用来张弦(固定弦),而不是调节音高。

瑟,古代弹弦乐器,其历史久远。据《仪礼》记载,古代乡饮酒礼、乡射礼、燕礼中,都用瑟伴奏唱歌。战国至秦汉之际盛行"竽瑟之乐"。魏晋南北朝时期,瑟是伴奏和歌的常用乐器。隋唐时期用于清乐。以后则只用于宫廷雅乐和丁祭音乐。《诗经·小雅·甫田》曰:"琴瑟击鼓,以御田祖,以祈甘雨,以介我稷黍,以谷我士女。"这是瑟见于古籍最早的记载,说明瑟至少有 3000 多年的历史了。孔子擅鼓瑟,常用来为诗歌伴奏。在当时,孔子鼓瑟是独立成家的,号称"孔门之瑟"。《周礼乐器图》记载:雅瑟二十三弦,颂瑟二十五弦,饰以宝玉者曰宝瑟 ,绘文如锦者曰锦瑟。《汉书·郊祀志上》曰:"泰帝使素女鼓五十弦瑟,悲,帝禁不止,故破其瑟为二十五弦。"后来瑟的制作渐精,用途更加广泛。在周代祀奉文王家庙里的一张瑟,上面系有染成朱红颜色的丝弦,底部有着疏朗的音孔,弹奏时能发出舒缓的声音来。

瑟的起源十分久远,在考古发现的弦乐器中所占的比重最大。它的出土地点集中在湖北、湖南和河南三省,并且绝大多数出自东周楚墓。其他如江苏、安徽、山东和辽宁等省,只有一点零星发现。

周、汉时期的古瑟,考古发掘中多有发现。湖南长沙浏城桥一号楚墓(约为春秋晚期

或战国早期)出土的瑟,是目前所知年代最早的实物。河南信阳、湖北江陵等地楚墓、湖北随州曾侯乙墓、长沙马王堆一号汉墓都出土有瑟,弦数在二十三至二十五不等,以二十五弦居多。

古瑟形制大体相同,瑟体多用整木斫成,瑟面稍隆起,体中空,体下嵌底板。瑟面首端有一长岳山,尾端有三个短岳山,还装有四个系弦的枘。首尾岳山外侧各有相对应的弦孔,另有木质瑟柱,施于弦下。

曾侯乙墓共出土瑟 12 具,多用榉木或梓木斫成,全长 150～170 厘米、宽约 40 厘米。通体髹漆彩绘,色泽艳丽。春秋至秦汉以来出土古瑟以数十计,但多残缺不全或柱位不详。唯长沙马王堆一号汉墓出土瑟保存完好,弦虽腐朽变质,但仍保持在原位上,柱的位置也比较清晰,为我们了解古瑟的张弦和调弦提供了直接的物证。此瑟二十五弦,由三个尾岳分成三组,计内九、中七、外九。内外九弦的柱位排列较为规则,定弦的音高相同;中七弦的柱位较为紊乱,但也隐约显示出,它与内九弦作音阶级进的连接。从各柱位有效弦长的比例推算,可知它按五声音阶调弦。上述古瑟至南北朝时期失传。唐宋以来文献所载和历代宫廷所用的瑟,与古瑟在形制、张弦、调弦法诸方面已有较大的差异。

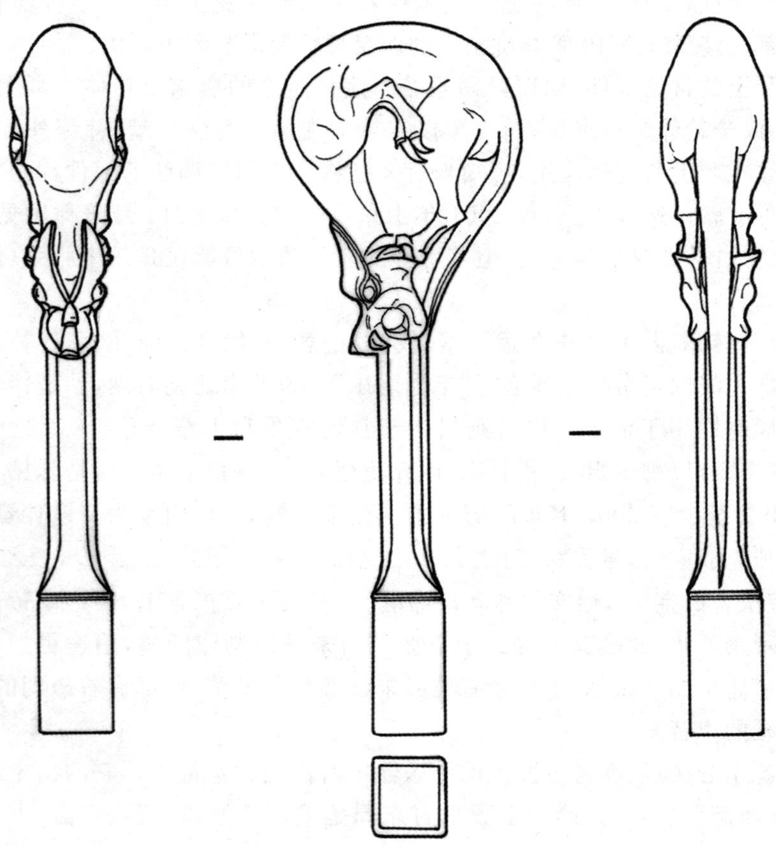

50. 战国 铜高柄灯

名　　称：铜高柄灯

时　　代：战国晚期

尺　　寸：高 19.6 厘米，盘口径 18.8 厘米，底径 15.6 厘米，足径 12.4 厘米

来　　源：1992 年山东省淄博市临淄商王墓地战国晚期墓出土

收藏单位：山东省淄博市博物馆

铜高柄灯，整体作豆形。灯盘为圆形，敞口，浅盘，平底。盘中央内有一锥形烛柱。高柄，中腰呈倒葫芦形隆起，喇叭形圈足。

中国现存最早的灯具应为战国时期的“镫”。在屈原《楚辞·招魂》中有“兰膏明烛，华镫错些”的记载，在用“烛”照明前将其外层沾涂上油脂，或在“烛”外层用布一类的东西缠绕后，再往里灌入油脂，可使灯亮得更为长久。这可能就是“兰膏明烛，华镫错些”的由来。在《史记·秦始皇本纪》中也有秦始皇入葬“以人鱼膏为烛，度不灭者久之”的记载。这说明战国时已出现“镫”这个名称了。周代的“镫”与“登”通用。东汉许慎《说文解字》曰：“镫，锭也。锭中置烛，故谓之镫。”西晋郭璞注《尔雅·释器》中便曰“木豆谓之豆，竹豆谓之笾，瓦豆谓之登。”郑玄注：“瓦豆谓之镫。”《尔雅·释器》曰：“《说文》云：镫，锭也，从金登声。徐铉曰：今俗别作灯，非是，晋郭璞云：礼器也。”古人把“镫”称“灯”，应是字义的假借。战国一些铜豆形灯自名为“烛豆”，为灯是由豆演变而来提供了佐证。

晋代郭璞注《尔雅·释器》中的“瓦豆谓之登”云：“即膏登也。”“瓦豆谓之登”即揭示了灯的形制最早是从豆演变而来这一历史事实。“登”字下从“豆”。豆作为我国先秦时期普遍使用的一种饪食器，形制一般类似高足盘，上部呈圆盘状，盘下有柄，柄下有圈足，这种特殊造型对于其作为灯具的使用，有着得天独厚的优越性，仅需在盘中附加一支钉便可将烛火固定，移动灵活且方便实用，而盘中支钉的出现也就成了区别灯和豆的主要标志。因此，可以说最早的、真正意义上的灯，应该由豆发展而来。迄今为止，我国考古发现最早的青铜“灯”的实物也出现在战国时期。

我国古代青铜灯造型丰富，基本外形为上部有用以盛或插烛的盘，中部有柄柱，下有底足。有的造型如雁腿，底座为雁足，称作“雁足灯”；有的圆盘下有三短足，盘边有把，或有銎插柄，称为“行灯”；有的铸成人形、鸟形、兽形等等。还有的周围有壁和可以开合的门，以便调节气流和照度，如河北满城汉墓出土的长信宫灯。

临淄商王墓地战国晚期墓共出土 4 件青铜灯，造型丰富多样，铸造精良，为对齐国青铜灯铸造、装饰艺术等方面进行全方位研究提供了有价值的实物资料。

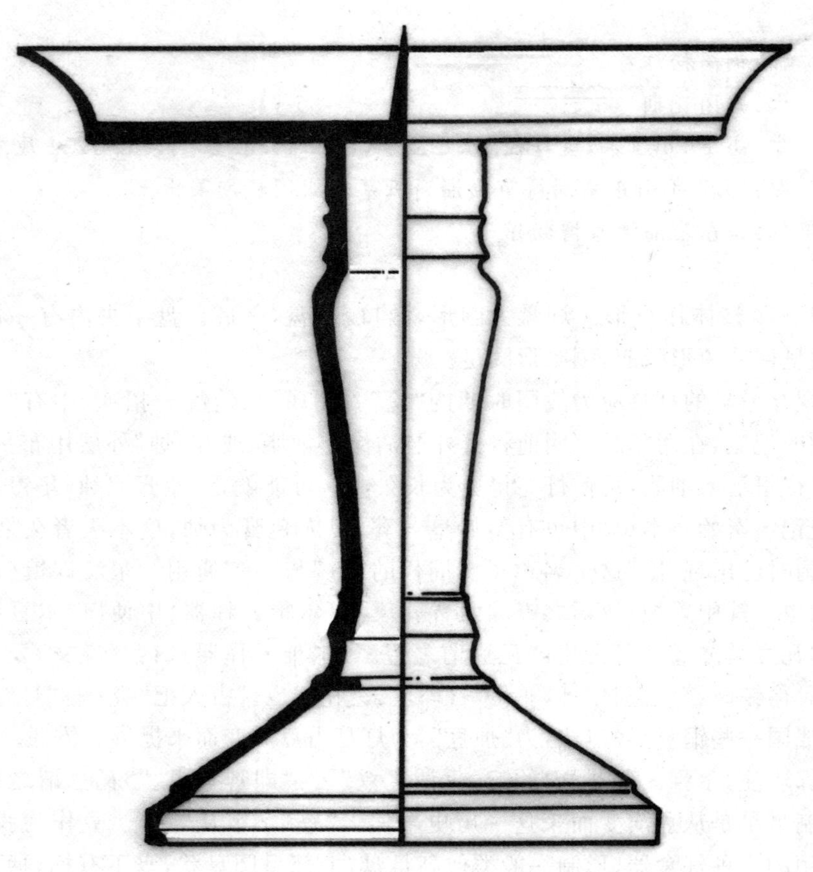

51. 战国 铜行灯

名　　称:铜行灯

时　　代:战国晚期

尺　　寸:高 4.8 厘米,口径 14.8 厘米,底径 11.4 厘米

来　　源:1992 年山东省淄博市临淄商王墓地战国晚期墓出土

收藏单位:山东省淄博市博物馆

铜行灯,龟形,敞口,弧壁,浅盘,平底略下凹。三矮蹄足,增强了放置的稳定性。盘中央有一锥形烛柱,盘侧有方銎,内镶木柄,方便行走时使用。

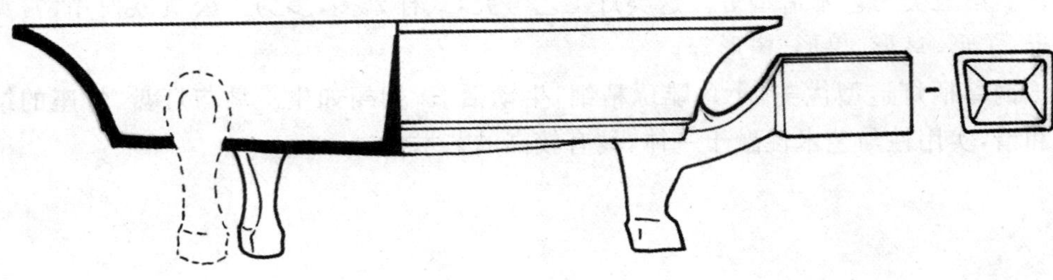

52. 战国　铜鸟柄灯

名　　称：铜鸟柄灯
时　　代：战国晚期
尺　　寸：通高 13.2 厘米，盘径 16.6 厘米，足径 11.8 厘米
来　　源：1992 年山东省淄博市临淄商王墓地战国晚期墓出土
收藏单位：山东省淄博市博物馆

铜鸟柄灯，整体作豆形，灯盘作圆形，敞口，弧壁，浅盘，平底略下凸，盘中央有一锥形烛柱。粗柄，中腰呈倒葫芦形隆起，喇叭形圈足。在盘底一侧伸出一圆柄，柄上铸一只小鸟，低首引颈，口衔盘沿，似在啄食盘中食物。双翅合羽，尾部上翘并呈扇形散开，用手把持手感舒适。鸟足用一可以转动的铜销固定于柄上。小鸟通体翎羽丰满，刻画纤细、精致，神形备至。

青铜灯现发现最早的为战国时期，秦汉时期铜灯广为流行。灯的式样很多，归纳起来，可分三类：一类是高座灯。上有浅盘，用以插烛或盛油，中间有柱，以便执掌，下面是灯座，以便稳放。另一类是行灯。浅圆灯盘，直口平底，盘下矮足，盘侧有执柄，多用于夜间导行。第三类为艺术造型灯。这类灯工艺考究，式样繁多，多为王公贵族使用，常见的有人形、羊形、鸟形、兽形、树形等。

该铜鸟柄灯造型优美，小鸟雕琢精细，生动活泼，栩栩如生。鸟与灯盘、灯座的结合自然和谐，实用性与艺术性融于一体，具有较高的艺术性。

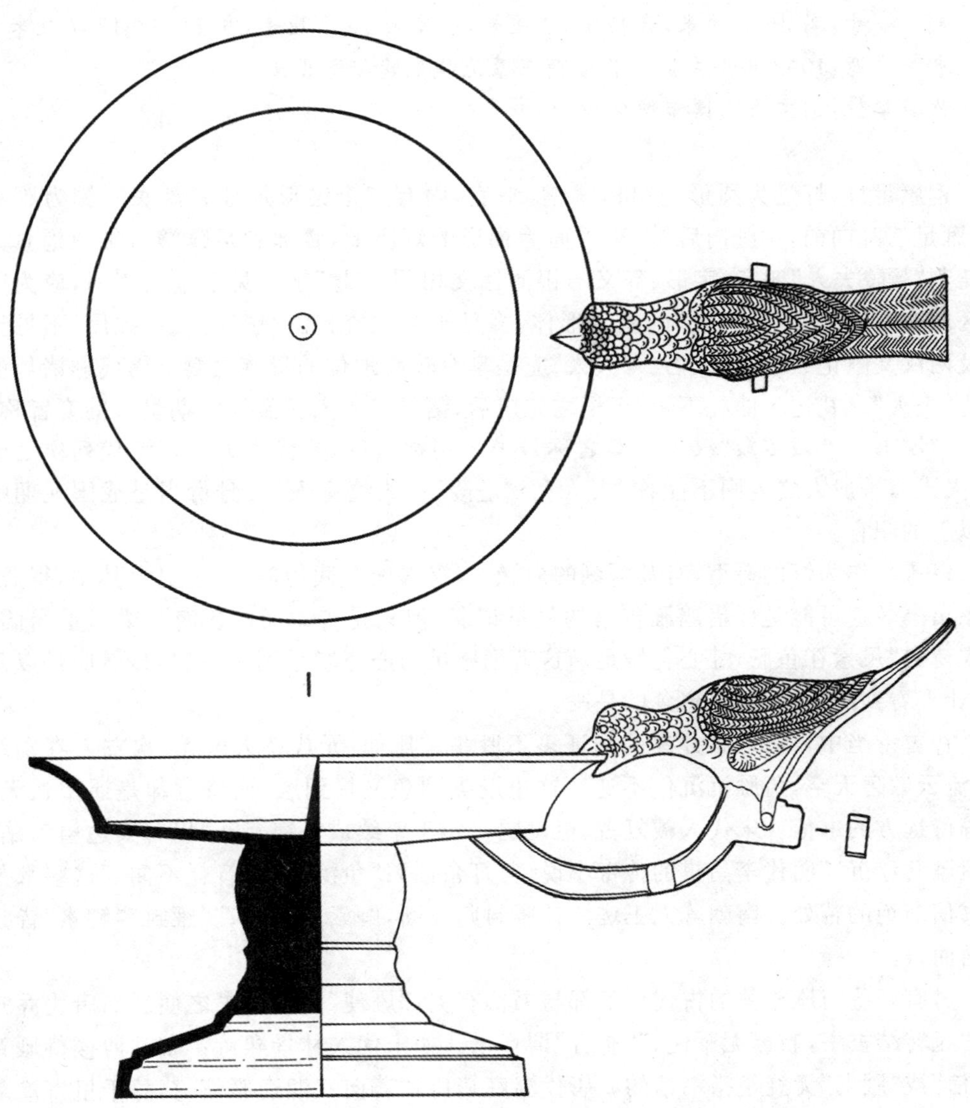

53. 战国　铜雁足灯

名　　称：铜雁足灯

时　　代：战国晚期

尺　　寸：高36.0厘米，盘径24.0厘米，底座长16.0厘米，宽11.0～13.7厘米

来　　源：1992年山东淄博临淄商王墓地战国晚期墓出土

收藏单位：山东省淄博市博物馆

铜雁足灯，灯盘为圆形，直口，浅槽，平底，内有三个锥形烛柱。盘底一侧为雁足形柄，雁足三趾向前，一趾向后，立于平面为梯形的灯座上，膝部和足蹼塑造细致逼真。底座铸刻“越陵夫人”四字，字形、释义与银匜铭文相同。“越”字不见于金文资料，应为齐国的区域文字。“陵”和“夫人”的铭文形体，多见于金文资料。“越陵”二字并用，不见于先秦及两汉文献记载，应为人名。“夫人”应是享有较高地位的贵族之妻。周代称诸侯的妻子为“夫人”，《礼记・曲礼下》：“天子之妃曰后，诸侯曰夫人。”秦汉时期皇帝的妾皆称“夫人”。《汉书・外戚传》：“汉兴因秦之称号……嫡称皇后，妾皆称夫人。”汉代列侯之妻也称“夫人”，一般人之妻则不能称“夫人”。“越陵”应为墓主人，其身份当是战国晚期卿大夫以上的职官。

以雁足作为灯的造型，有其深刻的内涵。《汉书・苏武传》：“天子射上林中，得雁，足有系帛书。”这可能是凭借鸿雁传书的最早记载，但只是传说而已。南朝梁人王僧儒《咏捣衣诗》：“尺素在鱼肠，寸心凭雁足。”这就把雁足与心意联系到了一起，显然应是以足代身，让人看到的是雁足，而想到的是雁。

在古诗当中，将鱼、雁并提的例证多不胜举。比如：元代诗人宋无《次友人春别》诗：“波流云散碧天空，鱼雁沉沉信不通。”这里既提到鱼又提到雁，而诗意却是遥望长天，苦苦等待远方的书信。宋代人戴复古《祖妣题二句于壁续成一律》诗：“伊昔天边望藁砧，天边鱼雁几浮沉。”明代李昌祺的传奇小说《剪灯余话》：“鱼沉雁杳，音耗不闻。”这些都是在说书信断绝的苦处。南朝陈人王瑳诗：“雁封归飞断，鲤素还流绝。”“雁封”“鲤素”皆是指书信而言。

另有一些与雁相关的古代词汇都与书信有关：“雁使”是指传书之使。如唐代乔知之诗：“宛转结蚕书，寂寥无雁使。”“雁音”谓音讯。如宋代人林景熙诗：“寂寞西楼待雁音。”“雁信”或“雁书”无疑是指书信的。唐代温庭筠诗：“若向三湘逢雁信，莫辞千里寄渔翁。”刘孝威诗：“雁书犹未返，角马无归年。”此外，还有“河鱼天雁多消息”“鸿来雁度无消息”等等。在交通不便的古代，书信是唯一联系远方亲友的感情纽带，见信如见面。

以雁足为形，寓意深刻，表达了对远方亲人的思念之情。

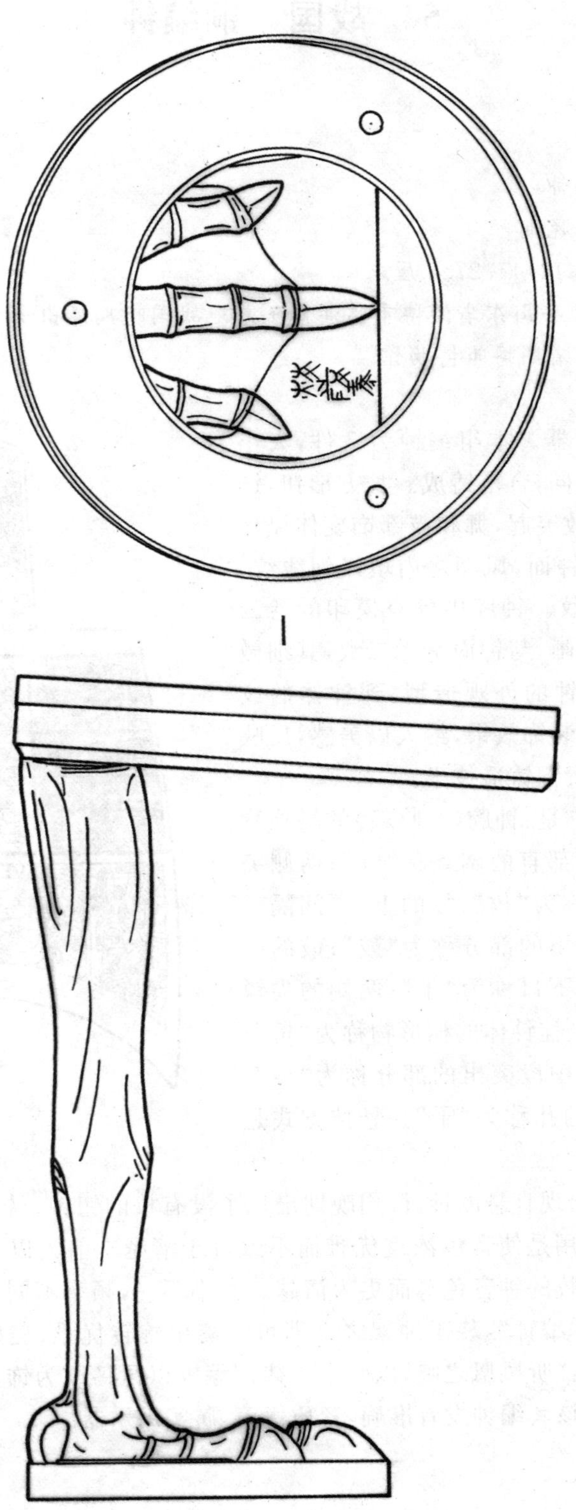

54. 战国　铜编钟

名　　称：铜编钟
时　　代：战国晚期
尺　　寸：通高 11.4～27.5 厘米
来　　源：1992 年山东省淄博市临淄商王墓地战国晚期墓出土
收藏单位：山东省淄博市博物馆

铜编钟，打击乐器。本组编钟为 7 件，大小相次，形制和纹饰相同，合范铸成。长方形钮，铣部内敛，于作弧形，枚突起，舞和鼓部饰变体凤鸟纹，羽尾勾卷，突出钟面，凤羽之内填以细线纹、羽状重环纹及圆圈纹。钟腔内壁有模印的卷云纹和凤鸟纹，纹饰清晰，与钟面毫无二致，其细微之处甚于秋毫。从钟的外观造型，到钟体的纹饰，都有很强的艺术装饰效果，给人以美感，反映了当时齐国高超的青铜铸造技术。

钟的各部位名称是：钟腔（共鸣箱）的平顶称为“舞”；正背的中上部直的阔条称“钲”；两侧突出的三十六枚乳钉称为“枚”；枚的上、下间隔部分称“篆”；枚和钲以下的部分称为“鼓”；鼓的中间称为“遂”；弯曲的下口称为“于”；两侧的尖锐部分称为“铣”。舞上挂钟体的柄形物称为“甬”；甬的顶称为“衡”；甬中段突出的部分称为“旋”；旋上用以悬挂钟钩的孔称为“干”。悬挂方式是倾斜的。

西周中期开始出现直悬的钟，西周晚期出现了没有枚的钮钟。钟体的横截面作椭圆形，下口平。枚的作用是使音色浓重优雅而不致过于清越。前人以为钟枚用以校音，实验证明是不对的，无枚的钟音色薄而更为清越。大小不一，频率不同的钟连列在一起，成为可奏的音阶，称为“编钟”，装于钟架之上即可演奏出婉转优雅、美妙动听的曲子。《吕氏春秋·古乐》篇云：“听凤凰之鸣，以别十二律。”编钟以凤鸟纹为饰，当与此有关。据古乐器专家实体测定，该套编钟发音准确，音质优美，属实用乐器。

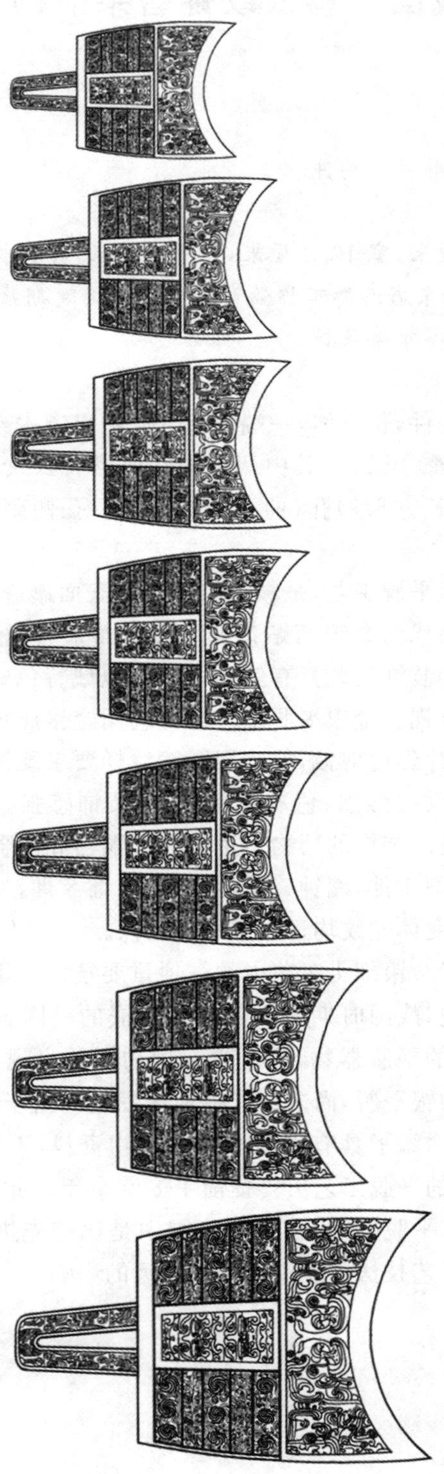

55. 战国　卷云纹钟磬架铜构件(一)

名　　称:卷云纹钟磬架铜构件
时　　代:战国晚期
尺　　寸:长 14.2 厘米,宽 10.3 厘米,厚 6.2 厘米,卯孔长 7.1 厘米,宽 2.2 厘米
来　　源:1992 年山东省淄博市临淄商王墓地战国晚期墓出土
收藏单位:山东省淄博市博物馆

该卷云纹钟磬架铜构件,长方体,一端有长方形銎以镶木架横木,另一端饰蝴蝶形卷云纹。其余四面,有三面饰卷云纹,其中两面饰几何形卷云纹。在每面纹饰四周均饰宽带弦纹,无纹饰的一面有长方形卯孔(卯孔处有残失),孔侧刻"越陵夫人"四字。纹饰采用的是银平脱工艺。

青铜器装饰中的金银平脱工艺,是髹漆与青铜器表面镶嵌的一种复合技术。金银平脱技术是由最早出现于商代的金银箔贴花技术发展而来后,经由战国、汉代较长时期的发展不断趋于成熟。这种装饰工艺具有鲜明的齐国地域特色,过去因未发现实物资料而没有引起研究者足够的重视。金银平脱工艺也是利用金银质地具有良好延展性特点,经反复捶打成薄片,将金银片经过剪裁,并按照图案纹样要求雕凿錾花,然后运用贴金工艺将纹样粘贴于器身之上,反差强烈,色彩绚丽夺目,装饰感强。临淄商王村一、二号战国墓出土的采用金银平脱技术装饰的器物多达 11 件,铜器和漆器均为银平脱,而铁削为金平脱。其中漆盘 2 件,铁削 1 件,编钟、编磬木构架铜饰 8 件,均出土于二号战国墓,其上装饰的宽带纹、卷云纹和变体龙纹均运用银平脱工艺。

金银平脱是我国古代金银细工工艺中的一项重要技术。学术界普遍认为,真正的平脱工艺最迟至汉代才出现,战国时期的漆器外缘镶嵌的一圈金银扣,是平脱的最原始状态,并指出以金属为器胎的平脱器物,应至少在唐初开始出现。而作为具有齐国特色且独有的青铜器装饰工艺的银平脱,尚未在其他地区发现。由于在临淄商王村战国墓中出土了银平脱器物,为齐国增添了具有确凿纪年的实物资料,不仅将该工艺的历史推至战国时期,还将金属为漆胎的平脱工艺历史提前了 800 余年。此发现充分说明战国晚期的齐国就已经熟练地掌握了平脱技术,在东周诸国中是比较先进和发达的,这对后世进一步发展和完善这一装饰工艺技法产生了积极和深远的影响。

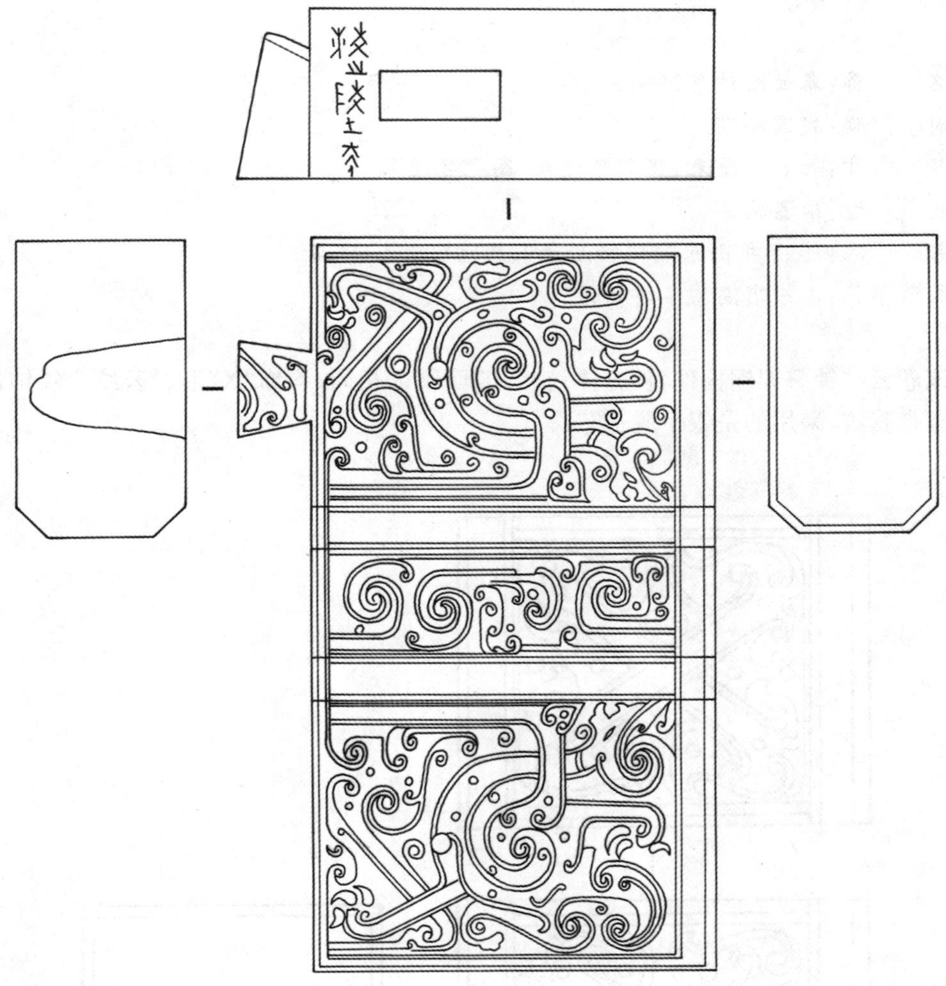

56. 战国　卷云纹钟磬架铜构件(二)

名　　称:卷云纹钟磬架铜构件
时　　代:战国晚期
尺　　寸:长 8.5 厘米,宽 7.2 厘米,高 7.2 厘米
用　　途:乐器构件
来　　源:1992 年山东淄博临淄商王墓地出土
收藏单位:山东省淄博市博物馆

该卷云纹钟磬架铜构件,长方体筒状,四面纹饰相同,均饰"X"形卷云纹。纹饰四周均饰宽带弦纹,采用的是银平脱工艺。

57. 战国 铜汲酒器

名　　称:铜汲酒器

时　　代:战国

尺　　寸:通高 65.4 厘米,柄外径 1.4 厘米、内径 0.8 厘米,球形器腹径 7.2 厘米,底径 3.6 厘米,长方孔长 0.7 厘米、宽 0.4 厘米,圆孔径 0.4 厘米

来　　源:1992 年山东省淄博市临淄商王墓地战国晚期墓出土

收藏单位:山东省淄博市博物馆

铜汲酒器,竹管形中空长柄,下接平底,中空,形如苞蕾的球形器。长柄如四节竹竿形。上、下各饰一周箍状纹,柄端封闭并饰龙首衔环。球形器表饰苞蕾式荷纹,荷瓣突出,极具立体感。在龙首之下第二竹节处有一小长方形孔,球形器底部中央有一圆孔,两孔相互贯通。从造型和装饰看,汲酒器以近乎超写实的手法,刻画出形象逼真的竹节和含苞待放的苞蕾,尽管器物为青铜铸造,但给人以挺拔、轻盈、亭亭玉立之感,具象的竹、荷与抽象的龙首衔环形成了和谐完美的统一体。

该汲酒器出土后,由于考古资料中未见相类器物,故对于它的确切用途,一时难以确认。从当时发掘情形看,该器与银盘、银勺、银耳杯和铜钵、铜匕、滑石耳杯等饮食器均位于墓葬东北部的棺椁之间,并无其他用途的器物,推测它应是与饮食有关的器物。从竹节长柄上部的龙首衔环和荷蕾底部的平底分析,应是柄部在上、荷蕾在下竖直使用,不用时还可悬挂。在实际操作的物理实验中,将其下部苞蕾状球形体竖直放入水中,发现水由底部圆孔进入苞蕾器内,这时空气则由方孔排出。当水进入球体时,用拇指紧按方孔提起,球内之水无任何滴漏。松开拇指,空气由方孔进入器体,被汲取之水则缓缓落下。经反复实验表明,这件汲酒器的汲取功能是巧妙利用了大气压强的原理,通过器内水压和器外大气压的共同作用,使水被汲起或排出。当水被汲起时,器内水压小于器外大气压,当拇指移开排气孔后,器内和器外的大气压力相互抵消,水则以自身的压力流出。与之相类器物见于春秋战国时期的尹喜《关尹子・九药》中的记载:“瓶存二窍,以水实之,倒泻;闭一则水不下,盖不升则不降。”并说:“井虽千仞,汲之水上,盖不降则不升。”这里所指的“瓶”,不仅上、下也有两个孔,且工作原理与铜汲酒器相同。后面这段话也明确指出了水能否流出是由于外部空气的作用。这也是目前在文献中所能查到与该汲酒器相类的最早的器物。

经过对该器进行水容实验,其最大容量为 240 毫升(水位达到方孔处时),水位在苞蕾上方箍状处时容量为 200 毫升。而同墓与之放置一起同时出土的银耳杯、银和铜耳杯等饮食器的容量大多在 230～500 毫升,是汲酒器容量的 1～2 倍,即一般饮酒器汲取一次或两次便可。以该墓与之同时出土的酒浆实物和饮酒器表明,该汲取器应为汲酒之器。

该汲酒器完美地集科学性、艺术性、实用性于一身,制作技艺高超,构思巧妙。据悉,迄今全国只有两件(另一件为江苏盱眙大云山汉墓出土),是不可多得的古代青铜艺术精品,是古人对大气压强这一物理现象的认识和利用的有力佐证。它较之1654年欧洲著名的“雷根斯堡”实验,要早近2000年,这充分反映了齐人超凡的智慧和卓越的才能,体现了人们对自然科学原理的认识并创造性地在生活中加以利用。

齐国当时普遍使用的贮酒器以铜壶为主,口小腹深,倾倒取用不便,汲酒器的发明使用无疑彻底解决了这一难题。该汲酒器尽管为青铜铸造,但由于设计合理,铸造工艺高超,器壁较薄且中空,大大减轻了整器重量,给人以挺拔、轻盈之感。在功能上操作简单,在使用中手指的一按一松,看似简单的操作,却具有较高的科技含量。闲置时挂于墙壁不仅节省空间,还具有较强的装饰效果,是我国古代酒器中的非凡佳作。

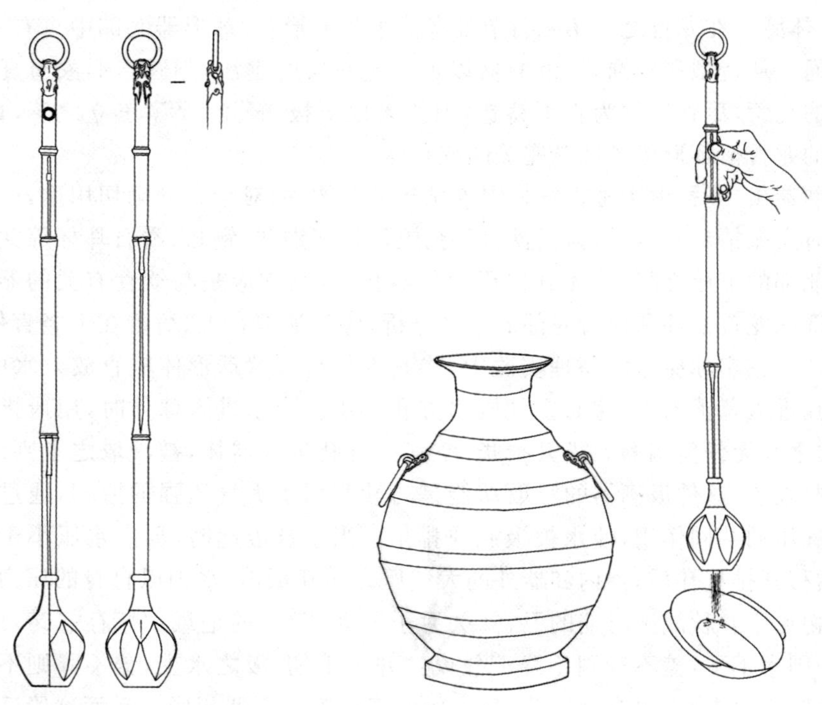

58. 战国　铜熏炉

名　　称：铜熏炉
时　　代：战国晚期
尺　　寸：高 8.2 厘米，盖径 8.0 厘米，口径 7.4 厘米，足径 6.7 厘米
来　　源：1992 年山东省淄博市临淄商王墓地战国晚期墓出土
收藏单位：山东省淄博市博物馆

铜熏炉，敛口作子口，腹微鼓，下腹内收，圜底，圈足外撇。腹部饰一周宽带弦纹，并有一对铺首衔环，外底部有"十"字形铸疣。弧顶盖，盖沿内折作母口，上铸一透雕弯曲盘绕的龙，中间有一鼻钮。在齐国战国晚期墓葬中较为少见。

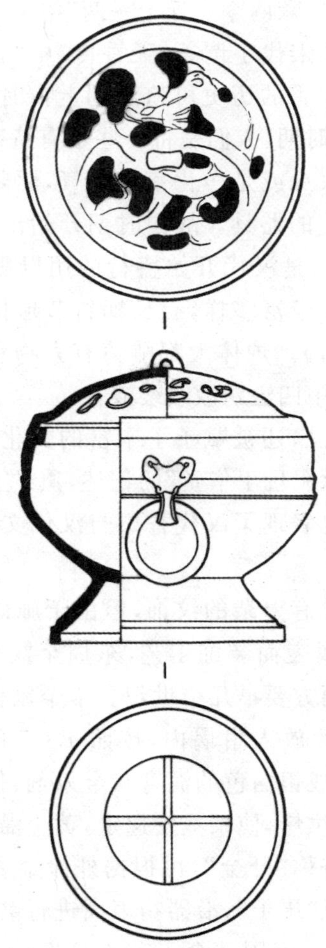

59. 西汉　鎏金铜熏炉

名　　称:鎏金铜熏炉

时　　代:西汉早期

尺　　寸:通高14.3厘米,口径9.2厘米

来　　源:1978年山东省淄博市临淄大武西汉齐王墓陪葬器物坑出土

收藏单位:山东省淄博市博物馆

鎏金铜熏炉,盖为弧形,顶饰一环钮,周围透雕盘龙两条,纹饰形象生动。龙身卷曲、盘绕,遒劲有力,首尾相接,线条雕刻细腻、婉转、流畅。子母口,鼓腹,起一周浅带纹,饰一对铺首衔环。柄形座,中部微凸,底呈圈足状。座底外缘錾刻“左重三斤六两今二斤十二两”铭文,以下尚有多字,均已模糊不清。同时出土的另一件鎏金熏炉藏于山东临淄齐文化博物院,腹部刻有“左重三斤六两今三斤十一两”铭文。

我国古代香薰历史悠久,从宋代丁谓著《天香传》中“香之为用从上古矣。所以奉神明,可以达蠲洁”的记载表明,用香的历史可追溯到上古时期。它既可用来供奉神明,亦可达到辟秽清洁的目的。先秦时期,人们是将一些带有特殊气味或芳香味的植物直接焚烧,利用焚烧时的烟气来驱逐蚊虫或是净化室内空气,驱除浊气,以达到除潮祛湿、强身健体的功效,少见专门用于熏香的器具。战国时期开始出现铜制熏炉,但可供参考资料不多。熏炉也称“香炉”“熏笼”,是汉代开始盛行的用以熏香的焚香用具。制作材料有陶、铜、瓷等多种质地之分,造型丰富多样,有长柄竹节形柄熏炉、短柄座熏炉等,熏炉盖上均镂空,以便通气,使烟香外溢。炉体大都雕铸有人物和龙、虎、猿等动物。在熏炉内焚香,透过器盖上的孔洞,向空中四溢飘散缕缕清香。

汉代薰炉不只作为生活用品,还被赋予了丰富的文化内涵。梁昭明太子在《铜博山香炉赋》中有“信名嘉而器美,永服玩于华堂”的记述,熏炉上的精美装饰纹样已经超脱了简单的生活用品,其造型艺术也表现了汉代香薰与汉代文化,尤其是与仙道思想有着深刻的联系。

这件鎏金熏炉造型简洁,没有繁杂的纹饰,但由于施以鎏金,看起来光芒四射,耀眼夺目。鎏金,是起源较早的金属表面装饰工艺,东周至汉代颇为流行并一直沿用至今。鎏金在我国的发明并使用,比西方要早几个世纪。鎏金制作程序分煞金、抹金、开金和压光等几个过程:首先把黄金碎片放入坩埚内,按照1∶7的比例注入水银加热,温度至400℃左右时熔融在水银中,制成银白色的泥膏状金汞剂,俗称“金泥”;然后,将金泥蘸以盐、矾等涂于铜器上,再在火上烘烤,使汞蒸发逸走,黄金滞留器表,此时器物表面颜色由银白色转为金黄色,这一过程俗称“开金”,可根据外涂金属的厚薄需要,反复进行;最后是整理压磨,用玛瑙或玉石制成“压子”,沿器物表面进行磨压,使镀金层致密、粘接牢固,最终达到金光灿灿的视觉效果。齐国鎏金工艺十分发达,在青铜器装饰中应用较为广

泛。据统计，临淄商王墓地战国晚期墓中出土的鎏金铜器达百余件，有鎏金鼻形器、鎏金兽首龙身形铜泡、铜节约等，均通体鎏金。汉代齐国是临淄地区经济发展的又一鼎盛时期，鎏金作为青铜器装饰的主流工艺，得到更为广泛的应用。临淄大武西汉齐王墓陪葬器物坑出土了大量的鎏金青铜器，仅鎏金铜节约、车軏、车軎、铜泡等就多达数百件，另有鎏金舆冒饰、虎首形饰、弩机、熏炉等，体现出齐国高超的鎏金工艺制作水平。

该熏炉整个造型圆润、流畅，高贵大气，灵巧而端庄，手感滑顺，具有婉约之美。制作工艺精良，在同类器物中属精品之作，可与广州汉墓出土的同一时期的鎏金熏炉相媲美。通体鎏金，增强了视觉冲击力，使其更加富丽堂皇，有着较高的的艺术装饰效果。

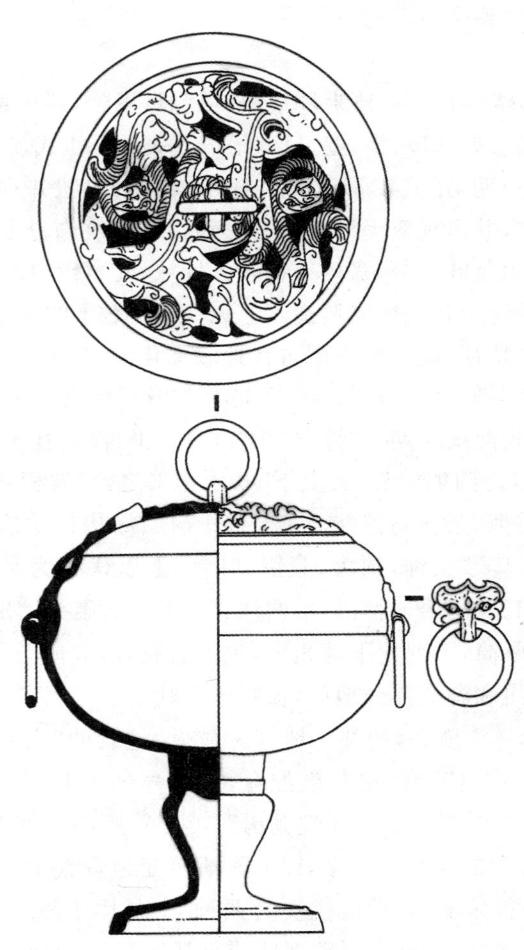

60. 西汉　铜錞(chún)于

名　　称：铜錞于

时　　代：西汉早期

尺　　寸：通高 49.5 厘米，径 24.7～27.2 厘米

来　　源：1978 年山东省淄博市临淄大武西汉齐王墓陪葬器物坑出土

收藏单位：山东省淄博市博物馆

铜錞于，筒形，顶部略鼓，无盘，铸半环形钮。宽肩，束腰，器体素面无纹饰。

铜錞于大致由钮、盘、头(肩)、腰、隧、口部组成。铜錞于钮式多样，并随时代的变化而变化：春秋晚期至战国中期，钮式丰富，虎钮、环钮、桥钮、兽钮并存；战国晚期到汉代，虎形钮成为最常见的钮式，并出现双虎形钮与马形钮。器体纹饰也丰富多彩，錞体纹饰有圆涡纹、云雷纹、夔纹、三角蕉叶纹等；盘内纹饰有人面纹、花蒂纹、船鱼纹、梭纹、钱纹。錞于的纹饰在一定程度上反映了各地区的铸造工艺以及使用錞于的民族的生活习惯和意识形态。从风格多样的纹饰特征，能看到中国古代地域文化的多元性和丰富性。

铜錞于是我国古代铜制打击乐器。錞于，亦作“錞釪”“錞”。关于錞于的记载，始见于春秋时期，盛行于战国到两汉时期。“錞于”一名，最早出自《周礼・地官・鼓》：“以金錞和鼓。”郑玄注：“錞，錞于也。圆如碓头，大上下小，乐作鸣之，与鼓相和。”《国语・晋语》中云黄池之会：“(吴)王乃秉枹，亲就鸣钟鼓、丁宁、錞于、振铎，勇怯尽应。”《太平御览引乐书》说：“錞于者，以铜为之，其形象钟，顶大，腹撑，口弇，上以伏兽为鼻，内悬子铃铜舌，凡作乐，振而鸣之，与鼓相和。”《国语・晋语》韦昭注：“錞于形如碓头。”出土的錞于外形大多与文献记载相吻合，形如圆筒，上部比下部稍大，顶上有钮，唯腔内无子铃铜舌。已发现的錞于，多出于春秋以来四川和湖北部分地区，流行于汉代。

据记载，商周时期，錞于就是《周礼・地官・鼓人》记载的“六鼓四金”之器。“击鼓鸣金”中的“四金”为錞于、镯、铙、铎，多与鼓配合，用以号令军士。《淮南子・兵略训》中记载：“两军相当，鼓錞相望。”古代巴人“天性劲勇”，英勇善战，錞于所发“清响良久”“声震如雷”的乐音，正是这一特点的印证。后来，錞于逐渐转变为贵族田猎和部落欢宴时的打击娱乐之器。錞于作为一种乐器，其功能主要有两种：一是用于战争，即作战时将錞于与编钟、铜钲或铜鼓等配合使用，以此来调动部队或鼓舞士气；二是用于诅盟、祭祀等重大礼仪活动。

目前，考古发现年代最早的錞于，分别出自山东沂水刘家店子和安徽宿县芦古城子，均为春秋中期。刘家店子錞于有绹索状环钮，无盘。

该件铜錞于对研究汉代齐国与吴越、巴蜀等地区的文化交融有着巨大意义。

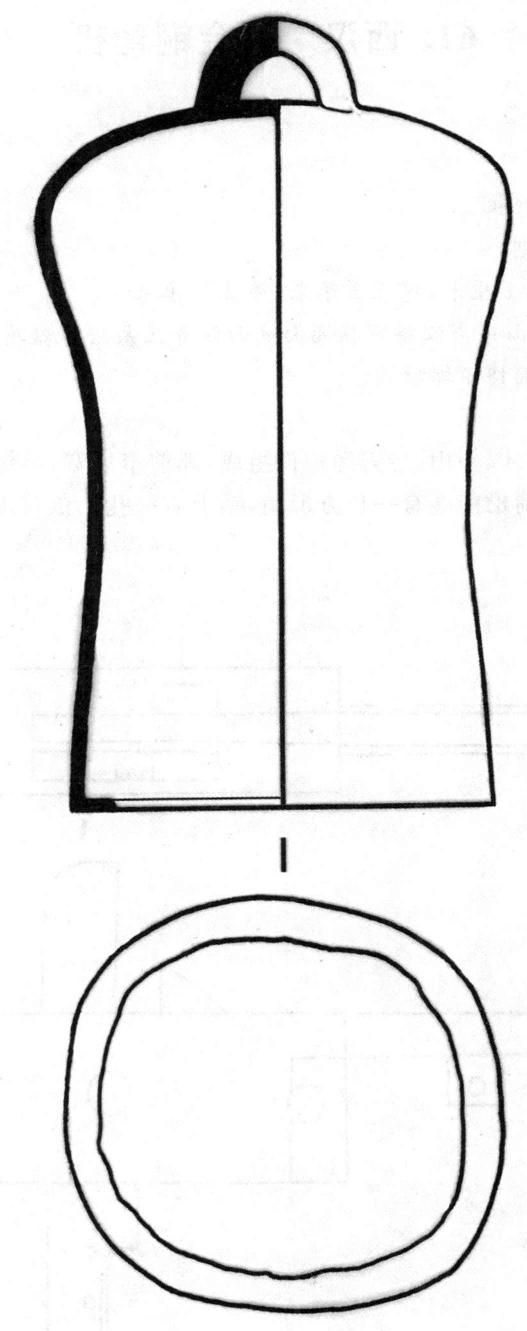

61. 西汉　鎏金铜弩机

名　　称：鎏金铜弩机
时　　代：西汉早期
尺　　寸：郭长 14.1 厘米，宽 3.7 厘米，厚 2.8 厘米
来　　源：1978 年山东省淄博市临淄大武西汉齐王墓陪葬器物坑出土
收藏单位：山东省淄博市博物馆

鎏金铜弩机，由郭、牙、望山、悬刀等构件组成，郭前窄后宽，上铸箭槽，郭面和悬刀鎏金，悬刀有八个镂孔。箭槽前端有一长方形销，销上有一孔。该墓出土了大量鎏金弩机，这在各地考古中较为少见。

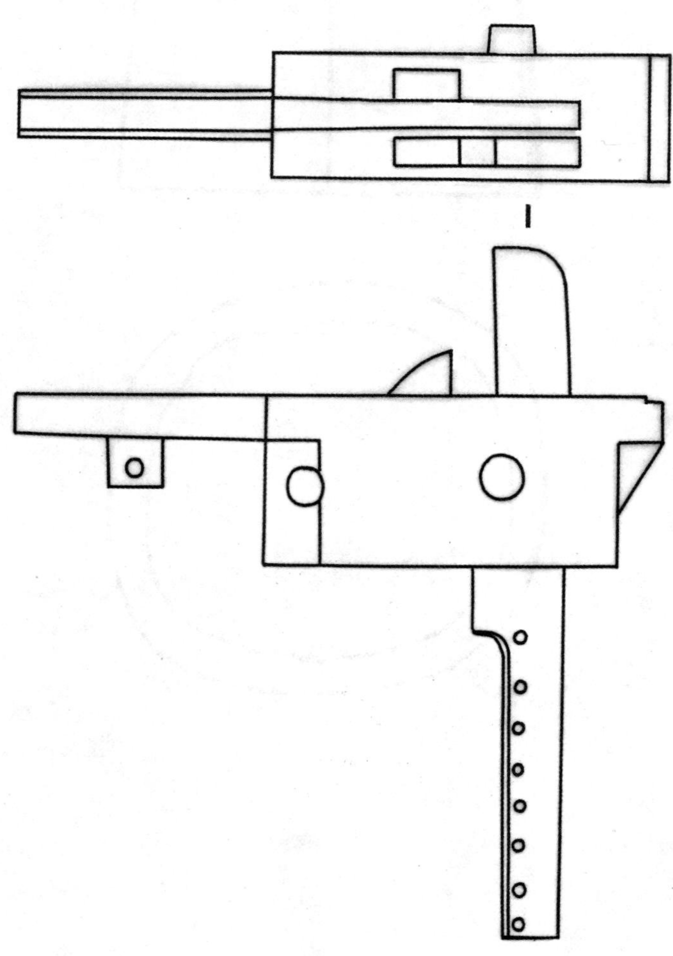

62. 西汉　铜鸡鸣戟(jǐ)

名　　称:铜鸡鸣戟

时　　代:西汉早期

尺　　寸:通长 51.0 厘米,通宽 37.0 厘米,援长 18.0 厘米,镦长 13.8 厘米

来　　源:1978 年山东省淄博市临淄大武西汉齐王墓陪葬器物坑出土

收藏单位:山东省淄博市博物馆

铜鸡鸣戟,尖峰,长援上翘,上刃锋利,下刃有两个棘刺,长胡四穿,胡上有一棘刺,阑外近内处有一管形柲帽。长条内上翘,上有一长条形穿。筒形镦,中部饰凸带纹一周,銎如杏仁状,柲已朽,戟、镦组合总长达 2.9 米。戟援与内左右向上扬起,犹如雄鸡昂首翘尾,引颈啸鸣之状,故取名"鸡鸣戟",亦称"雄戟"。

鸡鸣戟是我国古代独有的兵器。实际上戟是戈和矛的合成体,它既有直刃又有横刃,呈"十"字或"卜"字形,因此,戟具有钩、啄、刺、割等多种用途。戟是戈、矛合一的器物,但其杀伤能力胜过戈和矛。由于属于长兵器,作战挥舞半径大,一般与战车匹配才能在战场上发挥重要作用。

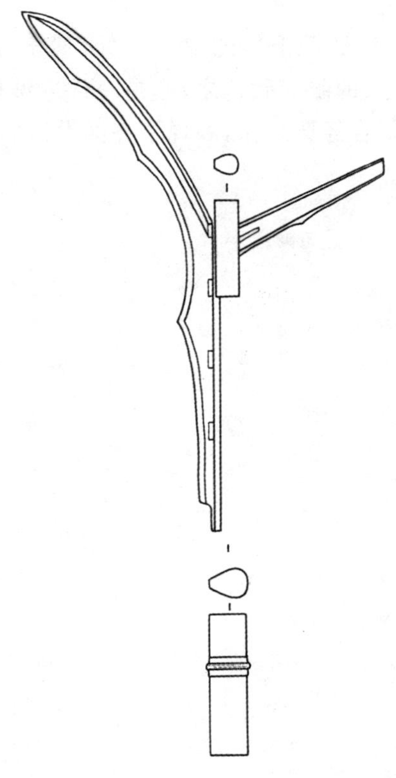

63. 西汉　金镈(zūn)·金冒铜戈

名　　称:金镈·金冒铜戈

时　　代:西汉早期

尺　　寸:戈长22.5厘米,栏长11.9厘米,镈长11.9厘米

来　　源:1978年山东省淄博市临淄大武西汉齐王墓陪葬器物坑出土

收藏单位:山东省淄博市博物馆

金镈·金冒铜戈,尖锋残缺,长援微曲上扬。长胡三穿,。长条形内上扬。内上近胡处贯穿一筒形帽,以纯金铸成,金冒顶端饰一只回首鹦鹉,翎羽刻划细微、精巧。筒状勾云纹金镈,銎如杏仁状,下端较细,为纯金铸造,重约400克。镈中下部饰四周凸弦纹和卷云纹,制作精致,云纹曲线婉转自如,上刻细线同样精工。

戈,是古代尤其是商周时期兵器中最常见的一种,古称"勾兵",是用以钩杀敌人的兵器。这套金镈铜戈虽然戈刃锋利,但从该件铜戈的材质和制作工艺来看,它的功用显然已不再是用于战场搏杀,应为汉初齐王室用以检阅军队或庆典活动的仪仗器具。戈刃寒气袭人,镈柄金光闪闪,是一种威武尊严的象征,同时也使我们感受到"金戈铁马"的恢宏之势与"沙场秋点兵"的豪迈之气。

该铜戈金饰部分刻画精美,虽经千年的岁月洗礼,但至今仍熠熠生辉,尽显尊贵豪华,金铜结合相得益彰。以今人的眼光欣赏之,亦是一件造型优雅、材质名贵、装饰豪华、风格别具、不可多得的铜、金复合经典之作,展现了齐国发达的金器细工工艺。

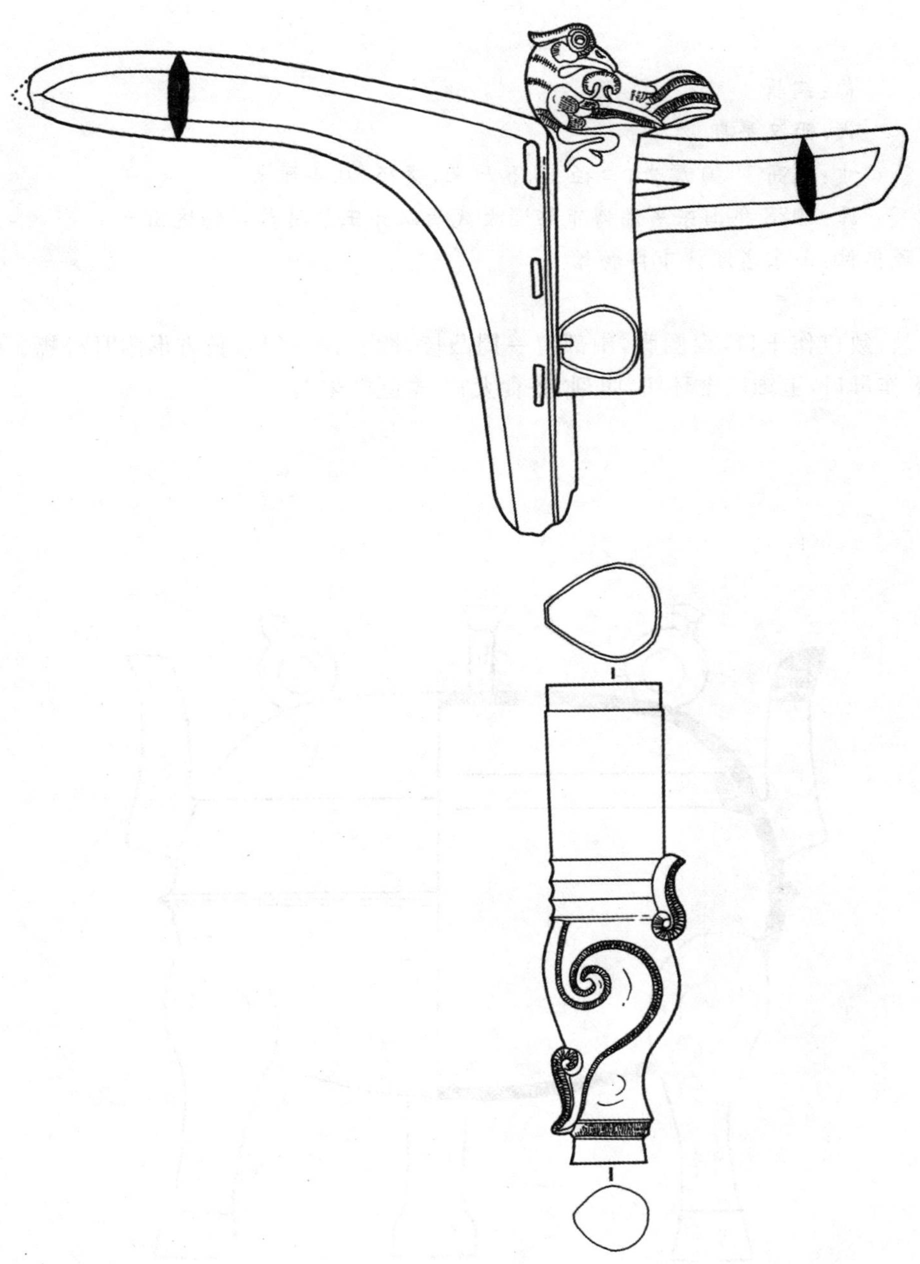

64. 西汉　铜鼎

名　　称：铜鼎
时　　代：西汉早期
尺　　寸：通高 18.0 厘米，口径 15.5 厘米，腹径 20.4 厘米
来　　源：1978 年山东省淄博市临淄大武西汉齐王墓陪葬器物坑出土
收藏单位：山东省淄博市博物馆

铜鼎，敛口作子口，扁圆腹，中部有一周凸棱，圜底，三蹄足，长方形附耳外撇。弧面盖，盖沿作母口，上饰三个环钮，腹刻“齐食大官 畜□”“朱”。

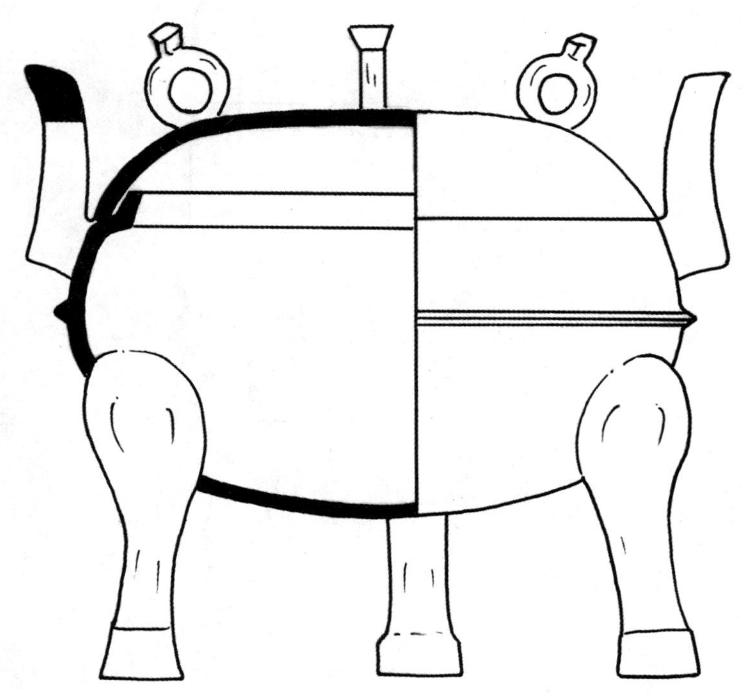

65. 西汉 铜罍

名　　称：铜罍

时　　代：西汉早期

尺　　寸：通高 32.4 厘米，口径 16.0 厘米，腹径 37.5 厘米，底径 13.0 厘米

来　　源：1978 年山东省淄博市临淄大武西汉齐王墓陪葬器物坑出土

收藏单位：山东省淄博市博物馆

铜罍，素面，方唇，小敞口，溜肩鼓腹，下腹内收，小平底略内凹。上腹部饰一对铺首衔环，外腹镌刻铭文“淳于重一钧六斤十两 容十斗 今容九斗五升”。

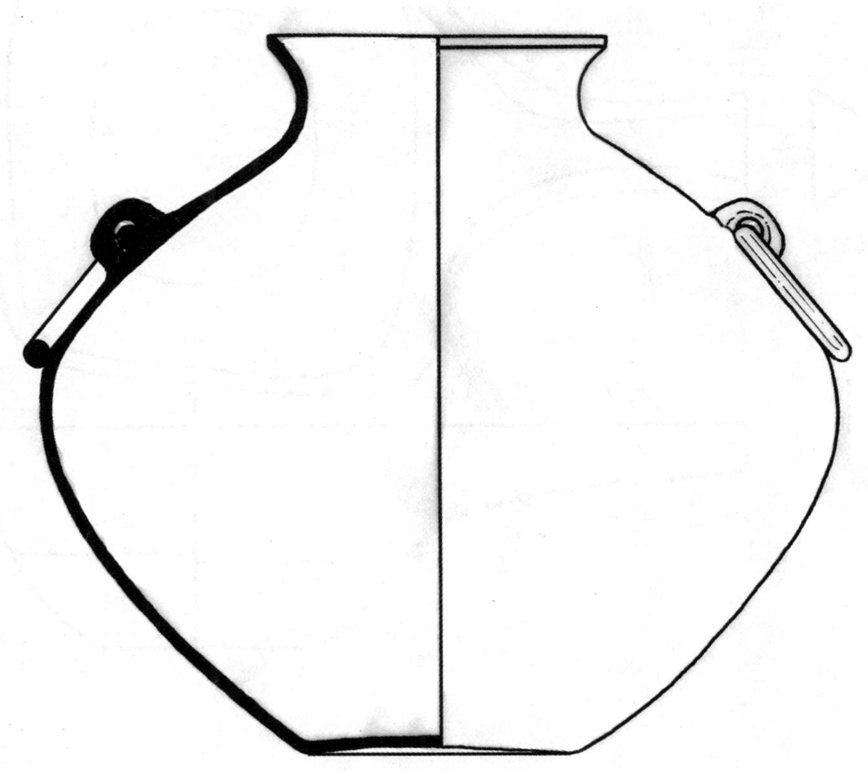

66. 西汉 铜匜(yí)

名　　称:铜匜

时　　代:西汉早期

尺　　寸:通长 37.5 厘米,宽 24.0 厘米,高 11.0 厘米

来　　源:1978 年山东省淄博市临淄大武西汉齐王墓陪葬器物坑出土

收藏单位:山东省淄博市博物馆

铜匜,瓢形,素面。方形口,长柄,平底。流微翘,中部略窄。外腹镌刻铭文"六斤十两"。

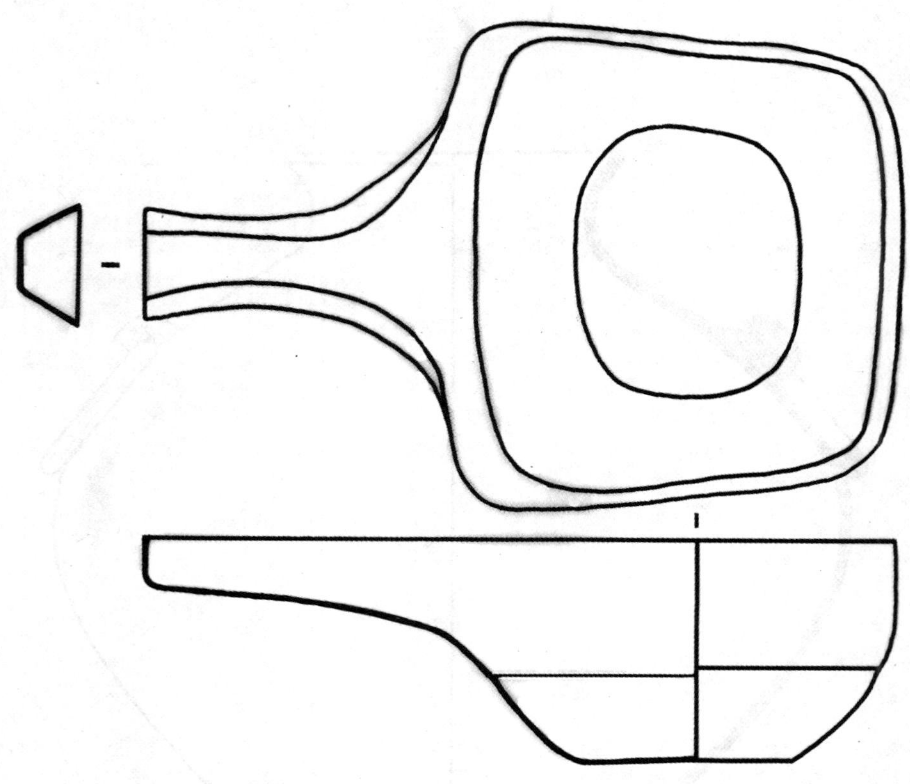

67. 西汉　铜勺

名　　称：铜勺

时　　代：西汉早期

尺　　寸：通长13.0厘米，宽9.3厘米，把长8.5厘米

来　　源：1978年山东省淄博市临淄大武西汉齐王墓陪葬器物坑出土

收藏单位：山东省淄博市博物馆

铜勺，椭圆形，素面。有銎状短把斜向上，銎内有朽木，外底刻“朱鼎”二字。

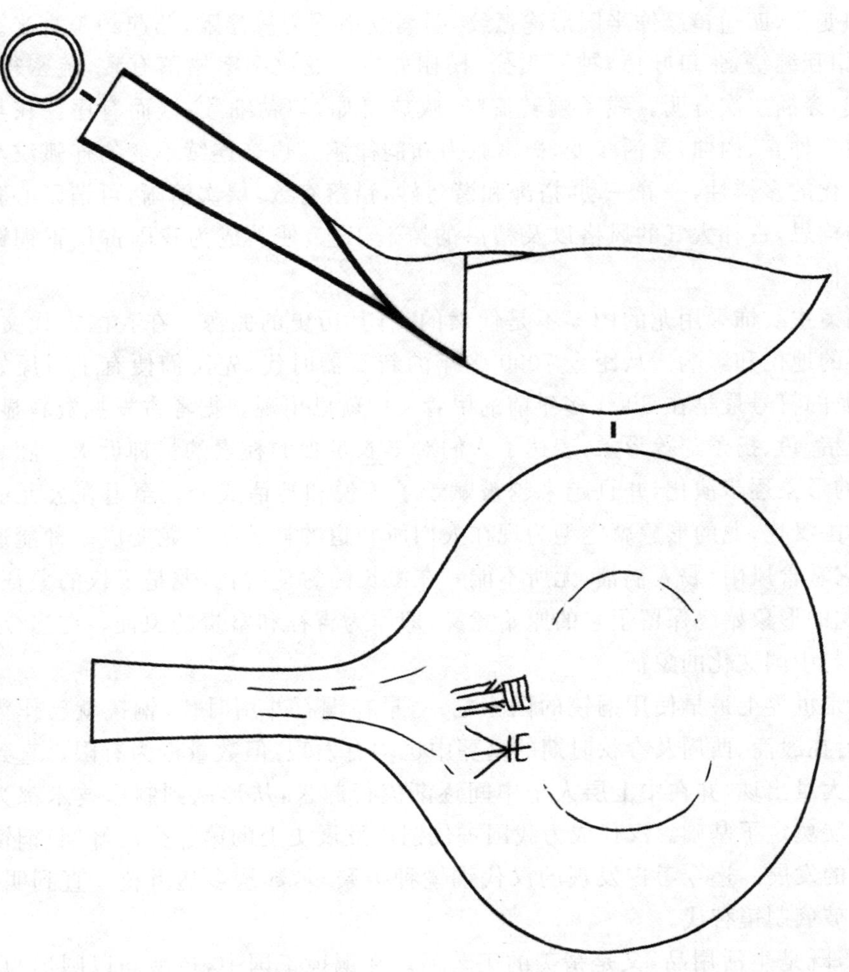

68. 西汉　矩形龙纹铜镜

名　　称:矩形龙纹铜镜

时　　代:西汉早期

尺　　寸:长 115.1 厘米,宽 57.7 厘米,厚 1.2 厘米,钮长 5.0 厘米,宽 3.5 厘米,高 3.2 厘米,重 56.5 千克

来　　源:1978 年山东省淄博市临淄大武西汉齐王墓陪葬器物坑出土

收藏单位:山东省淄博市博物馆

矩形龙纹铜境,整体造型呈方形。镜体背面饰龙纹(即蟠螭纹。螭,古代传说中没有角的龙)图案,中央及上、下两侧共铸有五枚凸弦纹环形钮,钮四周饰柿蒂形纹饰,中间钮纹饰稍加变化,四边镜缘饰半圆形连弧纹,图案纹饰均为浅浮雕,凸起约 1 毫米。二龙蜷身舞动,相互缠绕,张口吐信,神采飞扬,栩栩如生。龙纹图案错落有致,疏密得当,承传避让合理,穿插主次分明。线条婉转流畅,收放自如,勾勒细致,繁而有序。在与外形的结合上使之外直、内曲,灵活多变,极富张力和韵律感。边饰连续不变的连弧纹与主体图案线条变化的多样性,一静一动,搭配和谐巧妙,错落有致,层次清晰,可谓匠心独具。新颖活泼的构思,古朴大气的风格以及精湛的铸造工艺,使其成为我国古代青铜铸造史上的经典之作。

该铜镜主纹饰采用龙的图案不是偶然的,有其历史的渊源。在我国古代文化中,龙有着重要的地位和影响。从距今 7000 多年的新石器时代,先民们便有了对原始龙的图腾崇拜,龙的符号最早在 3000 多年前的甲骨文中就已出现。据考古发掘资料显示,龙的雏形呈现猪、鱼、扬子鳄等形象,表达了人们对丰衣足食的朴素的精神诉求。随着历史的进程,龙的形象逐步演化,并且越来越被赋予了传说和神话成分。至迟在公元前 2 世纪左右的中国汉代,龙的形象就定型为现在人们所知道的样子了。龙变成一种能通天的灵异动物,它掌管风雨,赐人祸福,无所不能。在漫长的封建时代,龙是王权的象征,但在中国民间,龙的形象始终保留了它的原始意义,即作为吉祥和富贵的象征。在当今社会,龙成了中国与中国文化的象征。

我国是世界上最早使用铜镜的国家之一,早在铜石并用时代,铜镜就已作为随葬品出现,随后在殷商、西周及春秋时期的墓葬中也均有发现,但数量极为有限。直到战国时期铜镜才大量出现,并在中上层人士中间逐渐流行起来,从形制到制作技术都为后来铜镜的大发展奠定了基础。汉代成为我国古代铜镜发展史上的第一个高峰期,铜镜获得了前所未有的发展。迄今考古发现的汉代铜镜种类繁多,数量多达万枚。直到明清时期,铜镜才被玻璃制镜替代。

铜镜,既是生活用品,又是精美的工艺品。在铜镜王国中,造型均以圆形为主,镜背则铸有纷繁多样的纹饰、铭文、神话故事图案等,且多娇小玲珑,鲜有体积大者。这面矩

形龙纹铜镜为国内所仅见，因其年代早、形体巨大而被誉为“世界铜镜之最”。该镜若按照10∶1比例缩小至普通铜镜大小，其厚度仅为1mm，且又属异型铜镜，在铸造中难度之大、技术要求之高是空前的，要依赖高超的铸镜工艺和丰富的铸造经验才能完成。齐国故城临淄的铜镜制造业在战国至两汉时期是非常发达的。20世纪60年代各级文物考古部门多次对齐国故城进行考古调查、勘探、试掘表明，齐国故城分大、小两城，总面积达15.5平方公里。城内的冶铁、炼铜、铸钱等手工业作坊的遗迹非常丰富，最大一处冶炼遗址的面积达40平方米，显示出具有大规模的综合型冶炼业，尤其是铁工具的广泛应用，大大提高了铜镜铸造的效益。近年来，在齐故城内刘家寨村、付家庙村等区域相继发现出土了的镜范标本和西汉日光大明草叶纹规矩镜陶范，更为铜镜铸造增添了佐证，引起了学界广泛关注。联系到临淄地处铁山附近，有着丰富的铜、铁矿资源，可以证明临淄在战国、两汉时期成为山东乃至北方地区的一处重要的铸镜中心。

该铜镜备受国内外文物机构和考古专家学者的重视，被评为“齐鲁瑰宝”，属于国宝级文物，曾在日本、德国等国家和地区展出，引起轰动，受到广泛关注。也曾参加的国内“惠世天工——中国古代发明创造文物展”等，以其形制的独特、镜体的庞大、纹饰的精美绝伦以及制作工艺的精湛，在世界铜镜铸造史上占有特殊地位。这面铜镜不仅反映出汉初齐国手工业相当发达，同时也是齐国社会经济繁荣的一个缩影，体现了当时齐国“泱泱乎大国”的风范，折射出中国古代历史的厚重和艺术上的博大精深。

值得一提的是，该镜属于文物保护法中的“一级文物中的孤品和易损品，禁止出境展览”范畴。为了更好地加以保护，2002年1月18日，被列入国家文物局印发的《首批禁止出国(境) 展览文物目录》64件(组)珍贵文物之一，也是山东省馆藏文物中唯一一件。

69. 西汉　错银铜骰(tóu)子

名　　称：错银铜骰子
时　　代：西汉早期
尺　　寸：直径 5.4～5.6 厘米
来　　源：1978 年山东省淄博市临淄大武西汉齐王墓陪葬器物坑出土
收藏单位：山东省淄博市博物馆

错银铜骰子，球面错银，共十八个面，其间镂八个三叉人字形孔。在十八个面上分别错出"一"至"十六"以及"骄"和"媿"字。空心，内有小铜块，转动时发出声响。

自公元前 859 年齐献公迁都临淄，到公元前 221 年秦军灭齐，临淄作为齐国都城，历时 638 年之久。到战国中期的齐宣王时，临淄已发展为全国最繁华的大都市，齐国都城临淄成为古代东方最大的城市之一。《战国策·齐策一》中载："临淄之中七万户……甚富而实，其民无不吹竽、鼓瑟、击筑、弹琴、斗鸡、走犬、六博、蹋踘者。临淄之途，车毂击，人肩摩，连衽成帷，举袂成幕，挥汗成雨；家敦而富，志高而扬。"秦汉时，临淄城作为齐郡和临淄郡郡治、汉代诸侯国齐国的都城所在，依然十分发达，城内设立有铁官、四市等。《汉书·高五王传》记主父偃曾进言汉武帝："齐临淄十万户，市租千金，人众殷富，巨于长安，非天子亲弟爱子不得王此。"

该铜骰子的制作采用镂空形式，所刻文字以错银工艺装饰，技术精湛，是体现当时齐国社会繁荣及"六博"的重要实物资料。

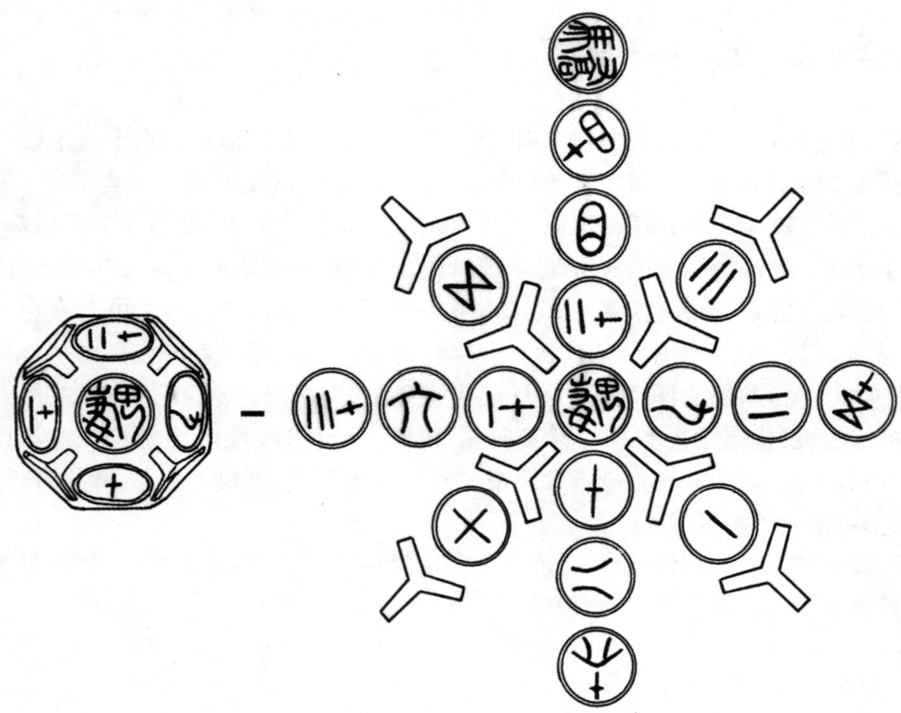

70. 西汉　铜染炉

名　　称：铜染炉

时　　代：西汉早期

尺　　寸：通长 31.0 厘米，宽 22.0 厘米，高 17.3 厘米

来　　源：1978 年山东省淄博市临淄大武西汉齐王墓陪葬器物坑出土

收藏单位：山东省淄博市博物馆

铜染炉，长方形四阿式盖，炉盖前后两面各饰一个铺首衔环。盖顶有椭圆形口，可置耳杯。炉前后两壁各饰有铺首衔环一对，前后壁条形通气孔各 14 条，右壁有条形通气孔 8 条。炉沿曲尺形外侈，直壁两层，炉壁中腰向内折收，有箅子，箅子镂不规则的三角孔 8 排 116 个，平底四蹄足。底部三角形和炉壁条形通风口的巧妙设计，可以使炭火得到充足的氧气而旺烧，使食者免受呛烟之苦。

染炉是一种以青铜铸成的形体小巧的器具，它结构复杂，分为三个部分：主体为炭炉，下部是承接炭灰的盘体，上面放置一具活动的耳杯，此时想必大家对它的功用会产生浓厚的兴趣。关于它的定名，自 20 世纪 50 年代在湖南长沙出土了同规格的一套西汉时期的炉具被定名为“烹炉”开始，后续发掘的便有“温炉”“熏炉”“温酒炉”“温酒器”等多种称谓。著名考古学家陈梦家先生曾将炉上的杯称为“鍪”，定为烹饪器。商承祚先生不大同意这个说法，容庚先生则根据另外两件传世炉具的铭文“平安侯家染炉”“史侯家染炉(染杯)”，正名为“染炉”和“染杯”。

虽然后世学者对该命名已无争议，但对铭文中的“染”字被理解为是汉代贵族家庭染丝帛的工具却有不同意见，因为事实证明它是无法染丝帛的。经过多年研究论证，它既非用于染色的炉，亦非温酒器，而是一种食器，是专用于温食豆豉酱的器具。研究人员援引的证据是《吕氏春秋·当务》记载的一则寓言：齐国有两个武士，他们分住城东、城西。一天偶尔途中相遇，同至店中饮酒。饮酒无肉，便商定互相割对方身上的肉来吃，“于是具染而已，因抽刀而相啖，至死而止”。汉代学者高诱注此处所说的染为“豆豉酱”，是“染酱而食”，故此推定染炉便是用于温酱的，适于隆冬时节使用。染炉实际上是一种火锅，可以确定是饮食器具。“染而食之”，在汉代应是一种很重要和普遍的饮食方式，在许多地方都有染具出土即是最好的证明。在江浙江地区出土的汉画像石上的宴饮场面中，隐约可找到类似染炉的原型，这也算是一个很有力的证据。

如果说染炉与现代火锅相类，那么用今人眼光看，其染杯小而浅，容量超不出 300 毫升，整套炉具高不过 20 厘米，似乎显得过于小了些。但是考虑到汉代实行的是分餐制，一人一案，一人一炉，再加上其他馔品，应无需担心食之不饱的问题。在汉代，染炉体现了贵族饮食生活的一个缩影，它是炊器与食器完美结合使用的一个成功例证。所以，它既不是染色器，也不是温酒具，而是一种雅致的炊食器。当代流行的火锅，与这染炉具有

很明显的渊源关系。

饮食方式是一个民族传统文化的重要表现形式之一。汉代齐国经济发达，贵族们对饮食的要求很高。该墓出土2件铜染炉（另一件收藏于临淄齐文化博物院），从它们盛炭火的箅子有三角和长条形的不同设计中，呈现出规格和制式的丰富性，足以说明这种染炉有着造型多样化且制作量大的特点，充分反映出其在当时贵族阶层的使用是相当普遍的。这件铜染炉对于追溯齐地饮食文化中的“十人为宴”的风俗提供了有利的实物佐证，有着重要的研究价值。

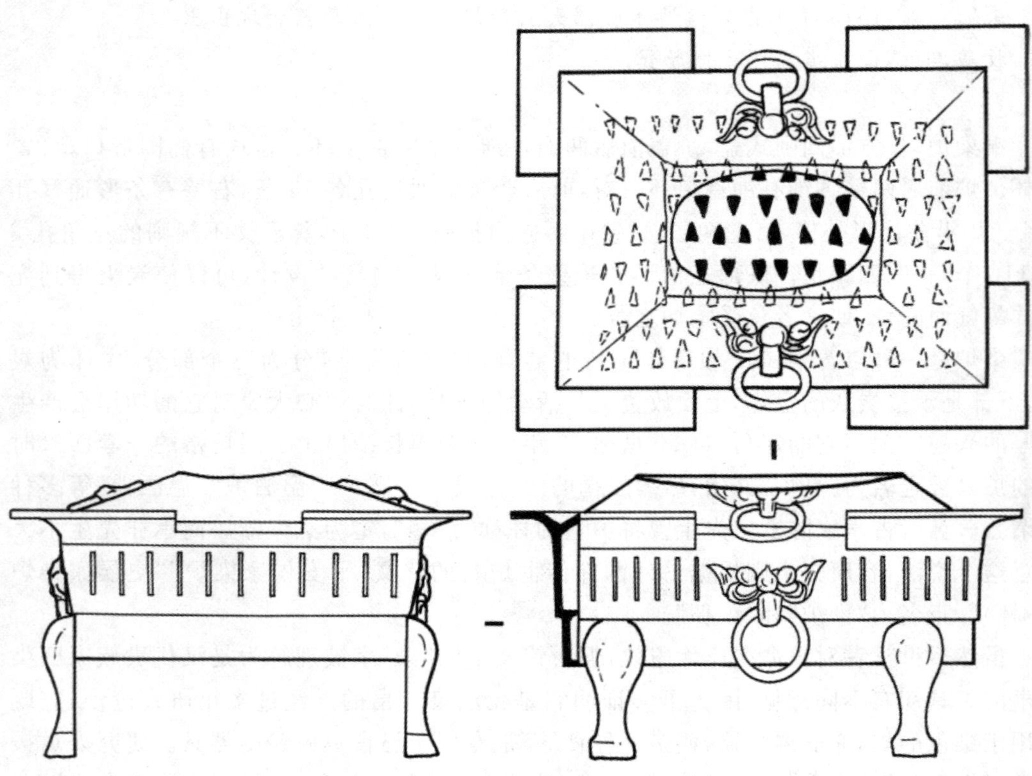

71. 清　甪(lù)端形铜香熏

名　　称:甪端形铜香熏
年　　代:清代中期
尺　　寸:通高 14.5 厘米
来　　源:征集购买
收藏单位:山东省淄博市金陶斋艺术馆

甪端形铜香熏,头颈部作盖,颈下端有活页及轴结构与器身相连,可使其启闭自如。该处有蝴蝶形绳结装饰,自然和谐美观,设计巧妙。鳞片纹及火焰纹刻画精美。尾部反翘上扬,采用镂雕技法,排列组织有序,线条流畅细腻,极富立体感、层次感和韵律感。甪端取半蹲状,前腿支撑挺胸昂首,口微张,造型威武矫健,极富张力,具有较强的写实风格,为此类香熏中的精品。

甪端是我国古代汉族民间臆造的瑞兽,专蹲风水宝地,是吉祥之兽。甪端造型怪异:犀角、狮身、龙背、熊爪、鱼鳞、牛尾,与麒麟相似。据《宋书・符瑞志下》载:"甪端者,日行万八千里,又晓四夷之语,明君圣主在位,明达方外幽远之事,则奉书而至。"甪端在官方,象征正大光明、秉公执法,在民间则象征吉祥如意、风调雨顺,被认为是一种寄寓了汉族民众美好愿望和祈盼的神兽,人们期盼在它的护佑下国泰民安、人寿年丰。在故宫太和殿皇帝宝座两边就有一对 30 多厘米高的掐丝珐琅甪端护卫在侧,显示皇帝为有道明君,身在宝座而晓天下事,从而八方归顺,四海来朝。据说甪端是孔子在另一世界的坐骑。在山东曲阜孔林(至圣林,孔氏家族的墓地)中的石雕甪端,头生一角,肋生双翅,匍匐于地,似在引颈长啸。

该甪端形铜香熏造型别致,铸造精良,为笔者的挚友、淄博市金陶斋艺术馆馆长王宝刚先生生前极为珍爱的藏品,曾于 2011 年邀我专门拍摄该器。30 多年来,宝刚兄一直致力于文物的收藏与保护,为淄博的文博事业做出了巨大贡献。在长期交往中,笔者发现他非常青睐文物绘图,经常请笔者为其所藏珍品绘制线描图。据笔者所知,他也是为数不多的善于将藏品进行线图绘制并用于研究的收藏家。2008 年冬,他的《金陶斋藏品集》出版问世,笔者承担了全部入选文物的摄影和装帧设计,并刊用了多幅笔者绘制的文物线描图。2013 年,王宝刚先生与其他五位淄博当地较有名气的民间文物收藏家一起,将个人多年收藏的部分文物无偿捐赠给淄博市博物馆,有的填补了该馆藏品空白。此义举体现了他们极高的社会责任感和文化使命感,对于传承与保护文化遗产以及引领社会关注文博事业新风尚做出了积极的贡献,具有重要的现实意义。令人痛惜的是,2015 年宝刚先生因病英年早逝,笔者谨以此记述深表怀念之情。

第四章　金、银器

1. 战国 金耳坠

名　　称:金耳坠
时　　代:战国晚期
尺　　寸:通长约7.3厘米
来　　源:1992年山东省淄博市临淄商王墓地战国晚期墓出土
收藏单位:山东省淄博市博物馆

1992年末至1993年初,淄博市博物馆与齐国历史博物馆(现为齐文化博物院)联合在临淄区商王村西侧发掘了两座战国晚期墓葬,其中一座墓主为女性,在其椁室中出土了一对金耳坠。两件金耳坠形制大小及制造工艺均同,为女性墓主人生前所佩戴首饰,出土时置于漆盒之中。耳坠附属饰物由金丝、金叶、金珠、绿松石坠、珍珠和骨串饰等多种复合质地组合而成,形成色彩上的多样性。上部是由八条金丝纺织成的网状锥形体,锥体上端有横穿可以佩戴,四周镶嵌四颗圆形绿松石片,锥体下悬挂一金环,金环之下为一颗较大的三瓣金叶,三者以金线相连,金线中穿珍珠数颗,现已破碎脱离金线。金叶之中包一颗较大绿松石坠,每瓣金叶又各嵌一绿松石片,在锥体、金叶和金环上都饰以金珠纹。该金耳坠选材考究,制作技术精湛,给人以高雅华丽之感,可与现代黄金饰品相媲美,更显示了其女主人生前之尊贵,是我国古代金器饰品艺术中的瑰宝。

这副金耳坠造型及装饰特色源于自然界和社会现实生活,但不是简单模仿或盲目照搬,而是从自然界物象和现实生活中汲取艺术创作的源泉与灵感,并大胆地发挥创造性和丰富的想象力,把客观现实中的事物提炼加工为艺术形象。如金耳坠上部的网状锥形体,在自然界与当时生活中已不见完全相类的物体,但深究之,其创作构思应源于捕鱼的渔网。网状锥形体上端是网,其下部网孔是目,绳结处以堆叠金珠纹取代,可谓匠心独具。下部网孔内再配以晶莹润泽的绿松石,使网状锥形体和璀璨的宝塔愈加玲珑剔透。网状锥形体托盘之下的金丝悬挂金叶包镶绿松石坠,其造型系模仿借用植物中枸杞类的果实外形,但已不是简单的写实与照搬,采取具象和抽象相结合的方式,在局部进行取舍和艺术加工。如在金叶表面堆垒金珠纹、联珠纹,在金丝上串以珍珠的内饰,使其处于别样的艺术境界之中。金耳坠上所悬挂的三层九组金叶包镶绿松石坠,如累累硕果,古朴自然,让人目不暇接,美不胜收。

整个坠体看似复杂、繁缛,但由于点、线、面的有机结合,结构布局巧妙合理,繁简疏密得当,三角形的构图设计既稳定又有所变化,且富有较强的层次感和韵律感。整体与局部处理得恰到好处,可谓技术与艺术的完美结合。

齐国当时是重工商之国,工商经济的发展促进了手工业技术水平的提高,使齐国的手工业生产能"聚天下之精财(材),论百工之锐器"(《管子·七法》)。这种传统手工业历久不衰,且愈加纯熟,成为齐文化的显著特色之一。工商业的发展促进了城市的繁荣,齐都临淄成为富冠海内的天下名都。《战国策·齐策一》所云"临淄甚富而实,其民无不吹竽、鼓瑟、击筑、弹琴、斗鸡、走犬、六博、蹋鞠者",是当时社会的真实写照。城市的繁荣又使传统的侈靡之风得以滋长,金耳坠的出土,即是齐国手工业技艺水平发达和侈靡习尚的典型例证。

我国先秦时期的金耳坠出土数量甚少,着眼于全国,出土的同一时期如此精美的金耳坠更是非常罕见。1979 年 5 月,在内蒙古自治区西沟畔匈奴墓中出土了一对战国晚期金耳坠,坠饰由细金丝盘成尖冒状,中间穿绿松石,制造工艺较为简单。与之相比,临淄商王战国墓出土的金耳坠制造工艺却较为复杂,艺术性更高,可观赏性更强,其制作之精、造型之美、创意之妙,不仅在齐墓发掘史上为首次出土,亦为国内先秦墓中所罕见。它的出土,为研究齐国的金器工艺及手工业技术增添了极为重要的物证,也从侧面反映出战国时期齐国金属细工工艺是较为发达的。

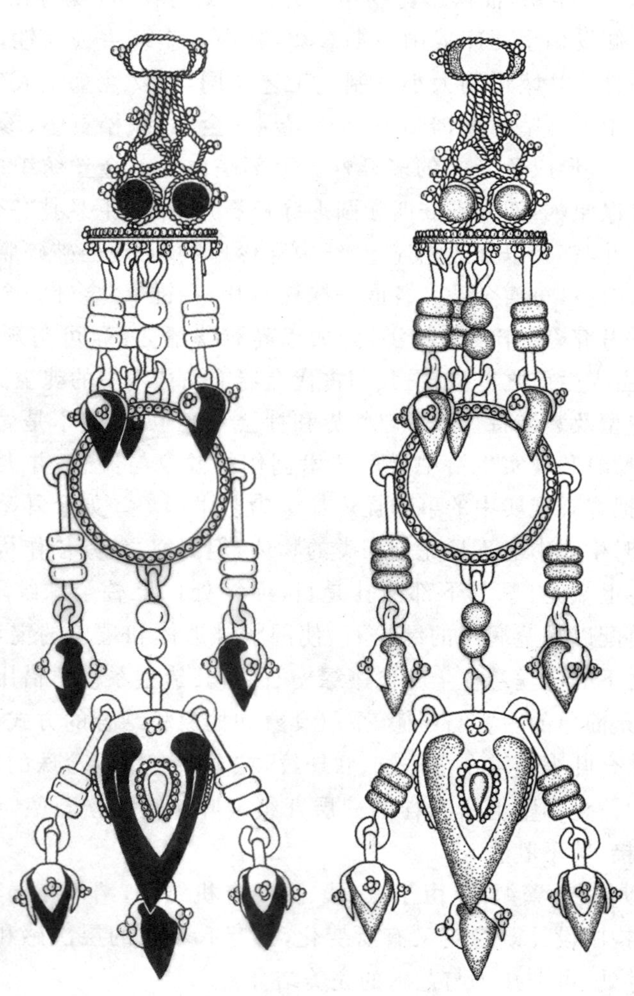

2. 战国　银匜

名　　称：银匜

时　　代：战国晚期

尺　　寸：(1)高 4.5 厘米，口长径 12.0 厘米，短径 11.3 厘米，底长径 6.6 厘米，短径 3.6 厘米；实测重 157.42 克，容水 240 毫升

(2)高 4.1 厘米，口长径 12.0 厘米，短径 11.1 厘米，底长径 5.5 厘米，短径 4.7 厘米；实测重 150.70 克，容水 230 毫升

(3)高 3.2 厘米，口长径 9.4 厘米，短径 8.5 厘米，底长径 4.8 厘米，短径 3.9 厘米；实测重 64.20 克，容水 100 毫升

来　　源：1992 年山东省淄博市临淄商王墓地战国晚期墓出土

收藏单位：山东省淄博市博物馆

第一件呈椭圆形，平面似桃形，口微侈，口沿一侧有流状柄，另一侧腹壁内弧，腹下部内折，平底，口沿和腹下部饰弦纹。在流下外腹部竖刻“陵趚夫人”四字铭文。第二件略呈椭圆形，口微敛，口沿一侧有流，腹较深，底上凸。在外底部刻画类似符号的文字。第三件，略呈椭圆形，口微侈，口沿一侧有流，另一侧饰云纹长方形鋬耳，曲腹，平底稍上凸。

匜是我国青铜礼器之一，用于沃盥之礼。商周时期贵族在祭神拜祖、宴前饭后都要进行严格的洗盥之礼，最常见的是匜和盘组合，匜为注水器，盘为承水器，在西周中晚期便已出现，盛行于西周晚期和春秋战国时期。东汉许慎的《说文解字・匚部》对“匜”作了注解：“匜，似羹魁，柄中有道，可以注水。”关于匜的功用，《左传》中有“奉匜沃盥”的记载，在僖公二十三年，晋国公子重耳娶了秦穆公之女，新婚之夜，陪嫁而来的怀嬴向重耳行“奉匜沃盥”之礼，重耳未等“盥卒授巾”，就自行甩掉手上的水，当即就被视作轻视、冒犯秦国的严重失礼行为，引发怀嬴的强烈谴责。匜作为一种盥手注水的礼器，其礼仪严谨而神圣。

关于“奉匜沃盥”之礼，《礼记・内则》记载：“进盥，少者奉盘，长者奉水，请沃盥，盥卒授巾。”《周礼・春官・郁人》也记载：“凡祼事沃盥。”孙诒让注解：“沃盥者，谓行礼时必澡手，使人奉匜盛水以浇沃之，而下以槃承其弃水也。”从这些记载中我们可以知道，“沃”是自上浇下的意思，“盥”指洗手。沃盥所使用的器物，一个是注水的匜，一个是接水的盘。使用时，以匜盛上清水，由一位侍者手执匜从上向下慢慢浇水，贵族双手仰掌受沃；另一位侍者用盘在手下面承接弃水，洗完之后，侍者递上巾擦手。这一过程被称为“沃盥”。结合考古发掘，匜常与盘组合出土。如山东滕州薛国故城出土的铜匜置于铜盘之上，保留了入葬时的最原始的形态。

该件银匜出土时靠近银盘，它们与铜匜虽有造型及质地上的差异，但从功用上仍是应该与银盘配套使用，依然具有“奉匜沃盥”之礼的职能。值得一提的是，匜在功用上也

趋于多样性，春秋时期的“鲁大司徒元匜”于铭文中自名曰“饮盂”，即用作饮器。又《礼记·内则》中曰：“敦、牟、卮、匜，非馂莫敢用。”郑玄注：“馂乃用之。……卮、匜，酒浆器；敦、牟，黍稷器也。”因此可以说，匜主要用于盥洗。除此之外，还可作为酒器。

银匜在全国出土极少，在先秦考古资料中极为少见。临淄商王墓地两座战国晚期墓中出土的耳杯、盘、勺等银器多达11件之多。对研究齐国银器制作工艺以及与秦、楚等国的关系等具有重要的科学价值。这三件银匜，造型各异，充分显示了精湛的制作工艺；其中的两件还刻有铭文，内容涉及职官、度量衡、造器机构、工师与工匠、纪年等，为研究战国晚期齐国文字、度量衡、职官及与秦国的关系等，提供了丰富的实物资料。

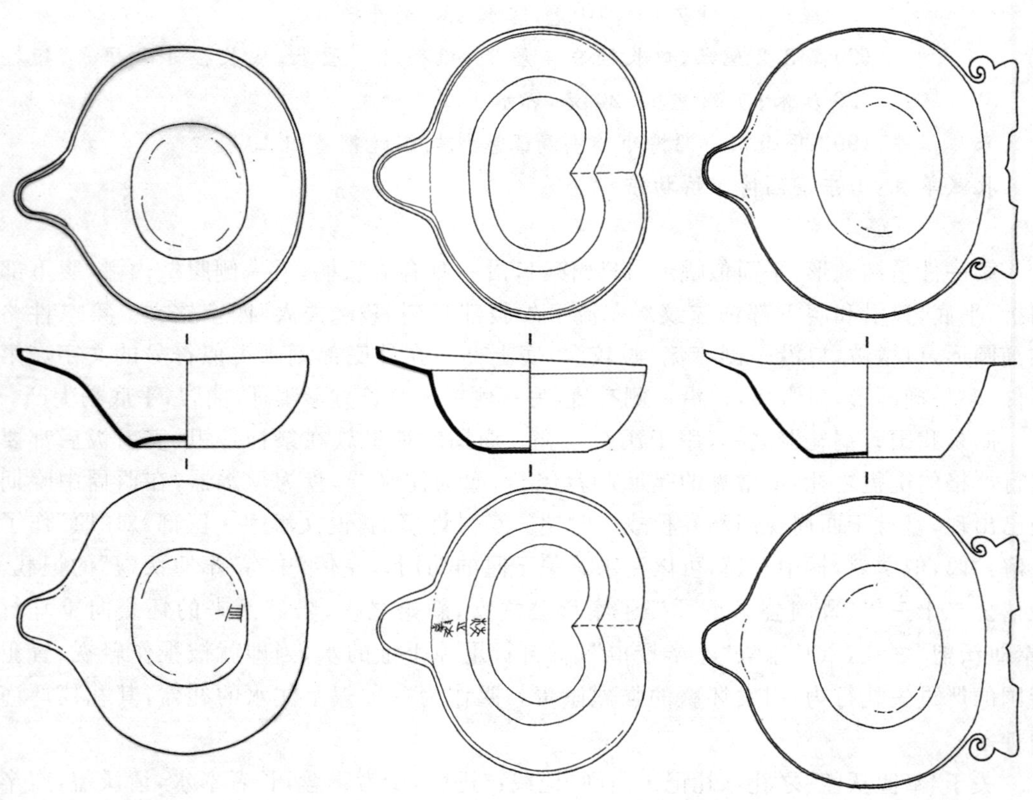

3. 战国 银勺

名　　称：银勺
时　　代：战国晚期
尺　　寸：长 21.5 厘米，勺口长 5.2 厘米，宽 4.5 厘米
来　　源：1992 年山东省淄博市临淄商王墓地战国晚期墓出土
收藏单位：山东省淄博市博物馆

银勺，扁平长条形柄，下端较窄，向上渐宽，柄尾窄而外翻。心形勺体，敛口，深腹，圜底，勺口与柄垂直。实测重 59.59 克，容水 30 毫升。

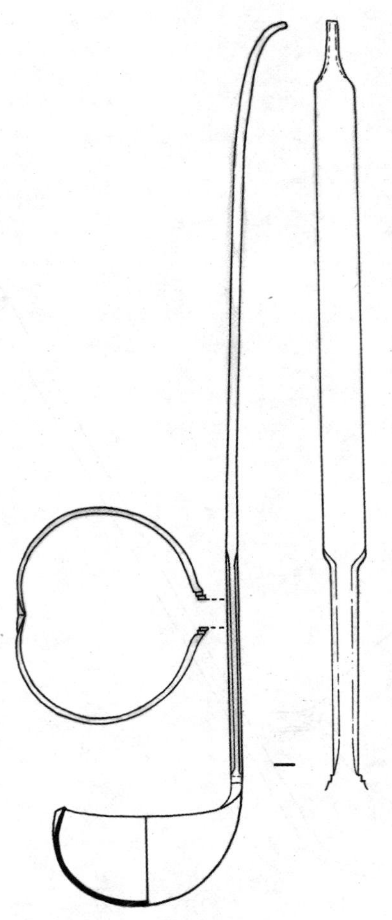

4. 战国　银匕

名　　称：银匕
时　　代：战国晚期
尺　　寸：长 30.6 厘米，匕宽 5.7 厘米
来　　源：1992 年山东省淄博市临淄商王墓地战国晚期墓出土
收藏单位：山东省淄博市博物馆

银匕，匕体呈宽叶形，前端略尖，匕面微凹。圆柄细长，后端略粗，并饰二周凸弦纹。

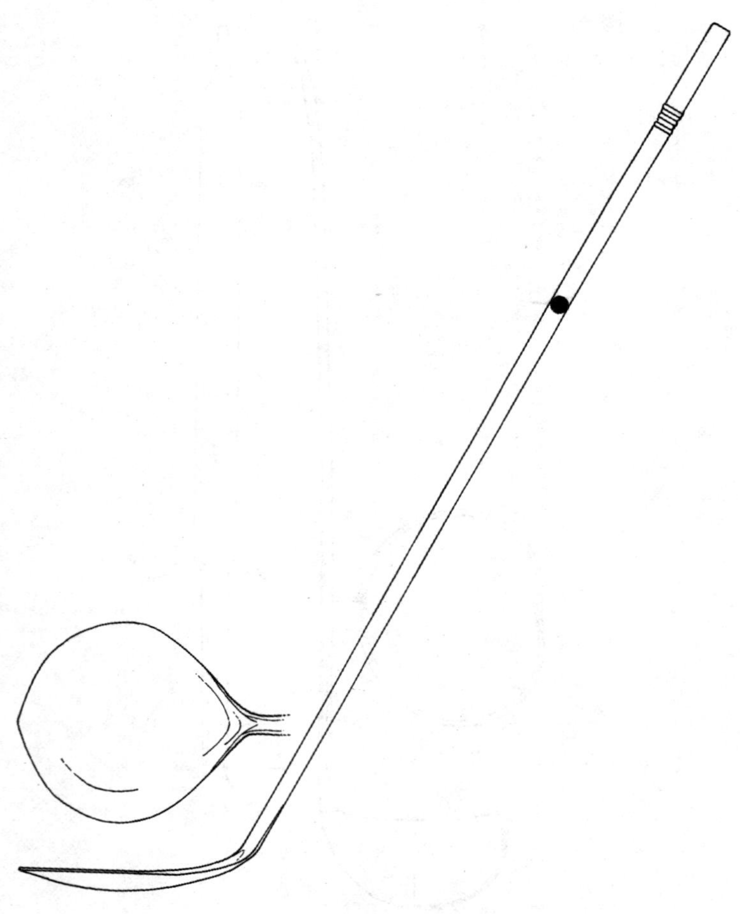

5. 战国 镂空银匕

名　　称:镂空银匕
时　　代:战国晚期
尺　　寸:长 28.0 厘米,匕宽 5.7 厘米
来　　源:1992 年山东省淄博市临淄商王墓地战国墓出土
收藏单位:山东省淄博市博物馆

镂空银匕,匕体呈宽叶形,前端略尖,匕面微凹。圆柄细长,后端略粗,并饰二周凸弦纹。匕面饰镂孔卷云纹及三角形、菱形等不规则几何形纹样。

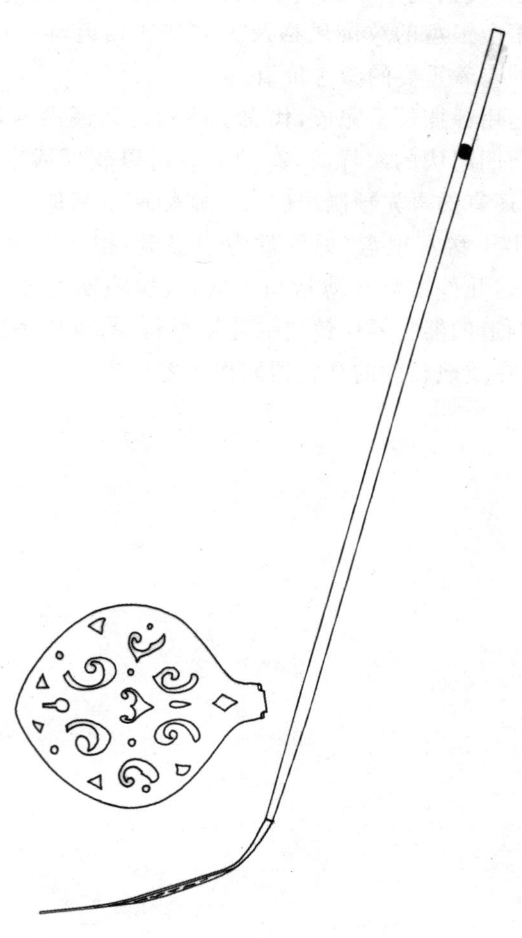

6. 战国 龙纹银盘

名　　称:龙纹银盘
时　　代:战国晚期
尺　　寸:高6.0厘米,口径37.0厘米,底径20.0厘米
来　　源:1992年山东省淄博市临淄商王墓地战国晚期墓出土
收藏单位:山东省淄博市博物馆

龙纹银盘,敞口,平斜折沿,折腹,平底。盘底部无纹饰。口沿和内、外壁刻划“X”形卷云纹,内腹部上、下各刻两道弦纹,上部弦纹内饰“∞”形纹,在上、下弦纹带之间,饰四组云龙纹。内底边缘有两周弦纹,弦纹之间饰斜线纹、弧线纹和圆点纹,弦纹之内刻云龙纹。纹饰疏密相间得当,线条刻划细致流畅,具有较高的艺术价值。临淄西汉齐王墓陪葬器物坑出土的秦宫鎏金银盘的纹饰风格及工艺技法相近,可与之相媲美,这对研究我国古代银器制作工艺的有着重要的参考价值。

该件银盘的制作运用锤揲技术完成,代表了战国时期锤揲工艺的最高水平。用锤揲技术制作器皿或较大凸凹起伏的纹样时,有的需要衬以软硬适度有伸缩性的底衬,如松香加毛草等以便成型,还有的事先预制出底模。临淄商王墓地出土的这件银盘与临淄西汉齐王墓陪葬器物坑出土秦宫银盘(另两件为小银盘)相比形制大致相同,器型较为简单,锤制时无需模具。这几件银盘轻薄精巧,说明战国晚期已经用锤揲技术制作较大型的器皿了。用锤揲法制造的器物要比铸造的耗用材料少,也比铸造器物时需要多人合作和分工要简单易行,故在质地较软的金银器制作中容易流行。

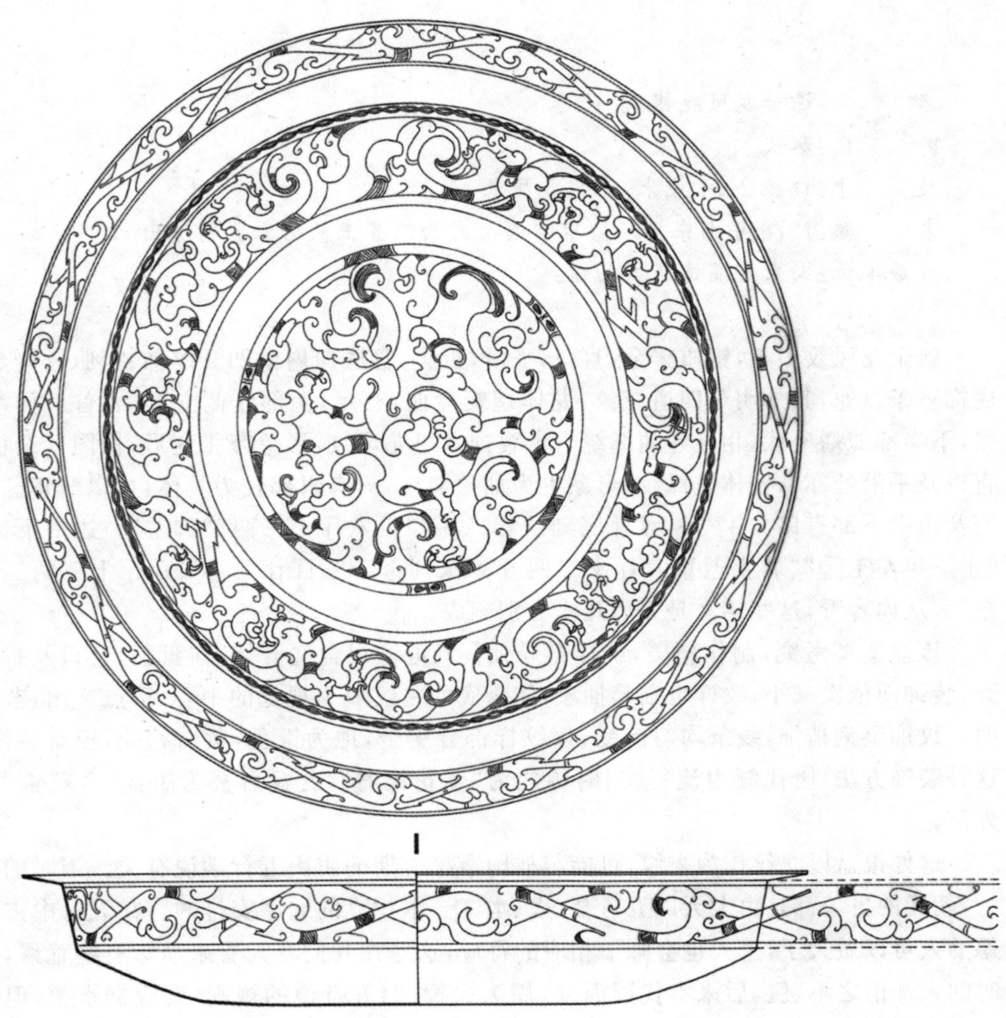

7. 秦　鎏金龙凤纹银盘

名　　称：鎏金龙凤纹银盘
时　　代：秦代
尺　　寸：口径 21.1 厘米，高 5.5 厘米
来　　源：1978 年山东省淄博市临淄大武西汉齐王墓陪葬器物坑出土
收藏单位：山东省淄博市博物馆

鎏金龙凤纹银盘，银质鎏金，直口，平沿，折腹，盘底向内微凹。纹饰錾刻，皆鎏金，内底饰三条盘龙，其外阴刻四道弦纹，龙体蜿蜒盘曲，有足，上部作侧立形，龙首后扬，嘴大张，下半部似蟠坐状，相互卷曲缠绕。盘腹饰六组龙凤纹，形象夸张变形，构图复杂精妙。直口及平沿处亦饰变体龙凤纹，形象更为抽象简略，只有眼部较为具体，可以辨识。盘外底及边沿下部有铭文 47 字，盘外底刻："容二斗""重六斤十三两""御羞"。边沿下部刻："卅三年左工□""名吉七重六斤十二两廿一株""奇千三百廿二斩""六斤十三两二斗名东"。从内容看，这些铭文是先后几次分别刻成。

该盘造型考究，制作精美，纹样布局独具匠心。以盘底开始，向盘腹、直口及折沿展开，装饰面依次减小，纹样也渐趋抽象，使盘底的主纹成为视觉的中心，重点突出，节奏分明。纹饰錾刻精细，线条均匀流畅，仅纹样部分鎏金，地为银色，黄白相映，极富装饰感。这种装饰方法，唐代颇为流行，当时称之为"金花银器"，此盘可视为唐代"金花银器"的先声。

这件银盘以龙纹作为主纹，可能与战国秦汉时期的阴阳五行学说有关。当时的人认为，朝代的更替都是由上天以五行金、火、水、土、木相克的顺序安排的。在五行中占有一德的人可以做天子，上天也会降下相应的符应，这些在我们今天看来显然有些荒谬，但当时的人却信之不疑。后来秦代周而立，周为火德，照五行说的规则，秦应据水德，但却迟迟没有符应降临。于是就有人对秦始皇说，以前秦文公曾猎获一条黑龙，说明秦得天下的符应早在 500 年前就已出现。这种说法自然很合始皇帝的需要，因此龙的形象在秦代也许有着这种特殊的含义。该盘铭文中的"三十三年"字样，据专家考证当为秦始皇三十三年(前 214 年)，这一年正是秦始皇修长城的那一年，也是秦始皇焚书的前一年。这件银盘出土于西汉初年的齐王陪葬坑，据推断，可能是在秦亡汉兴后辗转流入刘邦手中，刘邦封长子刘肥做齐王时相赐；而齐王对它显然喜爱有加，将它用于陪葬，这才使得这件精美的银盘在 2000 多年后的今天得以重见天日。秦代历史很短，流传下来的器物极少，通过该盘的刻铭，可以确定为秦代的唯一银质器皿，制作技法及装饰工艺表现出了极高的水平，是极为罕见的精品之作。

8. 西汉　龙纹银盘

名　　称：龙纹银盘

时　　代：西汉时期

尺　　寸：口径 23.9 厘米，高 3.6 厘米

来　　源：1978 年山东省淄博市临淄大武西汉齐王墓陪葬器物坑出土

收藏单位：山东省淄博市博物馆

龙纹银盘，侈口，平折沿，折腹，平底，低矮圈足。口沿饰波折纹和花叶纹，内、外腹饰几何云纹，内底饰三条匀称的云龙纹和两周弦带纹，弦带纹之间用平行线条连接，构图巧妙。外底刻“南般朱容五升”铭文，外腹刻“左工一斤一两”铭文。实测重 271 克，每斤合 255 克；水测容 900 毫升，每升合 180 毫升。

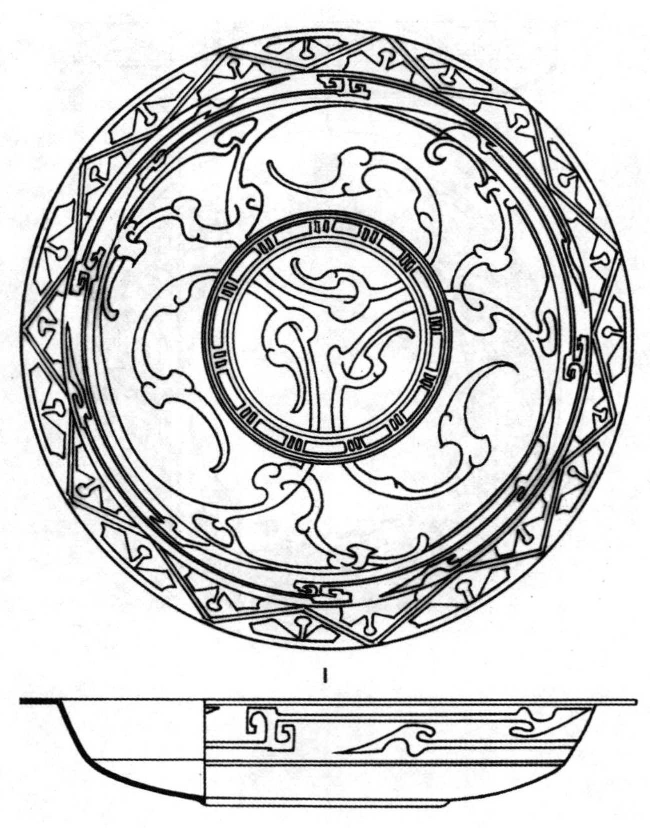

9. 西汉 银盒

名　　称:银盒

时　　代:西汉

尺　　寸:高 11.0 厘米,口径 11.4 厘米,足径 6.2 厘米

来　　源:1979 年山东省淄博市临淄大武西汉齐王墓陪葬器物坑出土

收藏单位:齐文化博物院

银盒,口与盖呈子母口扣合。口微内敛呈子口,浅腹,下腹内收,小平底,下接铜质矮圈足;盖微上鼓弧形,盖沿弧折作母口,置顶有三只铜制卧兽形钮,兽身蜷曲伏卧,颈向右回转,造型生动,活泼可爱。器身与盖面均锤揲出两圈三角尖瓣形凸泡,尖瓣隆起较高,尖部相对交错,带状紧密有序排列一周,纹饰起伏错落有致,简洁大方,除尖瓣状凸泡外,无其他纹样。这种凸泡也称“列瓣纹”。

由于此类银器完全以锤揲技法打造出突起的纹饰,与古代中国传统的金属铸造方法迥异。锤揲法并非我国传统的银器制作工艺,在波斯等西域国家却是较为常见。所谓锤揲,即充分利用了金银质地较软、延展性强的特点,用锤敲打金银块,使之延伸展开成片状,再按要求打造成各种器形和纹饰。因此,有专家学者认为,这种器皿的工艺源流可以上溯到两河流域的古亚述,盛行于古波斯。在古代中国,这一工艺在唐代才臻于成熟。该类银器应该是由西亚地区传入中国,三铜钮卧兽和铜圈足则由中国匠师后加工所配,以符合中国审美和使用习惯。

该银盒造型及制作工艺在国内出土文物中较为罕见,除广州南越王墓出土一件造型纹饰与之极为接近外,山东青州西辛村战国时期的齐王墓也出土了两个近东艺术风格的裂瓣纹银盒,这个发现将近东艺术传入山东半岛的年代,从秦代提前到战国时期(前 475～前 221 年)。就目前所知,这种裂瓣纹金银器最早见于近东埃兰文明,工艺传统后来为波斯人、帕提亚人所传承。伊朗近年发现一件埃兰银器,艺术造型与山东青州战国齐王墓出土的银盒和临淄西汉齐王墓出土的银盒如出一辙。据悉,该器出自伊朗,器高 17.8 厘米,口沿刻有埃兰文,年代在公元前 9～前 6 世纪。据此,山东半岛出土的公元前 3 世纪的埃兰银盒,显然从海路传入中国。

该银盒盖顶三钮兽与两圈裂瓣纹饰,立体感较强,凸瓣泛起的点点银色光斑,又充分显示出银质器物的高贵华丽。从造型和装饰艺术上,整器为银、铜复合制成,且银、铜色彩搭配和谐自然,可谓中西合璧、珠联璧合,加之其构思巧妙,设计新颖,制作工艺精湛,形成非常特殊的装饰风格,透出浓郁的西域风情和韵味,令人耳目一新,是齐墓出的罕见的银器艺术珍品,同时也是“海上丝绸之路”中西文化交流的有力见证。

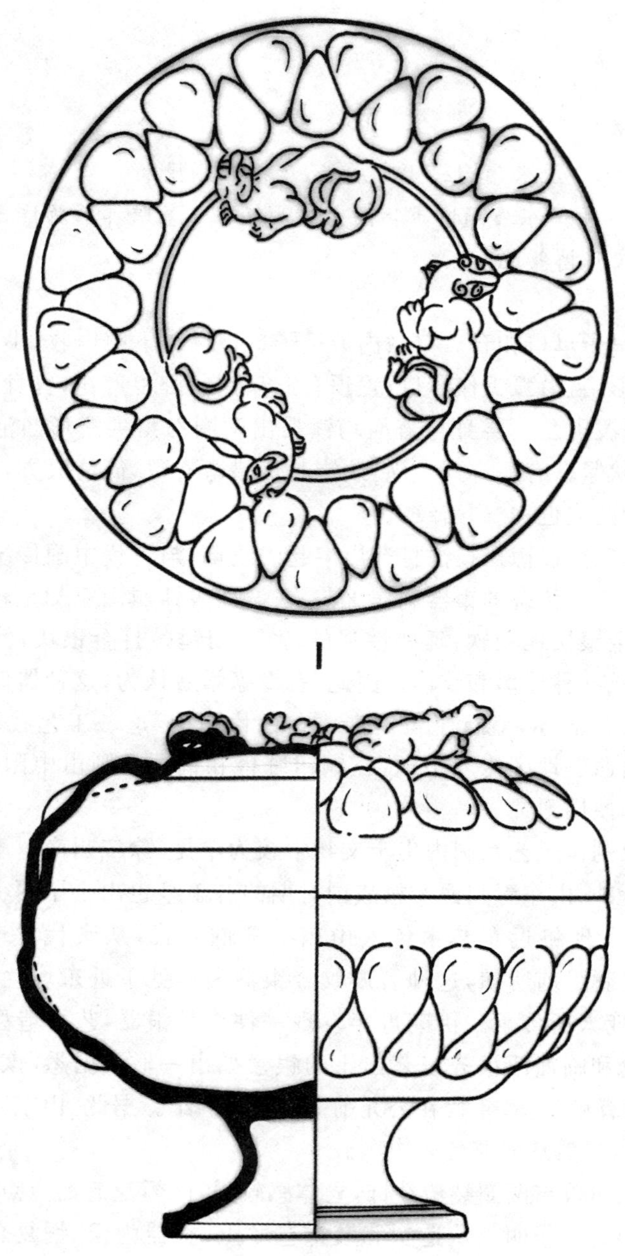

第五章　铁器

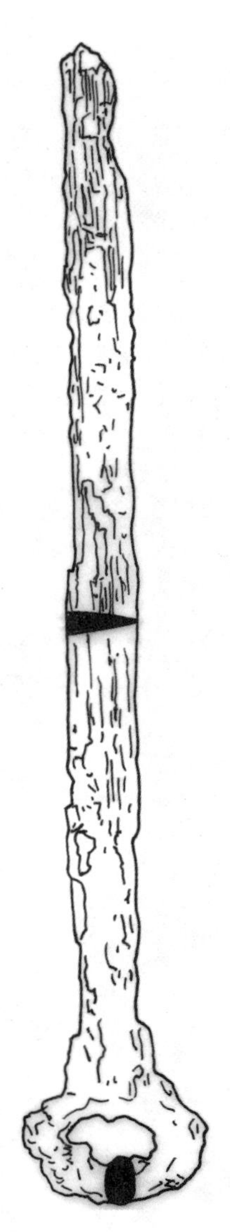

1. 战国 铁剑

名 称：铁剑
时 代：西汉后期
尺 寸：通长约 108.0 厘米，最宽 3.5 厘米
来 源：1992 年山东省淄博市临淄商王墓地战国晚期墓出土
收藏单位：山东省淄博市博物馆

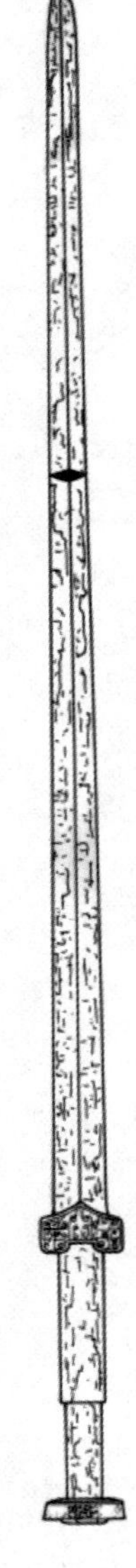

铁剑，属玉具剑，包括剑首、剑格、剑璏、剑珌等。剑身细长扁平，中脊稍高，剖面呈扁菱形，附有剑鞘朽迹。剑鞘用薄木制成，外面缠以丝织品，丝织品上有菱形带纹痕迹。剑首为圆形，剑格断面成菱形，表面均雕刻纹饰。剑体锈蚀较甚。

冶铁术的发明，在人类历史上具有划时代的意义，它的发明把古代科学技术提高到一个前所未有的水平，开创了人类历史上一个全新的时代——铁器时代。在最新研究成果中，即把山东淄博的铁山定为“中国冶铁发源地”。

冶铁技术的进步和推广，有力促进了新的生产力的发展。冶铁业的发展与国家的政治、经济的兴衰有着密切关系，是一国强弱的重要标志。齐国冶铁历史悠久，在《管子·地数》中，记载当时齐国境内“出铜之山，四百六十七山，出铁之山，三千六百九山。……上有丹沙者，下有黄金；上有慈石者，下有铜金；上有陵石者，下有铅、锡、赤铜；上有赭者，下有铁”。可见当时齐国的矿产资源，不仅品类多、储藏量大，而且已为智慧的齐人所认识、掌握，并被开发利用。齐国还实行“官山海”(《国语·齐语》)的政策，加强了国家对矿山的管控，采取官督民办的方式采矿冶炼，并制定相关的矿山保护法令，使采矿业得到较大发展，促进了国力的强盛。正是有了这些丰富的矿产资源作为基础和保障，才成就了发达的冶铸业，从而使齐国冶铸业尤其是冶铁业远远走在了时代的前列。在齐故城发现发掘的冶铁遗址也有多处，总面积达 40 万平方米。在齐地墓葬中各时期铁器也屡有出土。晋曹毗《咏冶赋》中的著名诗句“冶石为器，千炉齐设”，就形象地描绘和展现了我国古代冶铸生产蒸蒸日上的一派繁荣景象，同时也是齐国金属冶炼的真实写照。

该铁剑长达 108 厘米，这在先秦考古资料中并不多见，它的出土反映了战国时期齐国发达的金属冶炼和锻造技术水平。

2. 战国　铁削(一)

名　　称:铁削
时　　代:战国晚期
尺　　寸:通长 14.6 厘米,宽 1.0 厘米,背厚 0.2 厘米,环径 3.0 厘米
来　　源:1992 年山东省淄博市临淄商王墓地战国晚期墓出土
收藏单位:山东省淄博市博物馆

该铁削,环首,刀身窄直,锈蚀较甚,有木鞘朽迹。

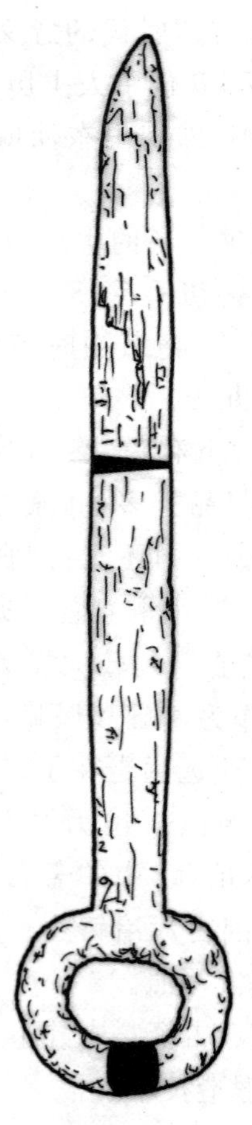

3. 战国　铁削(二)

名　　称:铁削
时　　代:战国晚期
尺　　寸:通长 29.6 厘米,宽 2.8 厘米,背厚 0.5 厘米,柄长 6.8 厘米,环首径 4.2 厘米
来　　源:1992 年山东省淄博市临淄商王墓地战国晚期墓葬出土
收藏单位:山东省淄博市博物馆

该铁削,环首,刀身微曲。刃、柄有明显分界,锈蚀较甚,有木鞘朽迹。

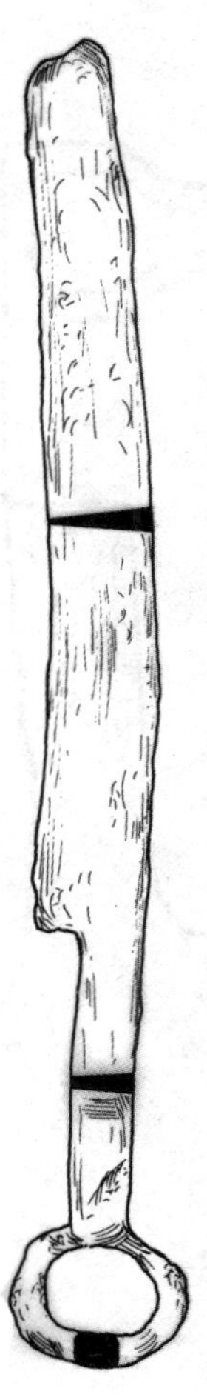

4. 战国　铁锸

名　　称：铁锸
时　　代：战国晚期
尺　　寸：高 7.2 厘米，刃宽 7.7 厘米
来　　源：1992 年山东省淄博市临淄商王墓地战国晚期墓出土
收藏单位：山东省淄博市博物馆

铁锸，呈"凹"字形，上端有銎，残留朽木痕迹；下端外弧双面刃，锈蚀严重。

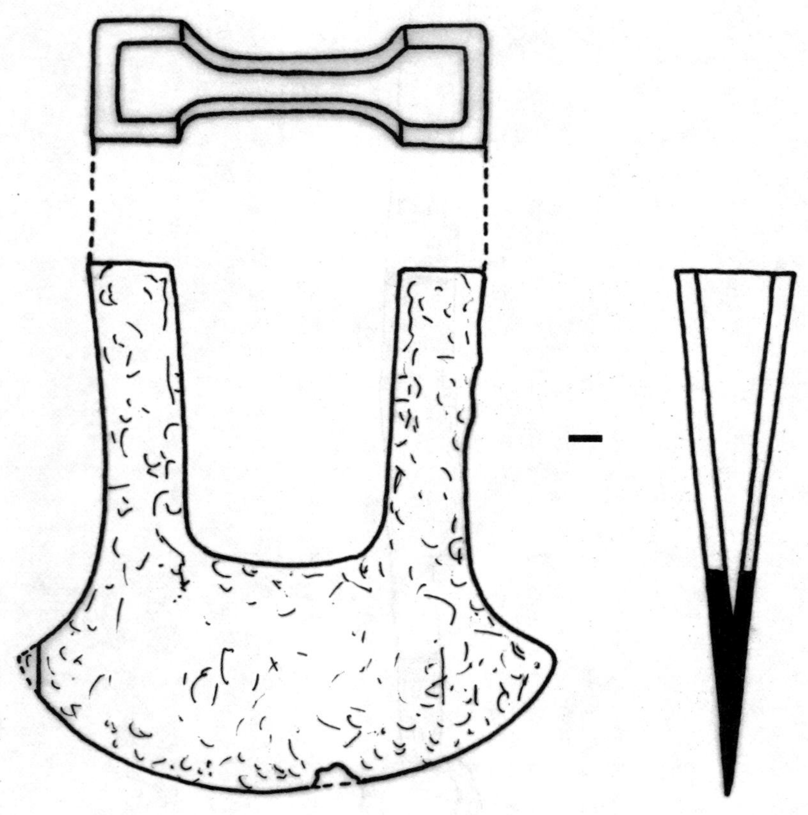

5. 战国　铁锄

名　　称:铁锄

时　　代:战国晚期

尺　　寸:高 12. 8 厘米,刃宽 21. 8 厘米

来　　源:1992 年山东省淄博市临淄商王墓地战国晚期墓出土

收藏单位:山东省淄博市博物馆

铁锄,六边形,双面刃,锈蚀严重。上部有长方形銎,内存朽木痕迹。

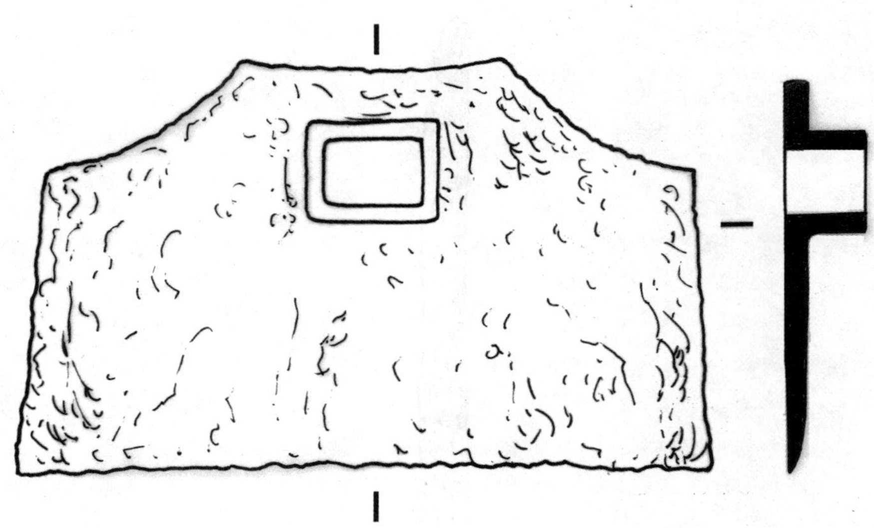

6. 西汉　铁削

名　　称：铁削
时　　代：西汉晚期
尺　　寸：通长 23.7 厘米，中部宽 1.5 厘米
来　　源：1992 年山东省淄博市临淄商王墓地西汉晚期墓出土
收藏单位：山东省淄博市博物馆

铁削，环首，扁条形柄，削背平直，刃部稍突出，前端斜收成锋。锈蚀较甚，残缺不全。

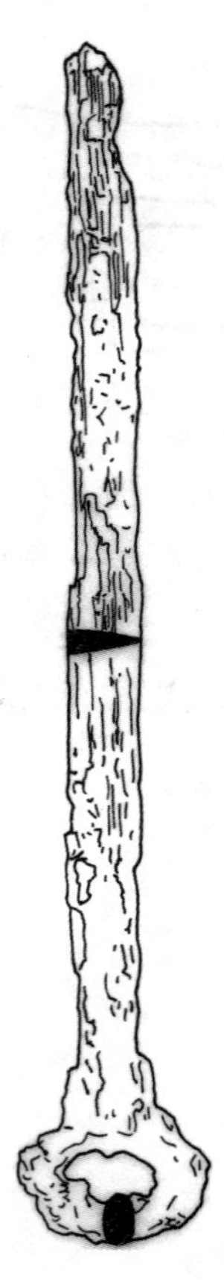

7. 西汉 铁剑

名　　称：铁剑
时　　代：西汉晚期
尺　　寸：通长约51.2厘米、最宽3.2厘米
来　　源：1992年山东省淄博市临淄商王墓地西汉晚期墓出土
收藏单位：山东省淄博市博物馆

铁剑，为铜剑首，前端附一圆柱形短茎，短茎中间有凹槽，一侧有销孔，镶嵌于铁茎后端。铁茎呈长扁条形，与剑身铸为一体，铜剑格镶于剑身后端。剑身修长，前端有锋，横切面呈枣核形，两面附有剑鞘痕迹。剑鞘系用薄木制成，表面裱附丝麻织品。剑体锈蚀较甚。

8. 西汉 铁刀

名　　称:铁刀
时　　代:西汉晚期
尺　　寸:残长 57.5 厘米、最宽 3.2 厘米、柄径 3.0 厘米
来　　源:1992 年山东省淄博市临淄商王墓地西汉晚期墓出土
收藏单位:山东省淄博市博物馆

铁刀,刀身修长,断面呈楔形,前端残缺,锈蚀较甚。长柄,横切面呈椭圆形,刀身黏附刀鞘痕迹。刀鞘用薄木做成,表面裱附丝麻织品。

9. 西汉　铁锸

名　　称：铁锸
时　　代：西汉前期
尺　　寸：銎端长 13.9 厘米，宽 1.5 厘米，刃宽 12.8 厘米
来　　源：1992 年山东省淄博市临淄商王墓地西汉前期墓出土
收藏单位：山东省淄博市博物馆

铁锸，平面略呈倒梯形，上宽下窄，上端有銎，纵切面成楔形。该铁锸属于挖掘墓穴的工具，锈蚀较甚。

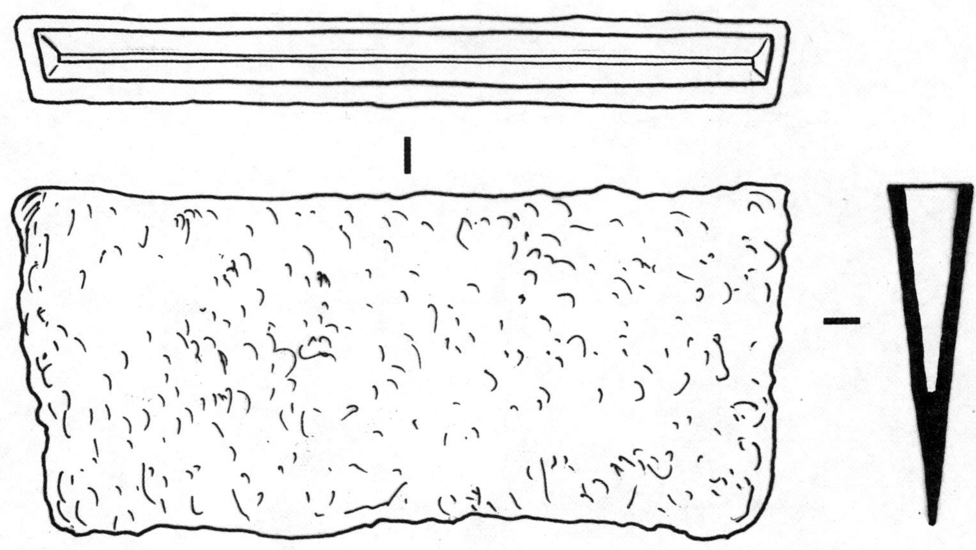

第六章　瓷器

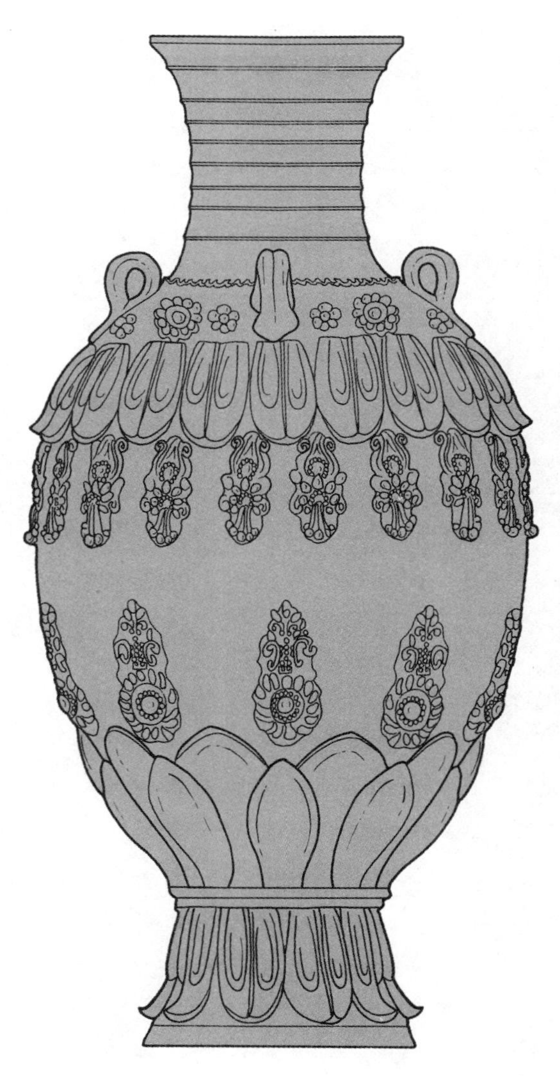

1. 北朝 青釉莲花尊

名　　称:青釉莲花尊
时　　代:北朝时期
尺　　寸:高 59.0 厘米,口径 13.1 厘米,足径 16.0 厘米。
来　　源:1982 年山东省淄博市淄川龙泉镇和庄北朝晚期石室墓出土
收藏单位:山东省淄博市淄川区博物馆

青釉莲花尊,尊体通身施青釉,釉薄而均匀,釉色青中泛黄,光亮晶润,胎骨坚致,胎质较粗,呈灰白色。侈口,呈喇叭形,平唇,斜肩,长颈,椭圆形深腹,高圈足略侈。颈部饰八周凸弦纹,肩部饰一周粗绳纹,下有四个复式耳系;耳间模印四组宝相花图案,每组三朵,一大两小。腹上部堆塑一周二十一个覆莲瓣纹,莲瓣丰硕,瓣尖翘起;中部模印两周忍冬花图案,上密下疏,大小不一,相互交错;下部饰一周穿插交错、紧紧相连的仰莲瓣纹,每层各十一瓣。足外堆塑十一瓣覆莲。

尊体所饰莲瓣纹是与当时佛教有关的装饰纹样。在佛教中,莲花被视为吉祥圣洁的灵物,在佛教兴盛的国度,莲花被尊为“圣花”,常用于重要的仪典。在寺庙和古塔等佛教建筑中通常雕刻着莲花,把佛国称为“莲界”,把佛寺称为“莲宇”。而忍冬花,因它越冬而不死,所以被大量运用在佛教上,比作人的灵魂不灭,轮回永生。自东汉以来,随着佛教的传入,瓷器的纹饰更多地采用了与佛教相关的装饰纹样,该尊即是当时佛教盛行的具体反映。由此推论,该尊应是墓主人生前用作供奉佛祖的祭器。

该尊器型朴实挺拔又不失灵秀,图案看似繁缛却主次分明,富有节奏感。装饰手法写实与抽象的多样化,再加上莲花尊高大的形体,华丽的图案装饰,更显其尊贵、典雅,在国内瓷器殿堂中当属极为少见的青瓷艺术珍品,是北朝晚期淄博窑早期的经典之作。

该青釉莲花尊的造型和釉色与同时期的寨里窑(距和庄有几公里)出土的瓷器相同,应为寨里窑的产品。寨里窑是迄今我国北方地区发现的惟一一处最早的青瓷窑址,寨里窑青釉莲花尊的出土,不仅代表了这一时期我国北方地区高超的制瓷技艺的最高水平,也是全国目前所见的南北朝青釉莲花尊唯一能确定其窑口的产品。

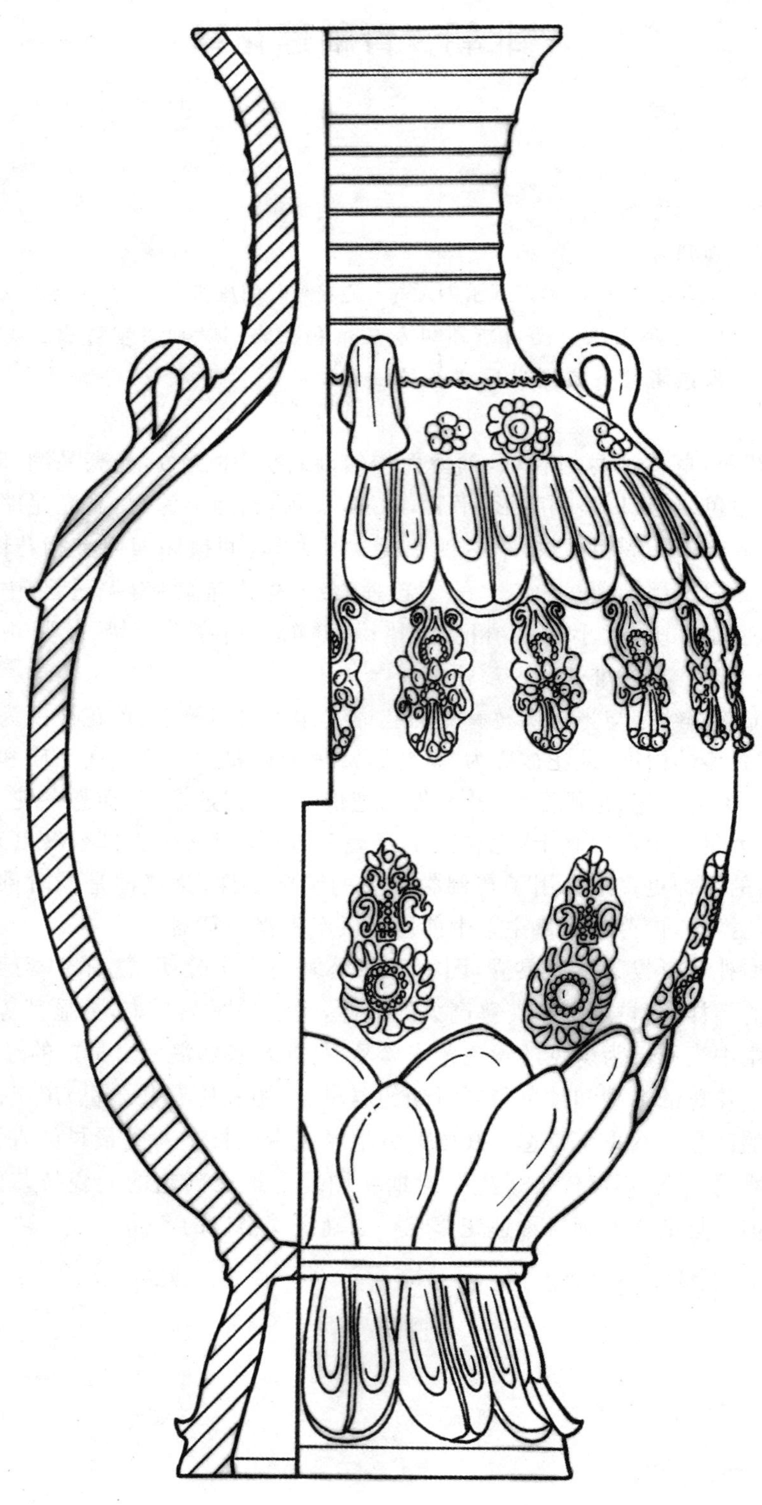

2. 隋　青釉四系罐

名　　称:青釉四系罐
时　　代:隋代
尺　　寸:高 17.8 厘米,口径 6.8 厘米,底径 7.6 厘米
来　　源:山东省淄博市桓台县田庄镇荀召遗址出土
收藏单位:山东省淄博市博物馆

青釉四系罐,外施青色釉,但只腹部以上施釉,有垂釉现象。方唇,短直口,短颈,斜肩,鼓腹,平底内凹。口沿有两对复式耳,肩、腹部饰凹弦纹。器施半釉是隋代瓷器较为典型的风格特征。

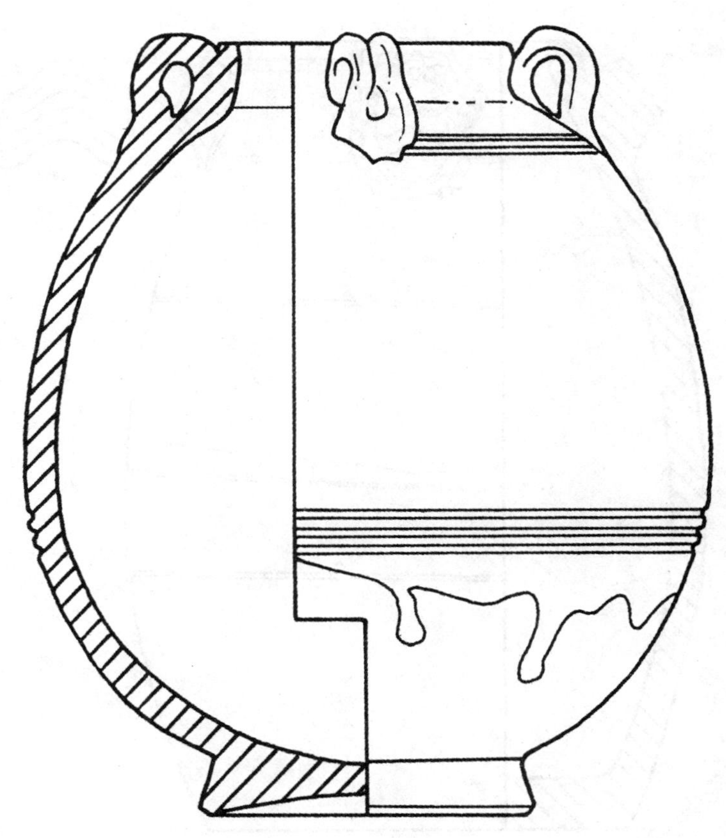

3. 唐　青釉二系罐

名　　称：青釉二系罐
时　　代：唐代
尺　　寸：高 16.5 厘米，口径 7.0 厘米
来　　源：山东省淄博市淄川寨里窑址出土
收藏单位：山东省淄博市博物馆

青釉二系罐，内饰全釉，外施半釉，釉色青中泛黄。平唇，敛口，斜肩，深腹微鼓，大平底。口沿堆塑一对铺首衔环，两只桥形贯耳。器身共有四道弦纹，肩、腹部饰凹弦纹。

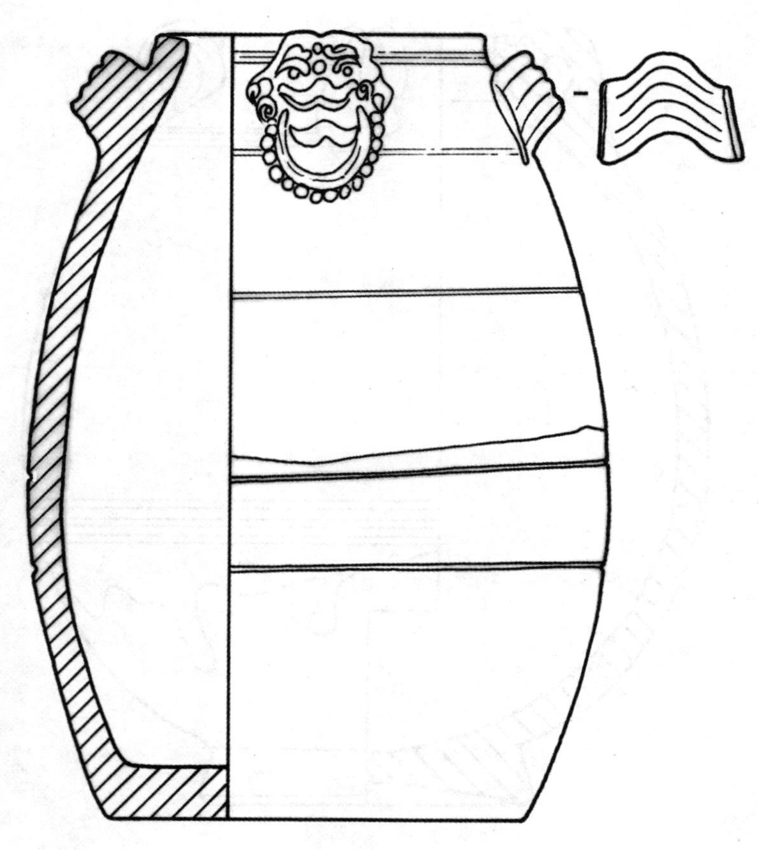

4. 北宋 影青瓜棱执壶

名　　称:影青瓜棱执壶
时　　代:北宋时期
尺　　寸:通高25.3厘米,口径6.9厘米,盖径7.4厘米,腹径12.2厘米,底径8.6厘米
来　　源:1971年山东省淄博市博山区出土
收藏单位:山东省淄博市博物馆

影青瓜棱执壶,胎体细薄,洁白致密,施釉均匀,釉色白中泛青,底部有四个方形支烧痕。侈口,长颈,十瓣瓜棱腹,底平微凹,长流,盖顶内凹,中有一花式小钮。盖边与把手顶部各有一管状小钮,口沿下与肩部各饰弦纹一道,腹饰弦纹四道。流和鋬下饰三角树叶纹。该器是目前已知出土的影青执壶中最精美的一件。

该执壶为北宋湖田窑(今江西景德镇东南湖田村)烧制。湖田窑是我国宋元明时期制瓷业规模最大、延续烧制时间最长、所制瓷器最精美的古窑场之一。它始烧于五代,兴盛于宋代,衰败于明代,历时700年之久。

五代时湖田窑主要烧造灰胎青瓷和白胎白瓷两种。青瓷与唐、五代越窑瓷在胎釉上极相似,属仿越器。青瓷大多数胎色灰褐,质地粗松,釉色灰青,除少数器物为葵口及内壁出筋外,没有其他纹饰。白瓷则胎质致密,透光度极好,胎色洁白。因采用支钉叠烧的方法,器物内底及足底上往往留有椭圆形的支钉痕。器型简单主要有碗、盘、壶等。碗、盘均唇口或花口,足径大;壶则长颈喇叭口,腹瘦长作瓜棱状。色多为青灰或米黄,品种少,器型敦实厚重,造型简朴。

到了北宋时期,湖田窑产品全为影青瓷,胎质洁白。北宋初期器釉色多青灰或米黄,品种少,造型简朴,敦实厚重。装饰较少,仅在碗外壁刻花粗大牡丹或莲瓣纹样,纹饰粗犷古朴。器形主要有碗、盘、罐、折腰钵、注碗、多管器等。

北宋中后期,在定窑的影响下,湖田窑开始使用瓷质复烧匣具,大小不同的多件器物可以一匣复烧,故出现了“芒口”器。由于采用复烧法,提高了产量,也改进了质量,故有“南定”之称。此时的瓷器胎质轻薄细腻,致密洁白。釉质透明度高,光泽度强,温润如玉。刷釉加厚,使釉色莹润青翠,白中透青,青中泛白,近似玻璃透明状,积釉处呈湖水绿色。以上特点极大地满足了文人士大夫及上流社会的审美需要。当时主要品种多为碗、碟、罐、盘、壶、瓶、炉、茶托、香薰、注碗、盒子、瓷雕及芒口器等。装饰题材丰富,刻花器盛行,常见图案有牡丹、篦纹菊、飞凤、莲荷、水波纹。

到了南宋,湖田窑烧造仍以影青瓷为主,早期在品种、造型上与北宋后期相同,纹饰主要采用篦划法,篦划技术娴熟、流畅。刻划题材广泛,构图集中在碗盘内底和器壁上。主要纹饰有植物类和动物类,如牡丹、莲荷、孩儿攀花、水波纹等。唯釉色的光泽透明度

逊于北宋后期。中晚期主要盛行印花器，构图趋向繁缛，层次较多，并出现人物故事题材。器物造型丰富多彩，除日用器碗、盘、碟外，还有托盏、注碗、瓶、炉、熏等，特别是瓷枕造型丰富，形态各异，如虎形枕、龙形枕、荷叶枕、仕女枕、建筑枕、婴孩枕等。

元统一全国的中后期，因元政府对外交流的扩大，从尼泊尔引进了一种叫“苏麻离青”的青花料，开始在景德镇烧制青花瓷器。据考古资料显示，湖田窑最迟在元代中期就开始了青花瓷的烧制。由于采用进口青花料绘制，青花发色浓艳，胎体厚重，器型硕大，尤以底厚胎重的大盘为多。器形主要有梅瓶、玉壶春瓶、罐、碗、盘、匜、炉和高足杯等。纹饰层次繁密，装饰繁缛华丽。洪武二年(1369 年)，景德镇珠山设立御窑厂，景德镇制瓷中心逐渐转到市区。但湖田窑仍在生产，主要有青花瓷和青白瓷。

明代早期青花仍在使用苏麻离青釉料，青花发色主要是青中透蓝，少量有蓝中泛紫的现象。器物造型与元代风格相似，造型规整，不见变形现象，器底多不施釉。碗的器形较为轻盈灵巧，不如早期的敦实厚重。青花装饰题材以云气、楼阁、荷花、兰竹、湖石为主，风格粗率、奔放。青白瓷的造型与元代接近，不同的是碗类足径较大，碗底乳凸渐失，釉色灰暗。产品以碗、盘、高足杯等日用瓷为多。明代晚期，由于战祸连年不断，湖田窑的烧造已至尾声，逐渐趋于消亡。

湖田窑是我国八大窑系之一，从兴起到昌盛直至衰落，经历了漫长的沧桑岁月。从五代至明这一段时期，它始终代表了中国陶瓷业发展的主流，对中国制瓷业的快速发展起到了巨大的推动作用。在中国的陶瓷史上，湖田窑留下了它浓墨重彩的一笔。宋代景德镇的青白瓷由半透明的釉发展到半透明的胎，这在中国瓷器发展史上是一个飞跃。由于青白瓷制作的丰富经验，为以后青花瓷的出现和发展奠定了基础。

山东地区出土的湖田窑瓷器较多，尤以淄博市博物馆藏的这批出土瓷器最为精美，代表了北宋时期影青瓷的最高水平。

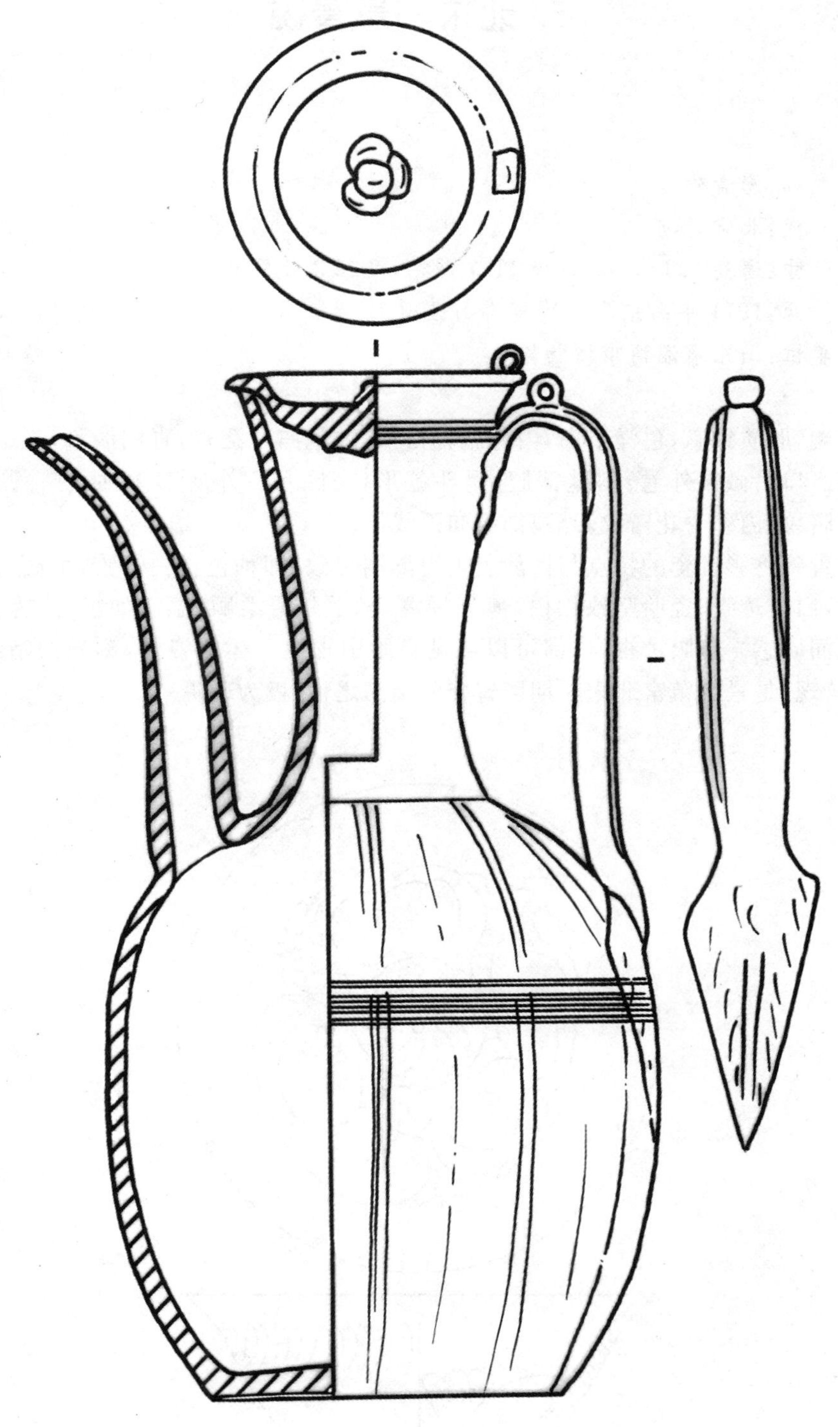

5. 北宋　影青碗

名　　称：影青碗

时　　代：北宋时期

尺　　寸：通高 6.1 厘米，口径 11.7 厘米，足径 3.3 厘米

来　　源：1971 年山东省淄博市博山区出土

收藏单位：山东省淄博市博物馆

影青碗，胎质细腻，色泽洁白，内外施青白釉，釉色白中泛青，青润淡雅，有细开片纹，光洁莹润。口沿微侈外卷，斜壁深腹，呈斗笠形，高圈足。外底部无釉，有一圈垫烧痕。内外刻划暗纹，内壁为花瓣纹，外腹饰纵向弧线纹。

该影青碗将影青瓷的特点与神韵表现得淋漓尽致，即釉色青白淡雅，釉面明澈丽洁，青中带白，白里透青；瓷胎坚致细白，薄如蝉翼，触手腻滑柔顺，温润如玉，虽为瓷质却具备玉器温润质感。遮眼透视，仿佛可以窥见瓷胎中青白一体的瓷骨，刻划的暗纹虚无缥缈，若隐若现，是景德镇窑北宋时期影青瓷的精品之作，极为珍贵。

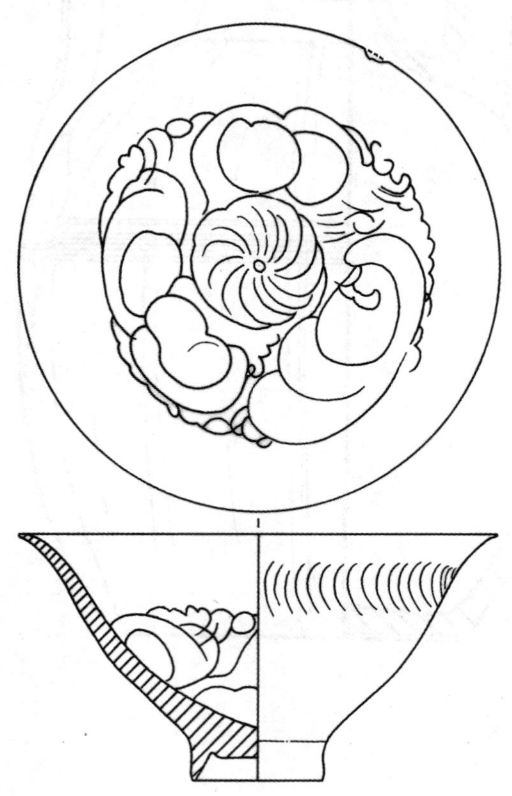

6. 北宋　影青熏炉

名　　称:影青熏炉

时　　代:北宋时期

尺　　寸:通高13.4厘米,口径8.8厘米,足径8.8厘米

来　　源:1971年山东省淄博市博山区出土

收藏单位:山东省淄博市博物馆

影青熏炉,香熏之用具。胎质洁白细腻,内外施釉,釉色白中泛青,光洁莹润,造型规整秀丽。炉作圆球形,下腹饰两道暗弦纹,以子母口相扣合,喇叭形竹节状高圈足,上镂三个花式孔,有圆形垫烧痕。盖面弧形隆起,盖顶中心有一圆孔,孔外有涡轮状孔,并饰镂空网状纹。

"影青"是晚清以后对"青白瓷"的称谓,实际上是指宋代景德镇湖田窑烧制的青白瓷。青白瓷以其釉介于青白之间而冠名,说它是青瓷,却青中闪白,看似白瓷,却白中泛青。这种介于青瓷、白瓷之间的青白瓷,是北宋初、中期湖田窑独创的特色瓷。青白釉的釉质中含有微量的铁质,釉色白中泛青,釉层细薄晶莹,具有温润如玉的艺术效果,成为南方青白瓷中的一枝奇葩。宋文献中仅见"青白瓷"一名,无"影青"之称谓。晚清至民国初年出版的瓷器书中又有"隐青""映青""印青"等名称,所指均为青白瓷。

宋代青白瓷除了具有胎白细腻、釉润如玉等特点外,还辅以刻花、篦点、篦划、印花、堆塑等装饰,增添了青白瓷的艺术感染力。而北宋时期的青白瓷虽多光洁素雅无纹,但以其白洁细腻的胎骨、端庄敦厚的器型和润洁如玉的釉质,更博得世人的青睐。相对而言,北宋的青白瓷比南宋的青白瓷发掘出土或传世的要少得多。就其器型、胎质、釉水对比,北宋的更胜一筹,显得尤为稀罕和名贵。

青白瓷是在青白玉可遇而不可求的情况下出现的,它应是景德镇陶瓷匠师们别出心裁地利用当地优质原料烧出的,色质如玉,从出现的那一天起就受到了人们的喜爱,不久便赢得了"假玉器"的美称。南宋词家李清照在《醉花阴》一词中写有"佳节又重阳,玉枕纱窗,半夜凉初透"之句,这里的"玉枕"指的就是色质如青白玉的青白瓷枕。元代青白瓷碗有印"玉出昆山"和"玉出昆冈"字铭,表明青白瓷仿玉器而作的寓意。

该影青熏炉是1971年博山公安局在挖防空洞时发现并出土的14件影青瓷器之一,这批瓷器,胎质细腻致密,器表光滑素雅,釉色青中泛白,如冰似玉,为影青瓷之上品。同时出土造型如此精美、品种如此繁多的北宋影青瓷器精品,这在全国也较为罕见。它们是江西景德镇北宋时期的湖田窑所产的代表作品。

这件影青熏炉整体造型端庄大气、浑厚圆润,胎釉润洁无瑕给人以冰清玉洁之感。结构严谨,镂空规则有序、线条流畅,为宋代青白瓷中的罕见珍品。

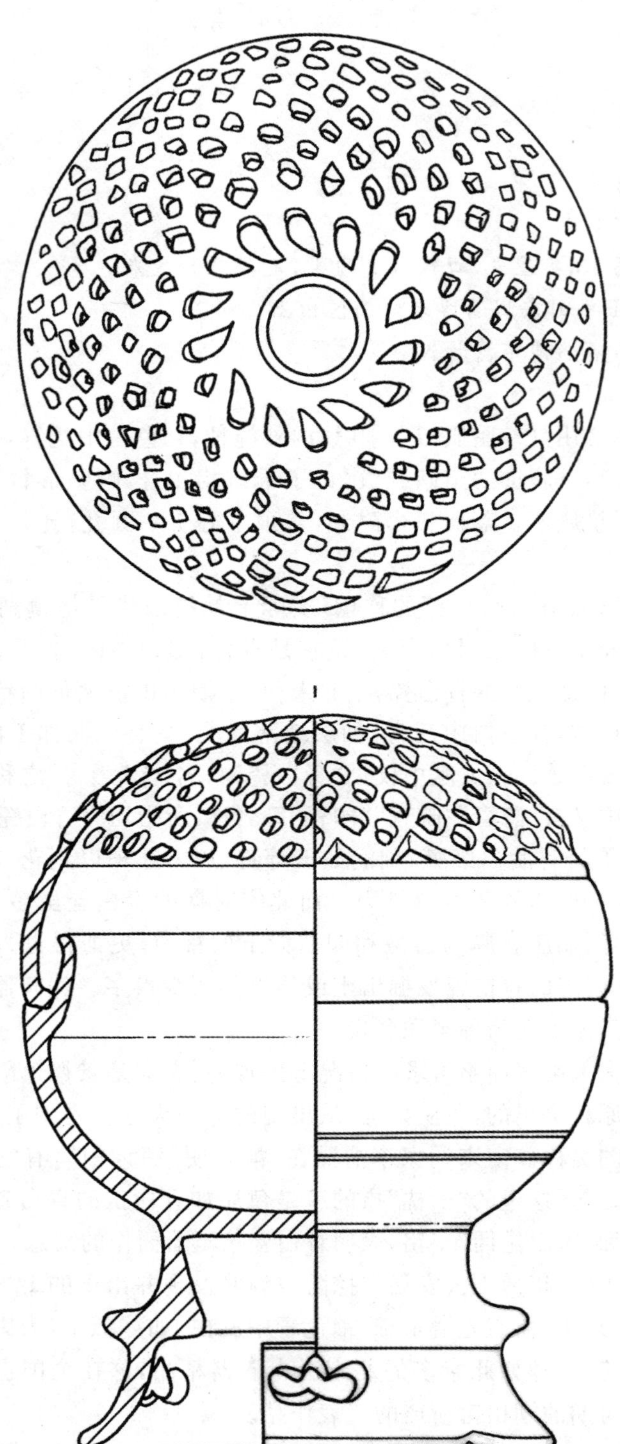

7. 金　白釉四系瓶

名　　称：白釉四系瓶

时　　代：金代

尺　　寸：高 31.0 厘米，口径 6.0 厘米，腹颈 14.4 厘米，底颈 7.4 厘米

来　　源：1990 年山东省淄博市博山区金代壁画砖室墓出土

收藏单位：山东省淄博市博山区文物事业管理所

白釉四系瓶，外施半釉，瓶体修长。圆唇，小口，长颈，颈有四耳。鼓腹较深，小平底，底微内凹。该瓶具有鲜明的地域特色，为宋金时期博山当地古瓷窑烧制的典型器物。

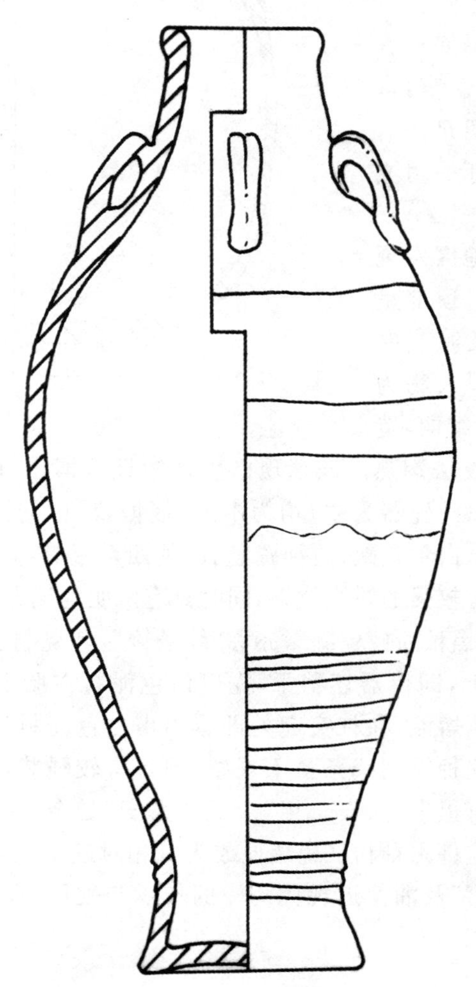

8. 金　黑釉粉杠瓷罐

名　　称:黑釉粉杠瓷罐
时　　代:金代
尺　　寸:高:17.5 厘米,口径:14.5 厘米,足径 8.6 厘米
来　　源:1990 年山东省淄博市博山金代壁画砖室墓出土
收藏单位:山东省淄博市博山区文物事业管理所

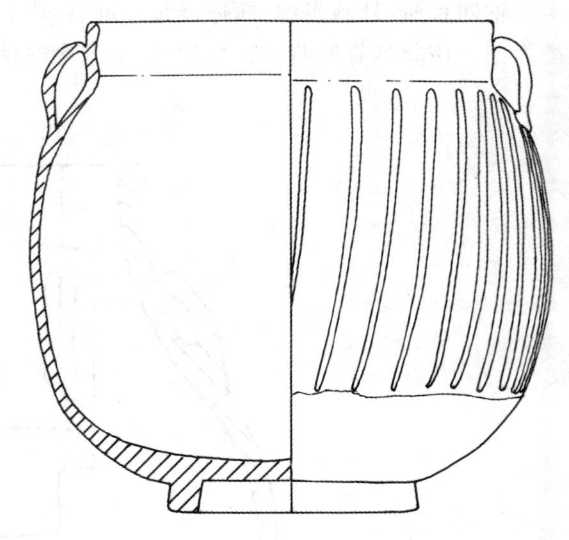

黑釉粉杠瓷罐,器表施黑釉但未到底,器体黑釉之上饰 50 余条分布基本均匀的浅粉色纵向凸线纹,布于腹部一周。凸面施白釉,肩部黑釉上滴青釉,沿底部有刀削痕一圈,形成露胎环。直口,圆唇,圆鼓腹,平底,矮圈足。肩部置两耳,两耳正中各有一阴文"X"字符。

金代壁画墓在山东地区发现极少。该墓为方形砖室,顶部呈穹窿形,四周绘有九幅反映当时民风民俗、宗教信仰的以人物为主的单幅彩绘壁画,色彩绚丽,造型准确,线条粗犷豪放,技法娴熟。该墓现已整体搬迁至博山"颜文姜祠"院内,保存完好。该墓出土的随葬品以陶瓷器为主,均为本地"淄博窑"中的博山大街窑烧制的产品。瓷器主要有玉壶春瓶、碟、白釉瓷碗、白釉瓷盘、白釉四系瓶等,其中包括这件黑釉粉杠瓷罐,器身饰满竖线条纹,有较强的装饰效果,同时具有鲜明的地方特色。

黑釉粉杠瓷罐又称"黑釉粉棱瓷罐",亦称"线条罐",其烧制工艺和装饰风格独特,多用在花口瓶及罐类器皿上,即待器坯稍干,先以白色泥料在胎上立粉作杠,然后蘸施黑釉,烧成后,黑釉在高温下熔流,在杠突起处即露出由白色粉料显示出来的线条,形成黑白分明的图案化效果。这种纵列线条虽不规整,但具有较强装饰性,是淄博窑烧制的经典之作。由于墓内壁画有墨书"大安二年"云云,"大安"是金代完颜永济的年号,大安二年即公元 1210 年,因此这件黑釉粉杠瓷罐便成为有相对确凿纪年的标准器物,更加弥足珍贵,对研究古代"淄博窑"及淄博近现代陶瓷的传承与发展,有着重要的史料价值和现实意义。

9. 元　白地黑花鱼藻纹盆

名　　称:白地黑花鱼藻纹盆

时　　代:元代

尺　　寸:通高 14.0 厘米,口径 47.0 厘米,底径 24.0 厘米

来　　源:山东省淄博市淄川西河坡地窑出土

收藏单位:山东省淄博市博物馆

白地黑花鱼藻纹盆,内施白釉,外部无釉。器壁较厚,胎质较粗。圆唇,折沿,沿面有一周凹槽,斜直壁,大平底。折沿处绘装饰纹样,盆壁绘藻纹,底部绘鱼纹,用笔线条粗犷豪放,灵活多变,挥洒自如。底部窑裂鼓起。这件白地黑花鱼藻纹盆是典型的淄博窑中位于淄川的坡地窑烧制的产品。

淄博陶瓷历史源远流长。穴居于距今约 1 万年前的沂源北桃花坪扁扁洞遗址的先民们,便开始"抟土制器,掘地筑窑,焚柴而陶"。距今 8500 年的后李文化时期,已能烧制较为成熟的陶制器皿;桓台李寨遗址出土的龙山文化蛋壳陶器,可谓史前制陶史上的巅峰之作。到了西周时期,齐国提倡"求天下之精材,论百工之锐器"(《管子·幼官》),不仅在手工业生产中设"陶正"官来加强对陶器生产的管理,而且对技术和质量的要求,还在实际生产中确定了明确的规范,这些都加速了瓷器的诞生。出土于齐国故都临淄的西周时期原始瓷豆,开启了由陶向瓷过渡并开始了瓷器生产的新篇章。距今 1500 多年前的淄川寨里窑,成为淄博瓷业的源头,同时它也是北方早期青瓷的发源地之一。淄博窑是中国古代名窑之一,在中国陶瓷史上占有一席之地。它体系庞大,烧制传承时间长,烧制产品各具特色,除寨里窑、淄博窑外,著名的古窑址还有磁村窑址、坡地窑址、博山大街窑址等,它们在不同时期生产出了许多具有较高影响力的陶瓷精品,如茶叶末釉瓷、油滴釉瓷(雨点釉)、白地黑花瓷、黑釉粉杠瓷、绞胎瓷和三彩瓷等。其中的白地黑花瓷,便是坡地古窑的杰作,也是极具淄博地域特色的典型代表。

坡地窑位于淄川区西河镇,作为淄博古窑中的一处重要古窑址,金元时期发展至鼎盛,是以生产白地黑花瓷器而闻名于世的著名窑址。

坡地窑烧制的白地黑花瓷器主要是当时群众生活必需品,器类繁多且产量大,主要器型有盆、碗、瓮、瓶、罐、盘、枕、儿童玩具等。白釉瓷是坡地窑的主要品种,在白地上绘黑花则是坡地窑最具特色的装饰工艺。坡地窑瓷器的白地黑花装饰题材丰富,贴近自然,并且高度生活化。生活中的花鸟鱼虫、珍禽瑞兽、山水人物、戏曲故事、典故传说、诗词书法等均成为瓷器装饰的主要题材。在装饰风格上活泼自然,画面简练生动。以题写诗句与民间谚语作为瓷器的装饰,在坡地窑得到进一步的发展和完善,具有较强的艺术特色。工匠们书写方法和方式无固定格式,活泼洒脱,随意性较强。书写的内容大致有吉祥语、警世恒言等,如"有客问浮世,无言指落花""醉乡酒海""风花雪月,清净道德""利

市大吉""长命百岁""白云朝朝走，青山日日闲"等。有的在瓷器上书"官""忍""酒""香"等字。这些大众化的字句语言，增强了民间生活的文化气息。

总的来说，坡地窑瓷器的装饰特色鲜明，构图简练，画面内容生动活泼。其产品具有浓郁的地域特色，是金元时期的社会市井风俗的真实写照，为这一时期民间综合文化和艺术的研究，提供了丰富的实物资料。

10. 金　白地黑花题书四系瓶

名　　称:白地黑花题书四系瓶

时　　代:金代

尺　　寸:通高32.0厘米,口径5.5厘米,底径10.5厘米

来　　源:征集

收藏单位:山东省淄博市博物馆

白地黑花题书四系瓶,圆唇,敞口,短颈,溜肩,鼓腹,圈足。口沿有两对桥形耳。肩、腹部绘酱色弦纹,其间书"此物高寿"四字酱色草书。圈足有粘砂支烧痕。

白地黑花瓷的科学名称应该叫作"白地釉下黑彩",其早期产品彩在釉下,釉面光滑平顺,而且釉色牢固。其彩绘技法泼辣、随意、凝练,且一次烧成。该瓶造型别致,黑白两色分明,对比强烈,图案纹饰十分醒目,具有较强的视觉冲击力,风格各异,富有笔墨情趣。

白釉瓷是淄博坡地窑的一大特色,是用白色化妆土外罩透明釉工艺生产的白瓷产品。由于瓷器的胎体使用的是当地特有的瓷土"青土",结构较为疏松,加之受当时的陶炼技术和条件所限,胎胚原料颗粒较粗,含铝量较高,常有未烧透的孔隙和斑点。另外,原料中含铁、钛等着色杂质较高,胎色呈灰白或灰褐色。为解决这一难题,坡地窑的匠师们巧妙地使用白色化妆土施加在胎的表面,达到了极好的增白效果,进而成为一种装饰手法。化妆土是用白色优质瓷土制成的泥浆,它像人们使用的化妆粉一样,施在胎体上,可形成一层洁白光滑的外衣,除纯洁了胎体颜色以外,还遮盖了胎体表面的凹凸不平,使胎面变得洁白光滑,大大提高了瓷器的外观质量和釉色的白度及光亮度,并成为当时遮盖与弥补胎体粗糙及颜色不纯的唯一切实可行的技术手段,是一种创造性的劳动。化妆土不但把釉面衬托得更加洁白润泽,产生了优质的白瓷,而且为用毛笔在瓷器上装饰作画创造了条件。

坡地窑白地黑花瓷器装饰技法新颖别致,利用化妆土与黑彩料的黑白反差,来作为装饰的主要技法,结合出土瓷片和传世文物来看,其工艺具体可分为三种:一是用毛笔蘸黑彩料在瓷胎白化妆土上绘画或题书,这是较为典型的白地黑花。二是首先用毛笔蘸黑彩在瓷胎白化妆土上作画,然后再用骨制类坚硬工具勾画花卉轮廓、叶茎与花瓣、动物羽翼、鳞片等细部,被称为"白地绘刻花"。三是在白化妆土上满涂黑彩,用骨制类工具划出花纹,被称为"黑划花";或将花纹以外的黑彩剔去,露出白化妆土,称为"黑剔花",这种装饰虽色彩对比与白地黑花相同,纹饰也较相像,但不属于毛笔绘画,应属划花、剔花范畴。

用于装饰白地黑花瓷器的这种黑色彩绘颜料,因贫铁矿石含铁量的不同,又囿于当时落后的技术水平,所配黑彩呈现的效果也有较大差异。这反映在装饰技法和风格都相同的情况下,仅仅是黑彩料中含铁量的差异以及窑炉温度和烧造气氛的不同,而使彩料

最终的呈色有所不同。例如标准的装饰主色是“白地黑花”，但实际呈现出的效果可能是“白地酱花”“白地黄花”以及“白地褐花”等，实际上它们统称“白地黑花”，这无形中成为坡地窑白地黑花瓷器的一大特征。

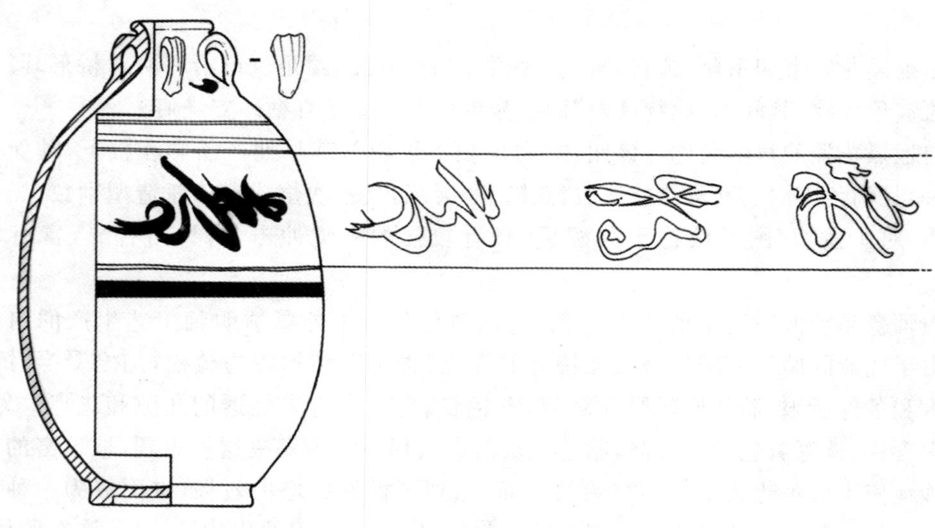

11. 元 白地黑花题书坛

名　　称:白地黑花题书坛
时　　代:元代
尺　　寸:高 26.4 厘米,口径 14.0 厘米,底径 20.4 厘米
来　　源:山东省淄博市张店石桥赵庄出土
收藏单位:山东省淄博市博物馆

白地黑花题书坛,造型规整,胎质较粗。短直口,方唇,肩微鼓,鼓腹,大平底。题书“白云朝朝走,青山日日闲”八字行楷诗句,中锋行笔,笔力强劲,笔画波磔精严,不失毛笔书法之韵味,富有节奏感。为坡地窑产品。

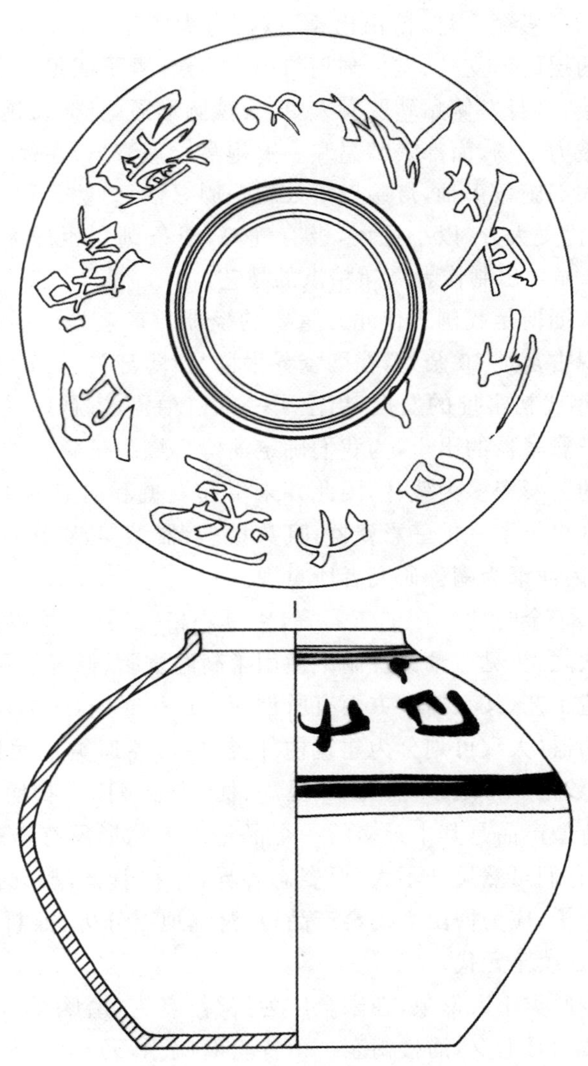

“白云朝朝走,青山日日闲”诗句出自元代孙仲章的杂剧《河南府张鼎堪头巾》第一折:“【丑扮王小二上,诗云】白云朝朝走,青山日日闲。自家无运智,却道世途艰;另有元北曲杂剧《合同文字》的开场,楔子:【刘天祥诗云】白云朝朝走,青山日日闲,自家无运智,只道作家难。”将这些流行于当时社会的戏曲元素,运用到瓷器制作中来,赋予了瓷器新的内涵。由此可见,匠师们必须有一定的生活体验,才能以瓷器制作为载体,用艺术的形式表现出来,从侧面反映出百姓生活的精神需求。

12. 宋、金　三彩狮形灯

名　　称：三彩狮形灯
时　　代：宋金时期
尺　　寸：高 15.5 厘米，长 12.5 厘米
来　　源：征集
收藏单位：山东省淄博市桓台博物馆

三彩狮形灯，博山出土，以狮身为座，上有灯碗。灯碗为宽沿，斜腹壁，浅腹；灯盏下有两层圆形支柱，支柱刻划斜小方格纹；狮子四足站立，睁目俯视，张口咆哮，尾翘与灯盏相接；狮身左侧贴塑驭狮人吏，头戴圆形冠，身披长袍，脚穿高筒靴，一手勒缰，一手握拳，头极力上扬，面部表情温和。冠袍身纹理清晰，在狮子和驭人下承圆底座，灯碗腹部与狮身大部施黄褐釉，灯碗口沿处施一周绿釉，内壁无釉。该灯以狮身为座，显其造型稳重雄健，优美大方，以小见大，极有气势，线条刻划粗悍大气而不失精巧，结构严谨而不失活泼，显现出制作者高超精湛的技艺。

淄博是我国古代北方重要的瓷器生产基地。经多年考古调查，已在博山、淄川一带发现古窑址 10 余处，在陶瓷界素称“淄博窑”。从 20 世纪 70 年代末博山大街窑的发现和 80 年代初窑址的发掘，出土了一批白釉瓷、青釉印花瓷、黑瓷、酱釉瓷和三彩瓷等。特别是三彩瓷器的出土，为我们确定淄博窑烧制三彩瓷的窑口提供了科学依据。由于当时出土的三彩瓷多为残片，因此并未引起发掘和研究者的足够重视。近年来，由于在此地区相继出土了一批三彩瓷器，且数量多，器型美，釉色晶润亮丽而极具研究、欣赏和收藏价值，因而渐为陶瓷研究者所重视。

宋金时期生产的三彩瓷，别具一格，其釉色均以黄釉为主，绿釉次之，黄、绿、褐三彩渐次之，少见蓝釉。烧制中使用了高温烧胎、低温烧釉的二次烧成法，既沿袭了唐三彩的制造工艺，又在诸多方面有所创新。这一时期，三彩产品数量多、器类全。它们均属生活实用器，大致可划分为建筑构件类、生活器皿类及摆件玩具类。从出土实物和残品标本看，数量非常之多，有盘、三足炉、枕、执壶、灯、人物俑、观音、佛像、玩偶等，其中各种人物俑造型产品是其中最多的一个品种。人物形象有击鼓者、打锣者、执镜者、持扇者、擎鞠者，它们虽然尺寸不大，但姿态各异，形神兼备，雕刻技艺精湛。从胎质、造型、釉色等方面分析，应为博山大街窑产品；从窑址地层分析、推断，烧制年代应为北宋末期，盛烧于金代，延续至元代。

此类小人形象，在宋金广为流行，名为“磨喝乐”。据宋代孟元老的《东京梦华录》记载：“七月七夕，潘楼街东……皆卖磨喝乐，乃小塑土偶耳。”反映的是北宋时的一种社会习俗。沿袭至金，仍然不衰。

在林林总总的淄博窑三彩瓷器中，狮形灯应为宋金时期博山大街窑三彩瓷器之精

品，且出土数量多，器型各异，造型独特，雕刻粗犷而不失凝重，刚劲又不失灵巧，有较高的艺术观赏性，是淄博窑烧制三彩器中的代表性器物。

此类宋金时期三彩灯以狮子、马、象等造型为主，上驮杯形、筒形或莲花形灯盏，造型古朴，形象逼真，装饰上综合运用刻、剔、划等技法，手法娴熟活泼，大气灵活，特色鲜明。它们既是实用品，又是艺术价值极高的瓷器工艺佳作，显示出民窑瓷器的精湛工艺，彰显了淄博窑独特的艺术魅力。

13. 宋、金　三彩狮形枕

名　　称:三彩狮形枕
时　　代:宋金时期
尺　　寸:高 6.8 厘米,枕座长 14.5 厘米、宽 10.3 厘米,枕面长 18.7 厘米、宽 13.5 厘米
来　　源:山东省淄博市博山大街窑出土
收藏单位:山东省淄博市博物馆

三彩狮形枕,整个造型为卧狮形,头尾分饰两端,狮头面部圆目凸鼻,双耳后贴,尾巴前卷。用细线刻划的方法,将狮子头尾的毛刻画得细腻生动,栩栩如生。枕面呈椭圆弧凹形,后为直面,前为荷叶状,整个枕面以三角将缠枝菊花纹分成三组。胎骨较粗,呈灰白色。枕座施褐色釉,底无釉,枕面施黄釉,枕内两侧施绿釉,中间花朵施黄釉。

该枕造型别致,装饰精美,雕刻技艺精湛,施釉色彩丰富,在三彩瓷枕中是少见的精品。

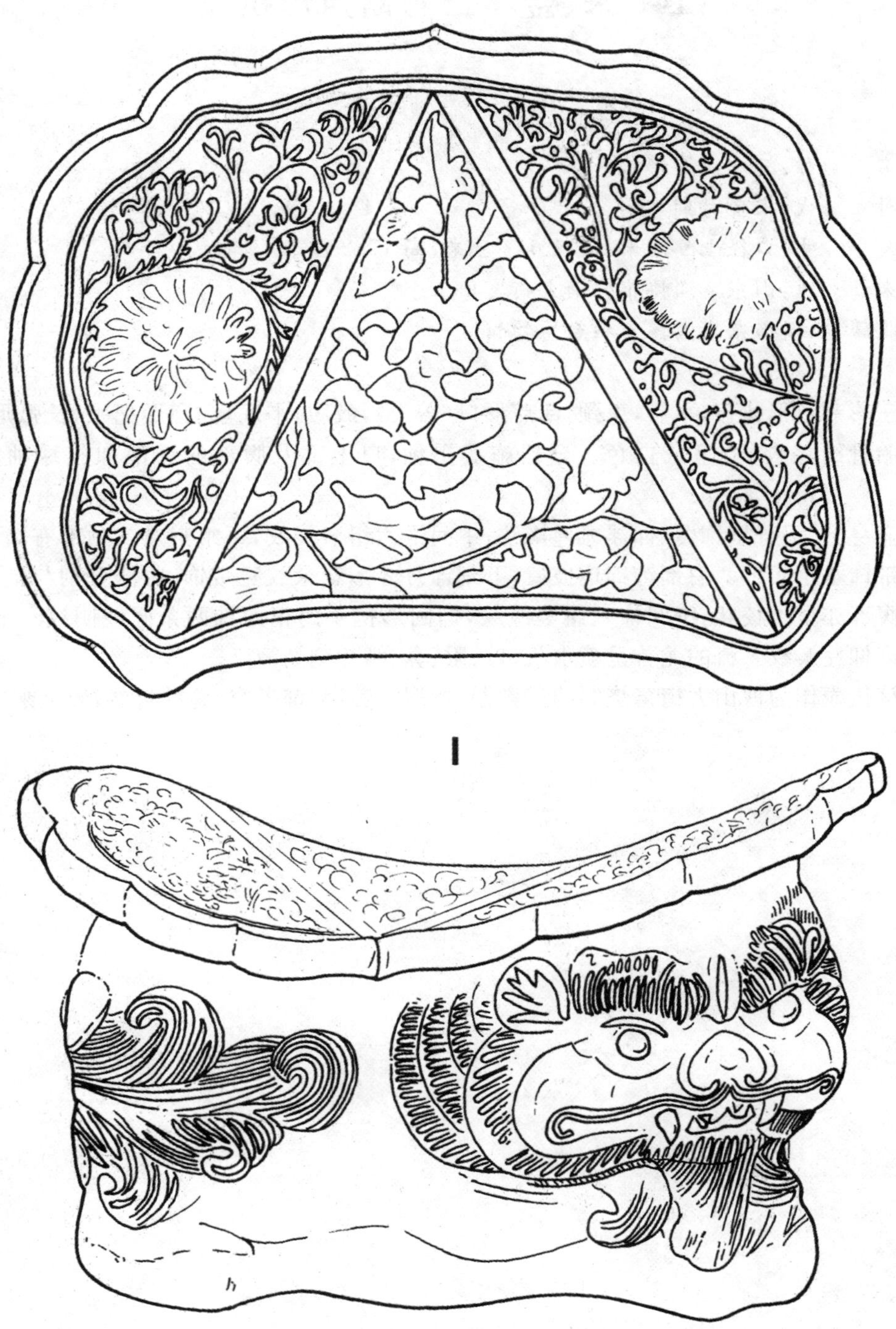

14. 宋、金　三彩葫芦形执壶

名　　称：三彩葫芦形执壶

时　　代：宋金时期

尺　　寸：口径1.9厘米，底径6.3厘米，高17.2厘米

来　　源：山东省淄博市博山大街窑出土

收藏单位：山东省淄博市桓台博物馆

三彩葫芦形执壶，平唇，束颈，葫芦形口（盖失），鼓腹，平底，椭圆形把手，长弧形龙口流。胎骨细腻较硬，呈灰白色。全器施黄褐釉，口上部及腹部的局部加施绿釉，外底无釉。

壶身上、下分别饰覆、仰浮雕莲瓣纹，中间饰六组竖线纹，每组三道。颈部有箍饰，并系有带饰垂至腹部。肩部饰锦地披肩，下刻饰月牙形花朵纹宽带饰，两侧分别与把、流相连。腹部亦呈瓜棱状，中间饰六组竖线纹，椭圆形把手的正面饰两条竖线阴纹。下腹至底部饰仰莲瓣纹。流的龙首呈喷水状，口、眼、鼻、鳞片刻划清晰。

该执壶作为博山大街窑烧制的三彩器，造型优美，装饰考究，施釉自然，属上乘之作。

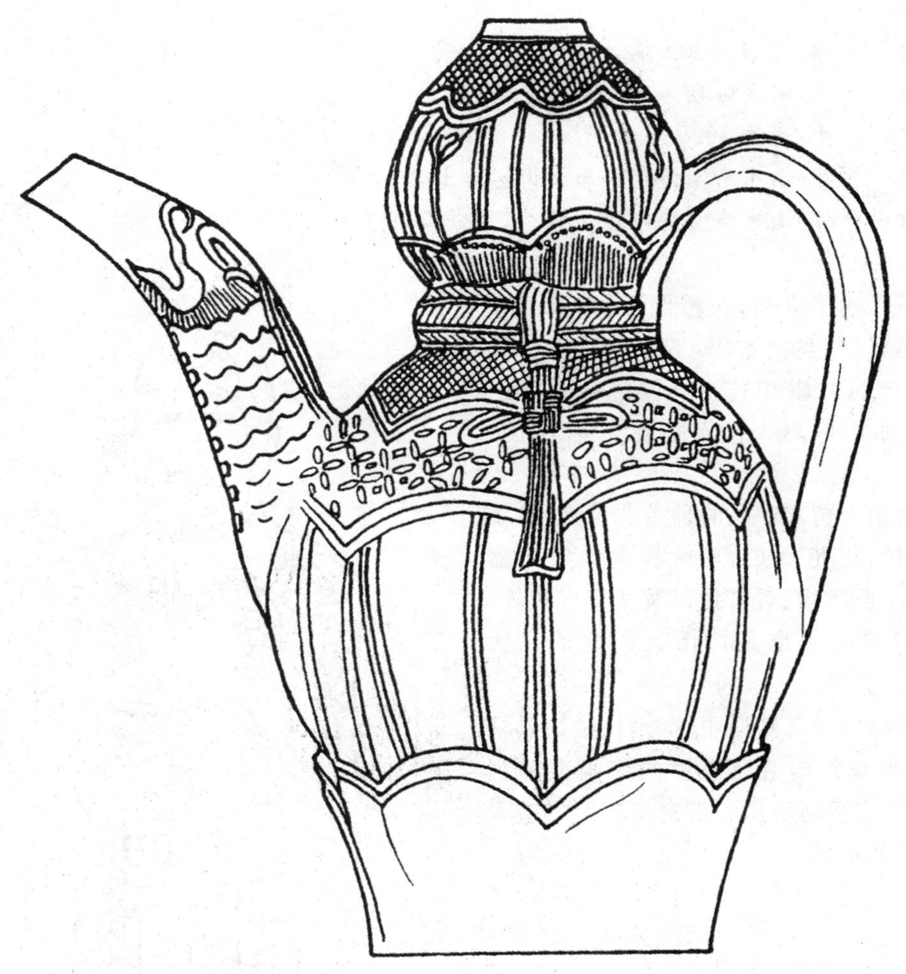

15. 宋、金　三彩武士立俑

名　　称:三彩武士立俑
时　　代:宋金时期
尺　　寸:通高16.8厘米
来　　源:山东省淄博市博山大街窑出土
收藏单位:山东省淄博市博物馆

三彩武士立俑,头戴圆形冠,面相神态透出威严,身披铠甲,双手相交置于腹部,足部与方座相连。全器施黄釉,腹、肩、冠部施绿釉,足及器底无釉,胎红褐色。

博山大街窑产品的种类非常多,除了有灯、枕、三足香炉、瓜棱执壶等实用器外,也有罗汉像、观音像以及儿童玩具等,造型多样的俑也是博山大街窑的一大特色。

该器施釉自然亮丽,雕刻技法娴熟精到,人物形象塑造及铠甲的刻画准确到位,表现出淄博博山大街窑高超的烧造和制作工艺水平。

16. 明　青釉暗纹香炉

名　　称：青釉暗纹香炉
时　　代：明代
尺　　寸：通高 12.9 厘米，口径 22.8 厘米
来　　源：征集
收藏单位：山东省淄博市博物馆

青釉暗纹香炉，圆唇，敞口，束颈，鼓腹，较浅，平底。假圈足，并附三个矮足。内外均施豆青釉，外底无釉，内底一部分露胎。颈部饰一周火焰纹，外腹部饰菱形纹和圆弧纹。

该炉造型规整圆润，所有纹饰均为刻划暗纹，线条活泼，釉色清新淡雅。

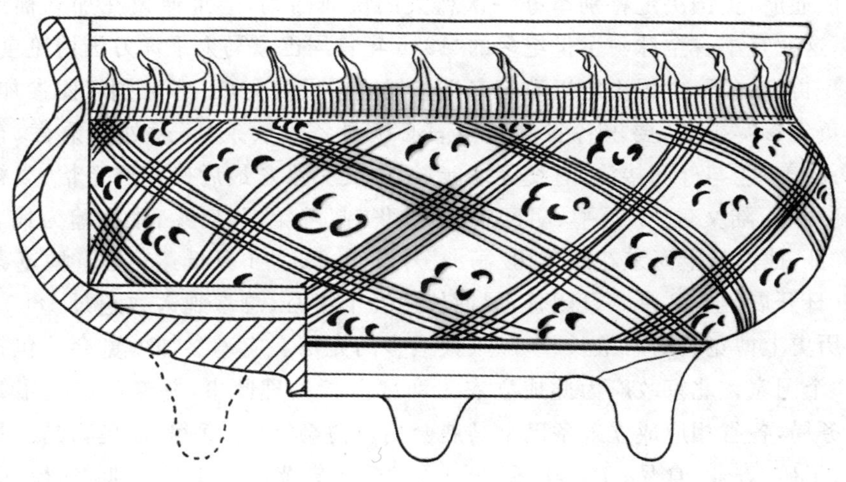

17. 民国时期　紫砂花鸟纹六棱四耳瓶

名　　称：紫砂花鸟纹六棱四耳瓶
时　　代：民国时期
尺　　寸：通高 42.4 厘米，口长 21.0 厘米，足径 19.7 厘米
来　　源：征集
收藏单位：山东省淄博市博物馆

紫砂花鸟纹六棱四耳瓶，方唇，敞口，鼓腹六棱瓶身，平底，圈足外撇。瓶系六片粘接而成，粘接四只变形兽纹耳。一面腹部绘牡丹纹，颈部题刻"贯同六艳"；另一面腹部绘花鸟纹，颈部刻"巴拿马太平洋万国博览会纪念品，西历一千九百十五年，中华民国四年"。近足部刻"江苏省宜兴县利用公司姚梧仙画，蒋舜之刻，朱鹤年监制"。底部有三枚印款，分别为"中华民国江苏宜兴利用公司造""巴拿马宝会出品""陶作生"。该瓶所用紫砂泥均匀细腻，制作技艺精湛，刻工娴熟，表现出了较强的艺术功力，加之题款中蕴含的大量信息，对研究我国近代紫砂艺术的历史有着重要的参考价值。

巴拿马运河是美国第 26 任总统西奥多·罗斯福下令开凿的。1912 年，为纪念巴拿马运河凿成通航，美国决定特别举办一次盛大的庆典活动，会址便设在加利福尼亚州的旧金山市，这便是享誉全球一个世纪多的"1915 年首届巴拿马太平洋万国博览会"。在美国政府的一再邀请下，中国决定以政府名义参加这届世博会，19 省分别组团参加，由农工商部全权负责参赛事务，要求各省赴美代表必须具备六项条件：通外国语言，有赛会经验，曾游历欧美，能与外商接洽，有交际才能，识外交关系。最后确定严智怡、娄裕焘为代表团正、副团长，陆文郁、朱延平、胡泰年、屠坤华、赵鸿年、陈启泰、张文翰为代表。1914 年 11 月 7 日，他们从上海乘花旗公司"满洲"号赴美，12 月 1 日抵达美国。博览会从 1915 年 2 月 20 日开展，至 12 月 4 日闭幕，展期长达九个半月，总参观人数超过 1800 万人，开创了世界历史上博览会历时最长、参加人数最多的先河。应邀参加博览会的包括中国在内共有 43 个国家。北京政府为此成立农工商部全权办理此事，并专门成立了筹备巴拿马展会事务局，各省相应成立筹备巴拿马展会出口协会，制定章程，征集物品。物品大致分为教育、工矿、农业、食品、工艺美术、园艺等类，征集范围从工矿企业、学校、政府机关直到普通农民。中国作为国际博览会的初次参展者，第一次在世界舞台上公开露面，并取得了令世界瞩目的成绩。巴拿马展会是中国历史上第一次规模空前的、向世界展示经济水平的历史性盛会。

中国赴美展品达 10 余万种，重达 1500 余吨，展品出自全国各地 4172 个出品人和单位。代表团成员屠坤华成为历史上宣传世博会的第一人。他在 1916 年 7 月出版的《1915 万国博览会游记》中记载："我获之奖，计一千二百十一枚。内为大奖章五十七枚，名誉奖七十四枚，金牌奖二百五十八枚，银牌奖三百三十七枚，铜牌奖二百五十八枚，状

词奖二百二十七枚。”所获奖项为参展各国之首。

该紫砂瓶是为配合此次博览会，指定由当时的江苏省宜兴县利用公司制造的纪念品，邀请当时紫砂器制作高手姚梧仙作画，蒋舜之执刀，朱鹤年监制，从而使产品质量得到了保证。画面有着花开富贵、吉祥喜庆的深刻寓意。紫砂制品在表现形式上以中国传统文化为根源，将金石书画作为创作主题，加之造型上的匠心独具，形成风格各异的紫砂艺术。紫砂器的主要器型品种有各式茶具、酒具、餐具、文具、花盆和陈饰、摆件工艺品。一般来说，受我国茶文化的影响，紫砂壶的制作量多且深受人们的喜爱，成为日常使用和收藏较多的门类，其他器型相对较少，尤其器型如此高大的紫砂六棱瓶就更为罕见。它独特的造型、绘画与刻工，均体现了紫砂艺术的较高水平，使得该瓶成为百年世博会永恒的纪念。

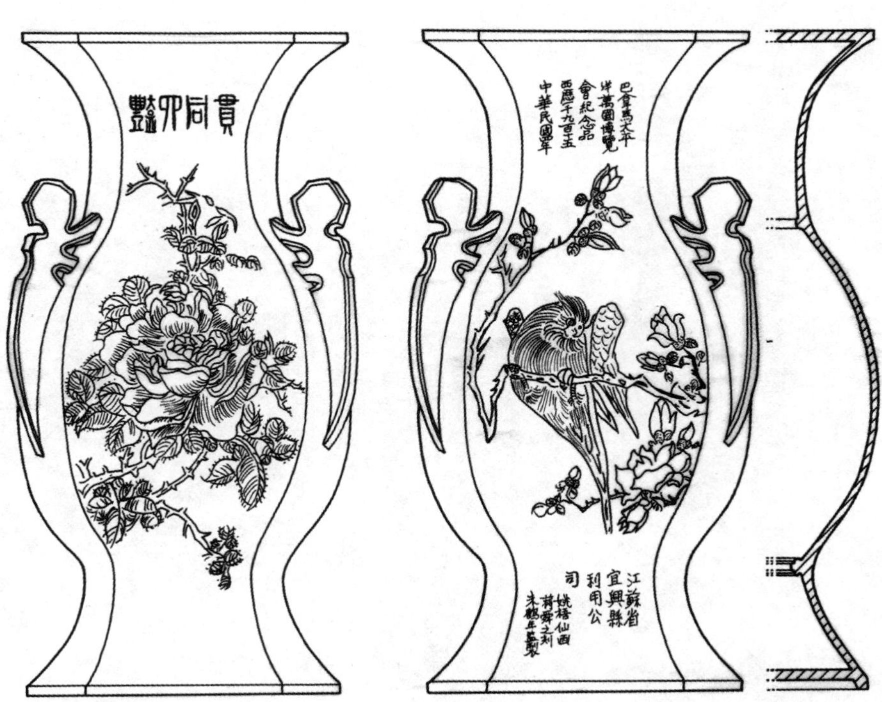

第七章　漆　器

（漆器构件及复原）

1. 战国　龙纹拓银漆盘(残)

名　　称：龙纹拓银漆盘
时　　代：战国晚期
尺　　寸：口径 33.5 厘米，银扣高 0.5 厘米，宽 1.6 厘米，厚 0.02 厘米
来　　源：1992 年山东省淄博市临淄商王墓地战国晚期墓出土
收藏单位：山东省淄博市博物馆

龙纹拓银漆盘，木胎，已朽腐损毁。口部镶嵌银扣，银扣断面呈“凵”形，内壁及内底平拓由银铂割制而成的纹饰。敞口，折沿，直腹，平底微外凸。内壁饰垂叶纹，内底中部饰龙纹，一条大龙和一条小龙相互缠绕，呼之欲出，空白处填充云纹，外缘为一周桃形纹，布局疏密得当，与器型巧妙结合，融为一体。全器髹黑漆，以朱漆描绘纹样。该漆盘纹饰运用银箔作为装饰材料，这在齐国漆器中并不多见。

髹漆工艺，是我国古代重要的技术发明，具有抗酸防腐的特性。施以图案纹样后，色泽明亮，光彩夺目，有着较强的实用性和艺术性。我国髹漆工艺起源较早，据《韩非子·十过》记载：“尧禅天下，虞舜受之，作为食器……流漆墨其上……。舜禅天下而传之于禹，禹作为祭器，墨染其外，而朱画其内。”这说明早在尧舜禹时期就已经开始制作和使用漆器了。考古发现最早的漆器实物资料，为 1978 年在浙江余姚河姆渡文化遗址中发现的朱漆木碗等，距今已有近 7000 年的历史。经过商周时期的不断发展，髹漆工艺至春秋战国时期达至繁盛。

战国时期，髹漆工艺主要流行于南方，实物以湖南、湖北、江苏墓中出土较多，且保存较好。据文献及考古资料表明，齐国不但产漆，还是北方漆器制作较为发达的重要地区。《史记·货殖列传》中就有“山东多鱼、盐、漆、丝”的记载，齐国的官书《考工记》中也列入了漆器制作这个工种。齐墓出土的漆器种类颇丰，但因受环境及保存条件的局限性，腐朽严重，鲜有完整器，可辨器形有豆、樽、盘、耳杯、奁、漆案等 10 余种。迄今齐地发现最早的实物资料，当属益都(今山东青州)苏埠屯商代晚期墓中的漆片。临淄殉马坑、海阳嘴子前等多座春秋齐墓中也出土大量漆器残片或漆器。考古发掘的多座战国墓葬中，仅临淄商王墓地的两座战国墓、临淄相家庄六号战国墓出土的可辨器形漆器残片即达 50 余件。1972 年，临淄郎家庄东周墓中出土大量彩绘漆器(均残)，虽为残片，但不失精彩。其中的一件漆盘残片，中心绘三兽翻滚嬉戏，外描对称屋宇四座，中有人物躬身相向而立。屋宇之间，绘以鸟、鸡、花草等图案，生活气息浓厚，绘制技艺高超，是我国古代漆画的典型代表，充分显示了齐国发达的髹漆工艺。

由于腐朽破损严重，本书收录的几件漆器残片，经过复原绘制后，其器型及纹饰对研究齐国髹漆工艺的历史有着重要的意义。

2. 战国　漆盒（残）（一）

名　　称：漆盒

时　　代：战国晚期

尺　　寸：边长约 21.0 厘米，钮径 4.3 厘米，环径 2.0 厘米

来　　源：1992 年山东省淄博市临淄商王墓地战国晚期墓出土

收藏单位：山东省淄博市博物馆

该漆盒为方形，木胎已朽，仅剩漆皮，地髹黑漆，以朱红和银白漆彩绘图案。表面彩绘云纹、龙纹和叶形纹。中部有二弦纹铜环钮，圆形钮座，下附长条形插钉，上粘朽木痕迹。

3. 战国　漆盒(残)(二)

名　　称:漆盒
时　　代:战国晚期
尺　　寸:边长约 11.0 厘米,钮径 2.9 厘米,环径 1.6 厘米
来　　源:1992 年山东省淄博市临淄商王墓地战国晚期墓出土
收藏单位:山东省淄博市博物馆

该漆盒为方形,木胎已朽,仅剩漆皮,地髹黑漆,以朱红和银白漆彩绘图案。表面用朱红和银白漆彩绘云龙纹,边缘绘二周朱红带纹。盒中部有一环钮,圆形钮座。

4. 战国　漆奁(lián)(残)

名　　称:漆奁
时　　代:战国晚期
尺　　寸:直径 26.0 厘米
来　　源:1992 年山东省淄博市临淄商王墓地战国晚期墓出土
收藏单位:山东省淄博市博物馆

漆奁,圆形,子母口,夹纻胎,已朽,仅剩铜扣附件。

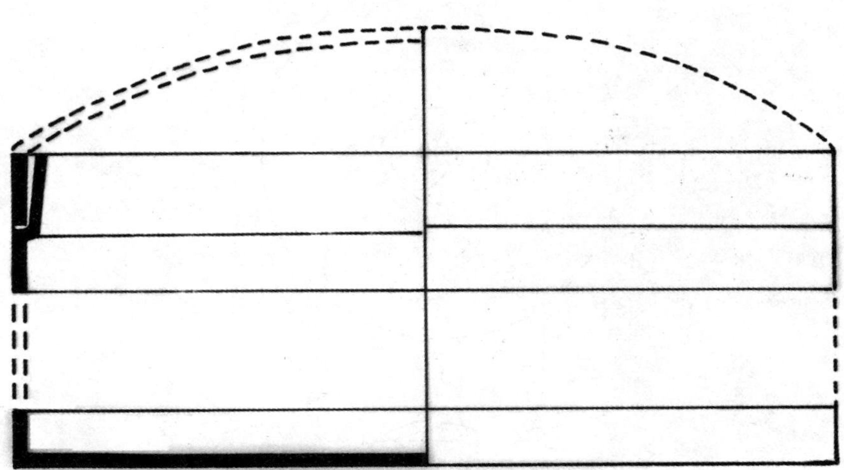

5. 战国　漆樽(zūn)(残)(一)

名　　称:漆樽
时　　代:战国晚期
尺　　寸:口径 11.2 厘米,足高 2.5 厘米
来　　源:1992 年山东省淄博市临淄商王墓地战国晚期墓出土
收藏单位:山东省淄博市博物馆

该漆樽,口部饰银扣,器身中部饰一银质环形鋬耳,鋬耳与器身连接处作长条形,两端各有两个销孔,便于镶嵌固定。器底为铜扣,下连三个蹄形足。盖顶饰一圆形环钮,圆弧形钮座。

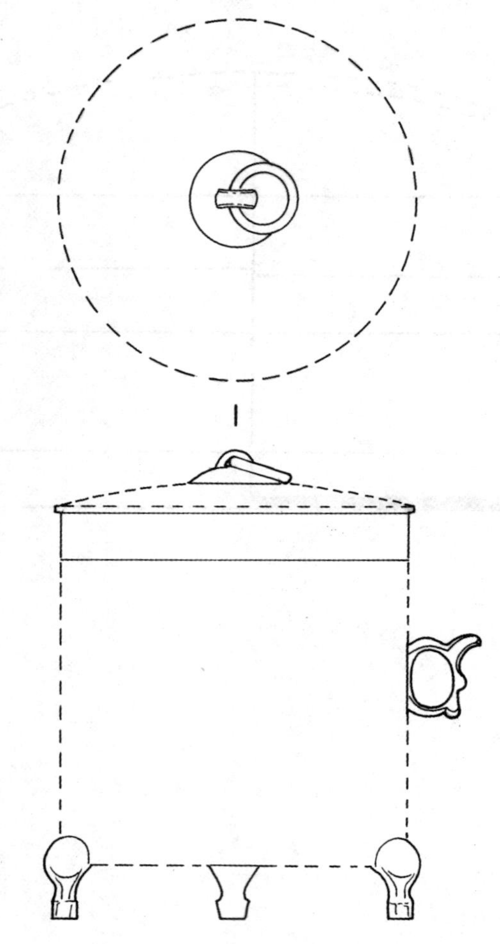

6. 战国 漆樽(残)(二)

名　　称:漆樽

时　　代:战国晚期

尺　　寸:(金属附件测量)口径11.8厘米,蹄足高3.3厘米,盖高4.9厘米

来　　源:1992年山东省淄博市临淄商王墓地战国晚期墓出土

收藏单位:山东省淄博市博物馆

该漆樽,木胎已朽,口镶铜扣,器身中部饰一周银箍,上面镶嵌一件环钮形铜鋬耳,底部镶银箍一周,下面附三个蹄形铜足。盖缘镶银扣,顶镶银质柿蒂形饰,其周围嵌一周环带状银饰,银饰上有三个长方形小孔,镶嵌三个“S”形铜钮。

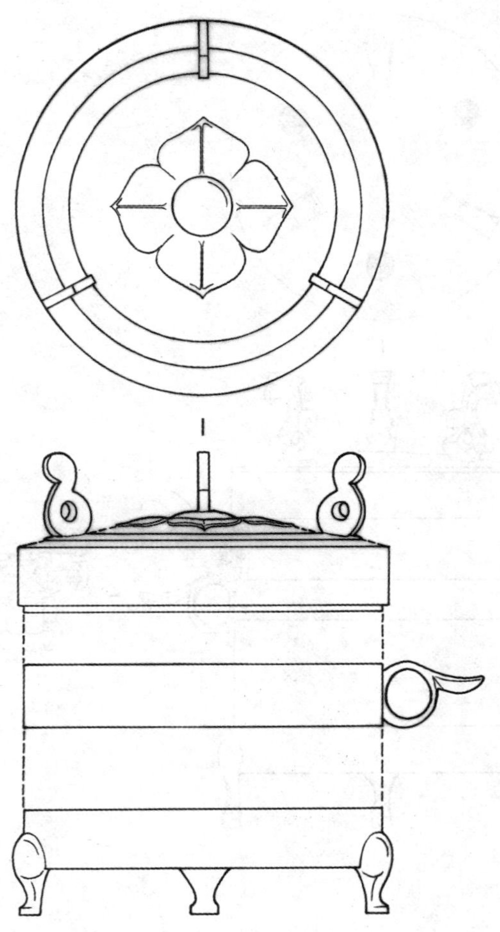

7. 战国　漆樽(残)(三)

名　　称:漆樽

时　　代:战国晚期

尺　　寸:口径12.0厘米,高1.6厘米;铜扣高4.7厘米;器足高4.0厘米;夹纻胎厚约0.02厘米

来　　源:1992年山东省淄博市临淄商王墓地战国晚期墓出土

收藏单位:山东省淄博市博物馆

该漆樽,口部饰银扣,器身中部饰一周带状银箍和一兽面纹环状鋬耳。器底周缘镶铜扣,下连三个蹄形铜足。器盖弧面,饰三个云纹铜钮和三个蓝色玻璃"蜻蜓眼"饰品。

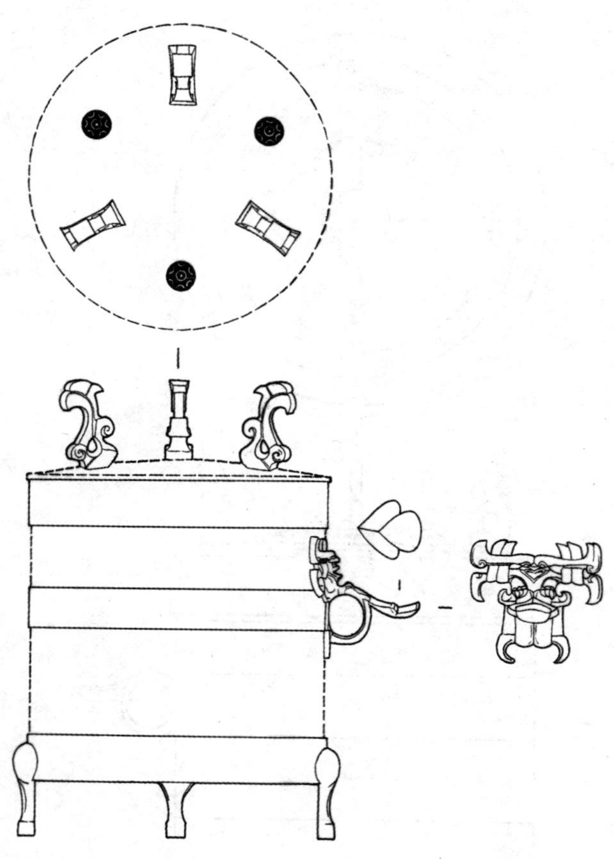

8. 战国　漆器铜瓶口

名　　称：漆器铜瓶口

时　　代：战国晚期

尺　　寸：高 4.7 厘米，口径 2.6 厘米

来　　源：1992 年山东省淄博市临淄商王墓地战国晚期墓出土

收藏单位：山东省淄博市博物馆

漆器铜瓶口，木胎已朽，只剩瓶口。直口，中部外鼓，口颈之间饰两层浅浮雕莲花瓣纹，每层四叶花瓣，造型独特，铸造规整，纹理清晰，富有层次感。

虽然由于破损严重，已很难绘制原漆器造型的复原图，但是铸造工艺如此精湛的瓶口，即客观反映了附着的原器物在破损之前，应当是一件完美的漆器。

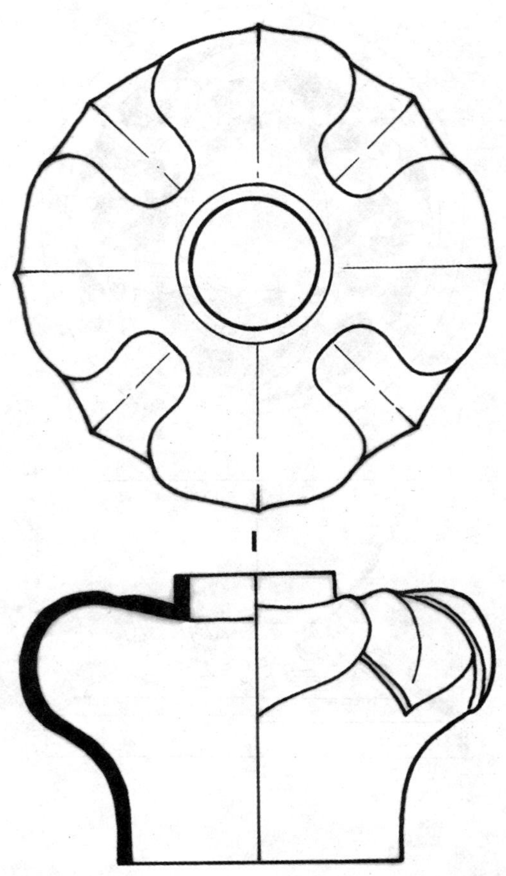

9. 战国　镂空螭虎纹漆器铜座

名　　称:镂空螭虎纹漆器铜座

时　　代:战国晚期

尺　　寸:高 5.6 厘米,口径 6.8 厘米,足径 8.8 厘米

来　　源:1992 年山东淄博临淄商王墓地出土

收藏单位:山东省淄博市博物馆

镂空螭虎纹漆器铜座,侈口,斜腹稍鼓,束腰,喇叭形圈足,底部有台座。上腹部有三个小孔,束腰处有一浅蓝色圆形玻璃片,应是嵌于漆器底部的附件。在足部镂雕两条互相缠绕的螭虎纹,起伏错落有致,动感十足,铸造工艺精湛。

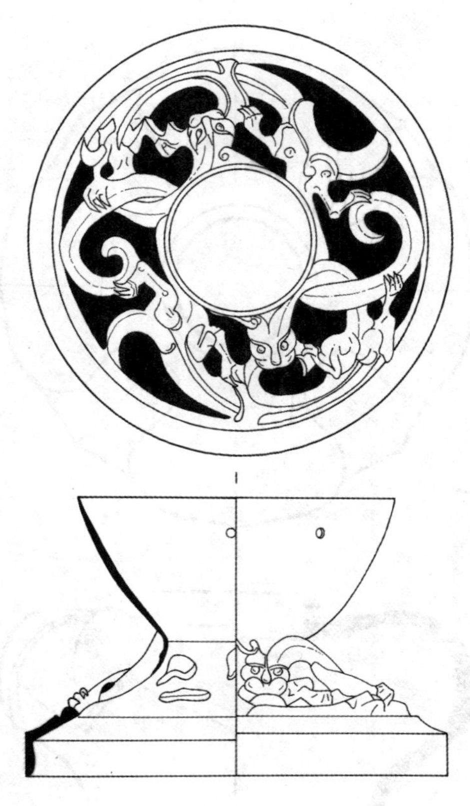

第八章　骨、角、蚌器

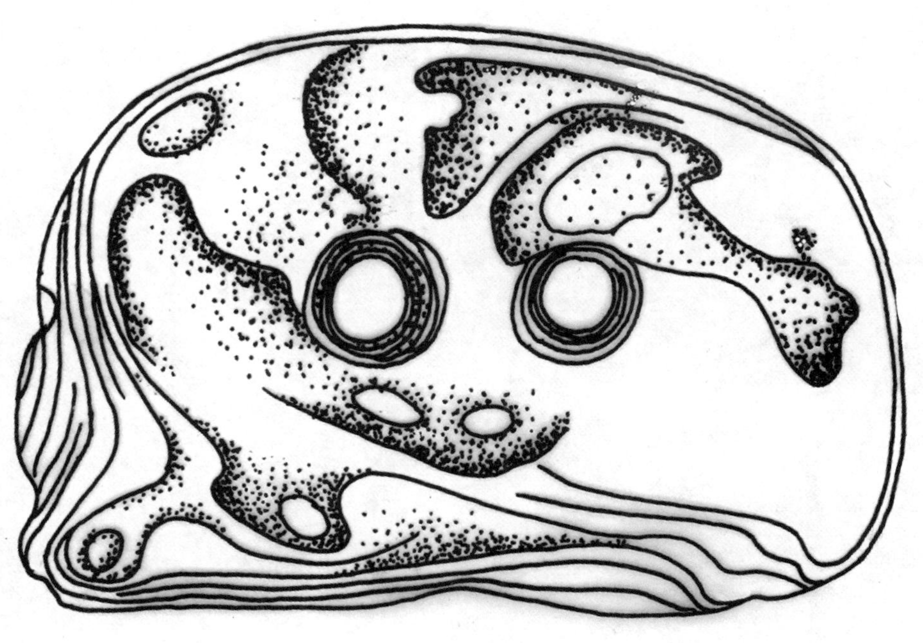

1. 新石器时期岳石文化　角器

名　　称：角器

时　　代：新石器时期岳石文化

尺　　寸：长 14.2 厘米，宽 9.0 厘米

来　　源：1996 年山东省淄博市桓台史家遗址出土

收藏单位：山东省淄博市桓台博物馆

角器，以动物角根做成曲尺形，把握舒适。底部刮削磨平，中间挖一条半圆形凹槽，在拐角处又有一周凹槽，似做绳索捆绑之用。器表光滑，根部似有研磨时所留的磨损痕迹。用途推测为生活用具、工具。

角器，在考古学中被归为骨、牙、角、蚌器类。它们是在特定历史条件下的社会生活中赖以生存的重要生产、生活工具，是人类历史发展进程中的重要组成部分。这类角器即以动物角质材料为原料，经人类有意识地加工制造，并为人类所使用的制品。该类器物在我国考古发掘的古代文化遗址中是最为常见的，尤其是在春秋时期以前的遗址中，在全部文化古物中占有很大的比例。角类器物就用途来分，包括有生产工具、生活用具、装饰工艺品等，种类繁多，用途广泛，在当时的生产、生活中占据了重要地位。古人大量使用这类器物，究其原因，大约有以下几个方面：第一，当时，人类认识自然的能力尚低，劳动手段也很简单，人们对金属类物质还未认识，或刚刚认识，未广泛将之用于生产、生活的各个领域。第二，角类等材料，质地坚硬，易于加工，制成器物后，也较坚固耐用。第三，远古时代，渔猎活动在社会生活中占有重要地位，角类原材料得之甚易，成为用于制造各类用品的主要对象。由于以上诸多原因，骨、牙、角、蚌器在古代社会生活中具有同石器、木器等一样的作用和意义。

新石器时代骨角器的制作，首先以大型动物的骨、角为主，将骨、角材料磨切或锯，去其两端，再将骨、角段劈成或锯成骨条、片，然后对骨、角条片刮削，使之成为器物的雏形，最后磨光成器。例如对鹿角器的加工，便是利用角的主干与分支的自然结构状态，稍经加工、修整，刮削出刃，即可制成锤、钩、锄、镰、镐类器物。这些器物不只用于人们的日常生活领域，而且大量用于生产领域。

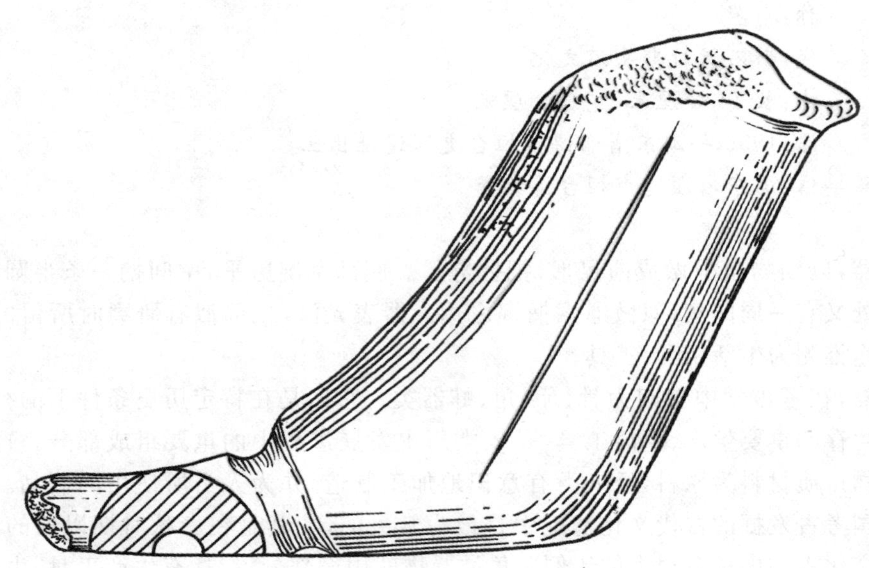

2. 新石器时期岳石文化 蚌刀

名　　称：蚌刀

时　　代：新石器时期岳石文化

尺　　寸：长 7.4 厘米，宽 4.9 厘米，厚 0.6 厘米

来　　源：1996 年山东省淄博市桓台史家遗址出土

收藏单位：山东省淄博市桓台博物馆

蚌刀，半月形，双孔，单面刃。双孔为两面对钻，器表磨制光滑，并有蚌壳天然瑰丽的彩色花纹，熠熠生辉，有一种天然的艺术美。

岳石文化的骨、蚌器较发达，其制作技术和器类的形制，均与龙山文化有承袭关系。如岳石文化的骨镞、骨匕、骨锥、骨针、蚌铲、蚌刀、蚌镰、蚌镞、蚌锥等，基本形制均与龙山文化晚期的同类器相同或相似。尤其双孔蚌刀，无论是形态，还是钻孔方法和部位，传承线路十分明确清晰。

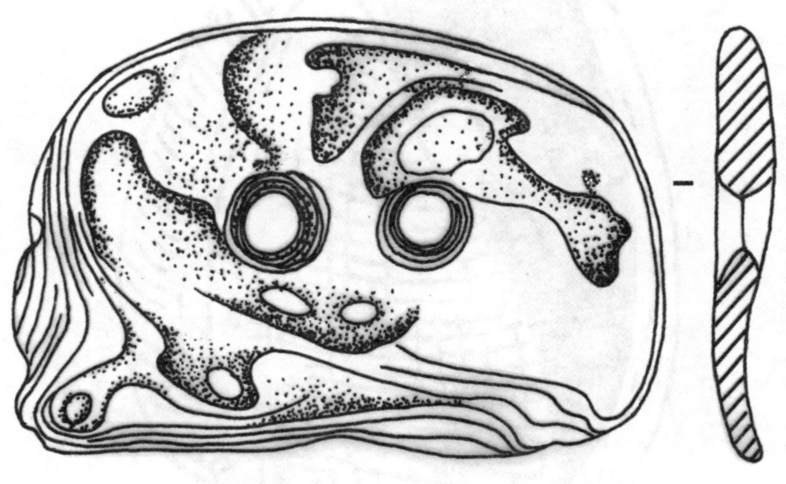

3. 新石器时期岳石文化　海螺饰件

名　　称：海螺饰件
时　　代：新石器时期岳石文化
尺　　寸：长 4.0 厘米
来　　源：1996 年山东省淄博市桓台史家遗址出土
收藏单位：山东省淄博市桓台博物馆

海螺饰件，用天然海螺在中部钻一小孔而成，局部打磨。

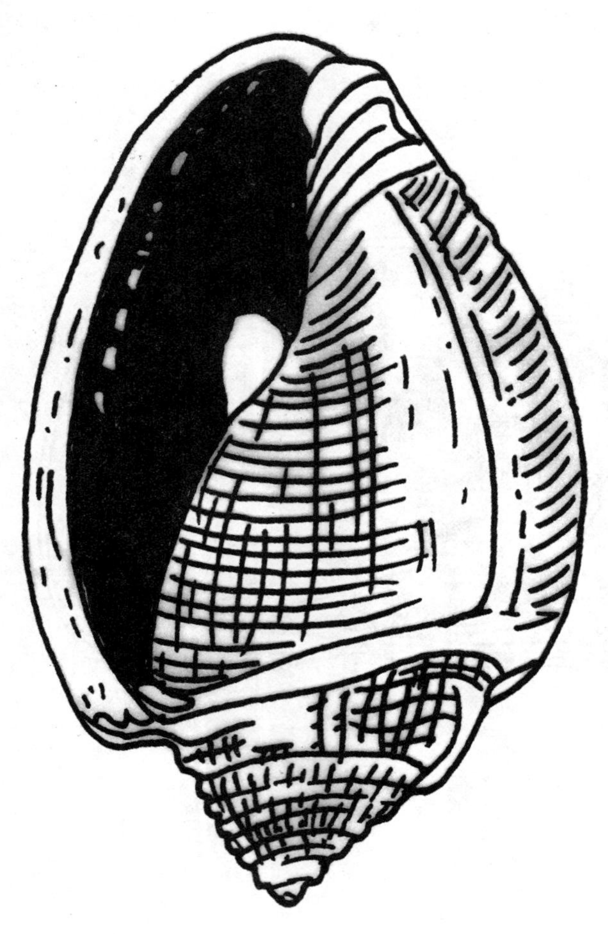

4. 战国　四角蛤蜊(gé lí)壳

名　　称:四角蛤蜊壳
时　　代:战国晚期
尺　　寸:长 6.0 厘米,宽 5.0 厘米
来　　源:1992 年山东省淄博市临淄商王墓地战国晚期墓出土
收藏单位:山东省淄博市博物馆

四角蛤蜊壳,椭圆形,壳顶稍前凸,表面光滑,有圆心环纹。

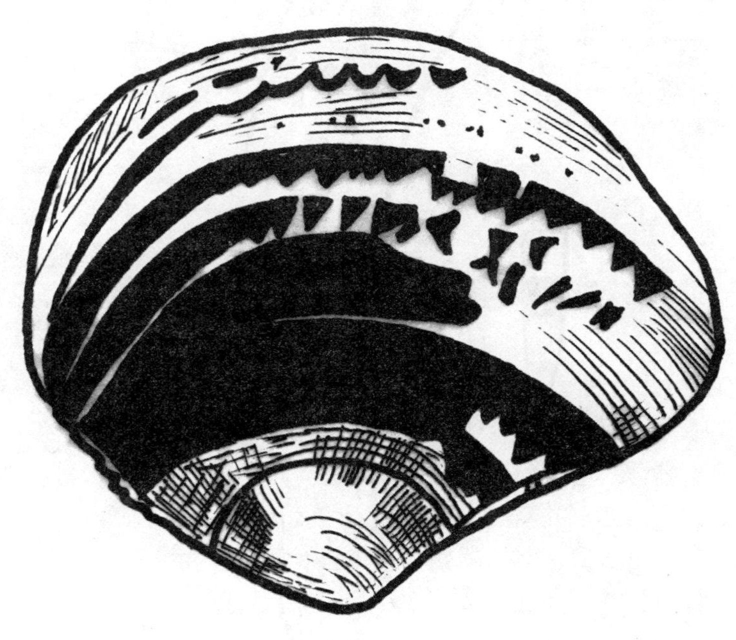

5. 战国　骨马镳(biāo)

名　　称:骨马镳
时　　代:战国晚期
尺　　寸:残长 9.4 厘米,宽 2.0 厘米
来　　源:1992 年山东省淄博市临淄商王墓地战国晚期墓出土
收藏单位:山东省淄博市博物馆

骨马镳,尖角形,弯曲,表面光滑,横剖面呈椭圆形,上端较粗,已残缺,并镶一边长 0.4 厘米的方形骨楔。

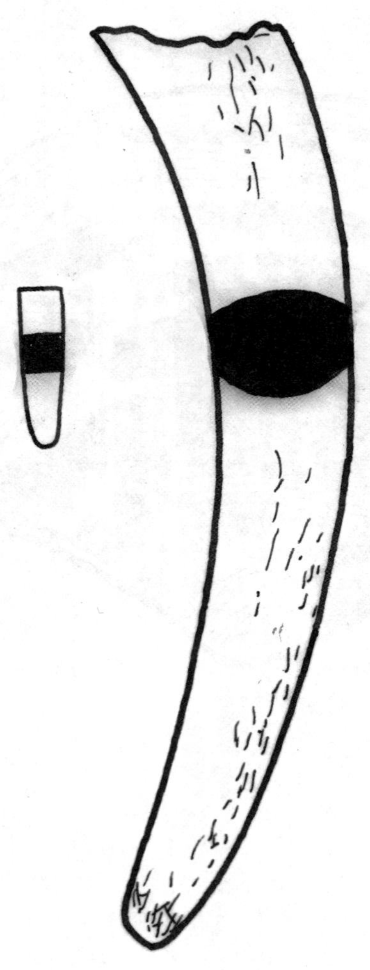

6. 明　荷纹犀角杯

名　　称:荷纹犀角杯
时　　代:明代
尺　　寸:通高5.5厘米,长径11.8厘米,宽9.5厘米
来　　源:征集
收藏单位:山东省淄博市博物馆

荷纹犀角杯,为深褐色,杯的造型为自然荷叶形不规则喇叭形口,收腹,巧妙地将荷叶的茎当作底足。杯外壁由杯底向杯外侧浮雕荷叶柄、荷叶、荷花及莲蓬;俯视杯内,由杯底向杯口辐射勾勒荷叶叶筋,雕刻精细,自然写实,生动活泼。雕刻艺人采用浮雕和浅刻相结合的技法,使整个荷叶形层次丰富,富有节奏感。荷即谐音“和”,取和美之意,另有团圆、吉祥、平安以及清廉的象征。

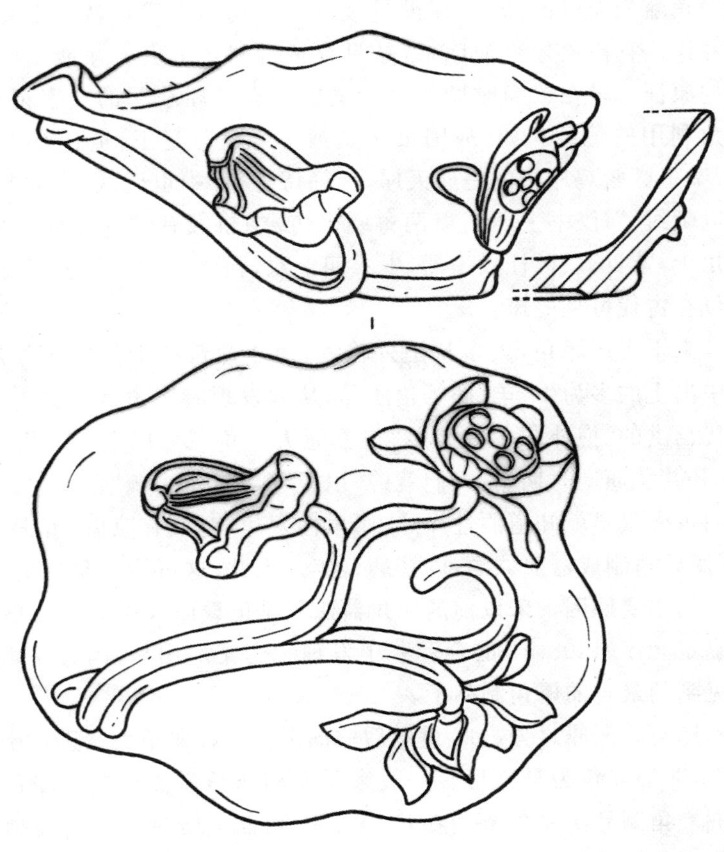

7. 明　佛手纹犀角杯

名　　称：佛手纹犀角杯
时　　代：明代
尺　　寸：通高5.1厘米，长径10.2厘米，宽8.5厘米
来　　源：征集收购
收藏单位：山东省淄博市博物馆

佛手纹犀角杯，呈喇叭形，口近椭圆形，小平底内凹。造型依杯形浮雕、透雕植物佛手形。佛手纹寓意佛祖保佑平安之意。

犀牛，我国古代称“兕”，犀角就是长在犀牛头盖骨结节上的角，又名“文犀角”“奴角”，是世界上较为名贵的制作牙角器的用料。因其天生有凹下去而呈圆锥的形状，故常被做成饮器使用，还被制成装饰品如带、钗、簪等。传说犀角中有白纹如线直通两头，感应灵敏，故唐代诗人李商隐写有“心有灵犀一点通”的诗句，用以比喻两心相通。

在我国用犀角雕刻而成的器物，存世量极少。在我国古代它就与夜光璧、明月珠和碧玉被人相提并论。它比象牙更为珍稀，是只有皇帝和达官贵人才能享用的物品，同时也是彰显身份的象征。早在殷商时期的甲骨文中就有猎犀获犀的文字记载。古代文献中也不乏对犀角利用的记载。如《战国策·楚策一》载：“（楚王）遣使车百乘，献鸡骇之犀、夜光之璧于秦王。”骇鸡犀指的是通天犀。《韩诗外传》中也记载：“（太公）使南宫适至义渠得骇鸡犀以献纣。”《汉书·西南夷两粤朝鲜传》中也载有：“谨北面因使者献白璧一双，翠鸟千，犀角十，紫贝五百，桂蠹一器，生翠四十双，孔雀二双。”从上述文献记载中，犀角的价值和地位在古代可见一斑。

我国自古以来不出产犀角，大多从国外输入，由于数量稀少而更显弥足珍贵。在以往的考古发掘中出土的多为牛、羊、鹿等角质品，从未发现有犀角器。关于犀角雕刻品文献资料见于晋代葛洪的《抱朴子·登涉》：“得真通天犀角三寸以上，刻以为鱼，而衔之以入水，水常为人开。”从商周时期始，人们就曾“以兕（雌犀）角为觥”。觥，古代的一种饮酒器或礼器。说明古人很早就知道酒性燥热，犀角性寒凉，对人有凉血、解毒、镇惊、滋补的作用，因而就利用犀角制成器皿饮酒，以祛病延年。因此，这可能也是历史上传下来的角制品多为犀角酒的主要原因。宋以前的犀角器皿只见记载而未见实物，1981年在浙江诸暨南宋董康祠嘉定元年（1208年）的合葬墓中发现一套文房用品，内有犀角镇纸二件，这可能是现在能见到的最早的犀角制品了。

犀角有亚洲犀与非洲犀之分。18世纪后非洲黑白两种犀角大量进口中国，亚洲犀角的底盘为马蹄形，非洲犀角为马鞍形。一般来说亚洲犀角质优于非洲犀角，因而其所雕之物也珍于非洲犀角制品。犀角雕刻在竹、木、牙、角四大雕刻中居首要地位，正是因为犀角不仅是可供观赏的雕刻艺术品，还在于其材料的珍贵难得和材质的药用价值。明代

人们喜以犀角为药材使用，宫廷御医叫人将犀角雕镂为杯盛入酒后饮用。据明代李时珍《本草纲目・犀》记载："人药惟雄犀生者为佳。"鉴于犀角有定惊止血、清热解毒的功能，工匠们往往把犀角做成酒杯，希望犀角的药理作用能溶于酒中，在饮酒的同时达到治病强身之目的。又由于年代久远犀角会被侵蚀、腐朽，所以流传下来的犀角雕刻品十分稀少，全国仅存几千件，以明清时期的作品居多。

因此，除了药用价值外，实用性与艺术性的完美结合，使犀角杯风格独树一帜。明代曹昭在《格古要论》中对犀角材质有如下描述："凡器皿要滋润，粟纹绽花者好，其色黑如漆、黄如粟，上下相透，云头雨脚分明者为佳。"[1]能工巧匠们巧妙地利用犀角材质和特有的树干质感的扭曲、遒劲等特征，对其进行精雕细刻，制作成工艺精湛、玲珑精巧的犀角实用器和雕刻艺术品。犀角杯的雕刻内容大致分为花卉动物、仿古题材、人物风景和素面四大类。其中，花卉、动物的犀角杯最多，仿古题材和人物风景的次之。造型主要分平底与锥底两种：前者适合置于桌面，后者则更适合手握。从明至清乾隆年间，是犀角杯迅速发展的兴盛时期，能工巧匠辈出。在我国，犀角雕刻造诣较深的著名雕刻大师，当属苏州的鲍天成、无锡的尤通等，他们雕刻的犀角杯设计奇巧，工细绝伦，各自运用了深浅浮雕、镂空雕及线刻等技法，在小小的一件犀角表面，甚至内壁上，疏密有致地雕琢出山水、松石、人物等纹饰，意境幽远，是当时世人追捧的艺术珍品。他俩出类拔萃的犀角雕刻品被誉为"吴中绝技"和"尤犀杯"。如北京故宫博物院藏的尤通所刻"乘槎杯"和上海博物馆收藏的鲍天成作"透雕浮槎犀角杯"两件作品，被专家称之为："其造型之美，构思之巧，雕镂之精，堪称是螭纹犀角杯之最。"[2]

淄博市博物馆藏的这两件犀角杯属于较为珍贵的犀角雕刻精品，它们遵循了犀角的自然形态，在造型上清秀雅致，在布局上从大处着眼，图案纹饰婉转流畅、充满动感。采用浅刻、浮雕、透雕等精湛细致的雕刻技法，令人叹为观止！器身纹饰按疏密、繁简、动静的对比，主次分明，纹饰线条流畅，生动活泼，色泽光亮油润。尽管无法考证作器者谁，但其造型之美，构思之巧，雕镂之精，亦堪称犀角雕刻的佳作，是难得一见的犀角雕刻珍品。

---

① （明）曹昭撰：《格古要论》卷六，影印文津阁《四库全书》，商务印书馆 2005 年版，第 406 页。

② 贺云翱主编：《中华国宝图典》，山东画报出版社 2014 年版，第 591 页。

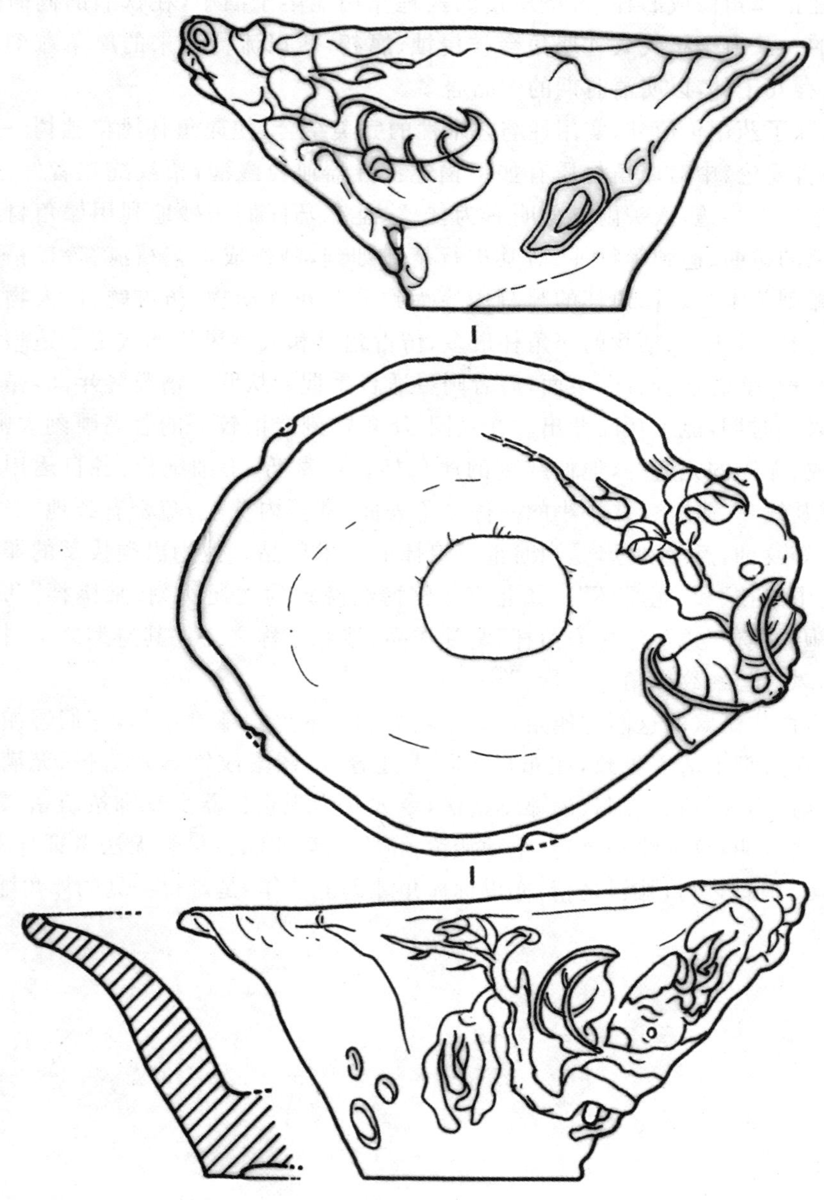

主要参考文献

一、著作

郭义孚:《考古绘图》,中国科学院考古研究所编:《考古学基础》,科学出版社 1958 年版。

邓庆成:《制图学》,高等教育出版社 1959 年版。

吉林大学历史系考古专业、河北省文物管理处编:《工农考古基础知识》,文物出版社 1978 年版。

张孝光、郭义孚等:《考古绘图》,中国社会科学院考古研究所编:《考古工作手册》,文物出版社 1982 年版。

马承源:《中国古代青铜器》,上海人民出版社 1982 年版。

王逊:《中国美术史》,上海人民美术出版社 1985 年版。

刘洪涛:《中国古代科技史》,南开大学出版社 1991 年版。

马鸿藻:《考古绘图》,北京大学出版社 1993 年版。

刘凤君:《美术考古学导论》,山东大学出版社 1995 年版。

郑樵:《通志二十略》,中华书局 1995 年版。

淄博市博物馆、齐故城博物馆:《临淄商王墓地》,齐鲁书社 1997 年版。

李淼:《关于考古绘图的几点思考》,中国社会科学院考古研究所:《21 世纪中国考古学与世界考古学》,中国社会科学出版社 2002 年版。

张连利、贾振国等:《山东淄博文物精粹》,山东画报出版社 2002 年版。

朱和平:《中国工艺美术史》,湖南大学出版社 2004 年版。

山东省文物考古研究所:《临淄齐墓》,文物出版社 2007 年版。

马鸿藻:《考古器物绘图》,北京大学出版社 2008 年版。

山东博物馆编:《山东地区两汉文明展》,浙江人民出版社 2016 年版。

二、报纸、期刊

廖炜:《借助绘图软件进行藏品绘图》,载 2007 年 1 月 12 日《中国文物报》。

贺存定:《石器绘图方法初探》,载 2011 年 8 月 19 日《中国文物报》。

何文竞:《考古绘图在我国的实践》,载 2016 年 7 月 15 日《中国文物报》。

张培德:《山东淄博出土宋代影青瓷器》,载《文物》1982 年第 12 期。

山东省博物馆:《山东益都苏埠屯第一号奴隶殉葬墓》,载《文物》1972 年第 8 期。

山东省博物馆:《临淄郎家庄一号东周殉人墓》,载《考古学报》1977 年第 1 期。

山东省淄博市博物馆:《西汉齐王墓陪葬器物坑》,载《考古学报》1985 年第 2 期。

张光明:《“叔龟”铜觯》,载《管子学刊》1988 年第 4 期。

中国科学院考古研究所山东发掘队:《山东平度东岳石村新石器时代遗址与战国墓》,载《考古》1962 年第 10 期。

史树青:《我国古代的金错工艺》,载《文物》1973 年第 6 期。

田广金、郭素新:《西沟畔匈奴墓反映的诸问题》,载《文物》1980 年第 7 期。

陈红冰:《谈三足器的画法》,载《考古》1990 年第 10 期。

徐良高:《略论中国古代骨牙角蚌器》,载《文博》1994 年第 1 期。

马良民、林仙庭:《海阳嘴子前春秋墓试析》,载《考古》1996 年第 9 期。

张光明、张连利等:《山东桓台县史家遗址岳石文化木构架祭祀器物坑的发掘》,载《考古》1997 年第 11 期。

张晓芬:《错金银铜壶》,载《金属世界》1998 年第 6 期。

韦荃、贺晓东:《利用 CoreDRAW 软件绘制考古器物图》,载《四川文物》2003 年第 5 期。

许志浩:《雕刻精品——犀角杯》,载《上海艺术家》2004 年第 4 期。

陈宇、吕溯:《文物电脑绘图初探》,载《东方博物》2006 年第 3 期。

黄文新:《AutoCAD 在考古绘图中的应用》,载《江汉考古》2006 年第 2 期。

李淼等:《浅谈完全正交摄影在考古绘图中的应用》,载《考古》2007 年第 11 期。

张蕾、刘建国:《数字影像纠正与考古绘图》,载《考古》2009 年第 7 期。

王海燕:《中国古代漆器述评研究》,载《南京艺术学院学报》2009 年第 5 期。

周真、陈彦堂:《计算机辅助器物绘图方法探索》,载《中原文物》2011 年第 1 期。

周真、陈彦堂:《计算机辅助器物绘图方法探索》,载《中原文物》2011 年第 1 期。

王滨:《略谈临淄商王村战国墓出土的金耳坠》,载《管子学刊》2013 年第 4 期。

李则斌、王会峰等:《江苏盱眙大云山江都王陵 M9、M10 发掘简报》,载《东南文化》2013 年第 1 期。

王会田、王涛等:《山东临淄范家村墓地 2012 年发掘简报》,载《文物》2015 年第 4 期。

王滨:《齐国青铜器装饰工艺研究》,载《管子学刊》2016 年第 2 期。

王滨:《山东博山金代壁画墓保护与研究》,载《华夏文明》2017 年第 6 期。

后　记

《文物绘图研究与鉴赏》一书的撰稿和整理，恰巧是逢第一次全国可移动文物普查期间，笔者除去日常文物保护、管理与研究工作外，每天还面临繁重的普查任务和全市普查业务指导等工作，只能采取早来晚走并牺牲无数个周末、节假和公休日，挤时间完成的，实属不易。但我始终坚信：付出多少努力，就必有多少收获。

书中的文物线图有选择地收录了淄博市博物馆、淄川博物馆、桓台博物馆、临淄齐文化博物院等文博单位及民间博物馆的藏品，主要以临淄大武西汉齐王墓陪葬器物坑及临淄商王墓地出土的文物为主。其中，大武西汉齐王墓出土的矩形龙纹铜镜等几件典型器物，出于安全考虑和对外借展等原因，则是根据早年发掘简报资料重新进行了描绘。虽然篇幅有限，展示的只是浩瀚文物海洋中的冰山一角，但已能较为客观地反映出齐国泱泱大国风范以及齐文化的厚重与博大精深。另有许多精美文物因分布于区县各馆，未能抽暇亲绘，稍显遗憾。另外，需要说明的是，鉴于本书收录的文物绘图，主要目的是以研究性、资料性为主，兼顾鉴赏和推广普及应用，由于文物尺寸悬殊过大，为保持观赏效果和配合版式设计，故剪裁掉了附带的比例尺。

“不积跬步，无以至千里；不积小流，无以成江海。”(《荀子·劝学》)“路漫漫其修远兮，吾将上下而求索。”(屈原《离骚》)这些经典的励志警世名句，时刻鞭策我在学术研究中要更加孜孜以求。也正是在本书的撰写过程中，我才更深切地感受到学无止境、学海无涯的紧迫感与使命感。今后，我将以更加饱满的工作热情，继续为文博事业奉献我的绵薄之力！

希望通过这本书，向奋斗在文博研究第一线的前辈们致敬；也希望通过这本书，和广大文博同仁共同学习、共同探讨，如果能对工作有一丝帮助，我也将感到无比欣慰；更希望通过这本书，激励更多有志青年，积极投身于文物博物馆事业的建设中来，争取做到“学一行，爱一行，干一行，精一行”，为文博事业的美好未来，出一份力，尽一份责。

本书能够顺利付梓，要深切感谢山东省文物局、山东大学历史文化学院、山东省考古研究所、山东博物馆、淄博市文物局、淄博市博物馆以及其他各兄弟馆(所)领导、同仁们的亲切关怀和大力支持；感谢山东大学教授、博士生导师于海广，山东省文物考古研究所所长、研究馆馆员郑同修拨冗为本书作序，并提出了宝贵的建议；感谢中国社科院考古研究所研究员徐龙国，山东省文物考古研究院副书记、研究馆馆员刘延常、研究馆馆员魏成敏，淄博市博物馆原副馆长、研究馆馆员贾振国，研究馆馆员安立华等，曾经在文物绘图业务上对我进行指导的领导、同事及良师益友，正是有了你们的信任、帮助和热情鼓励，才使我在文博领域取得了今天的小小成绩；还要感谢胡秋莉、徐倩倩、蔡亚非、幺彬等文博后起之秀，对书稿进行了认真勘校；最后特别鸣谢山东大学出版社王桂琴、刘森文对本书的策划和编辑校改，将本书谬误降至最低。

由于笔者水平有限，且时间仓促，书中有些绘图属于“急就”之作，每件文物的说明和描述等信息，存在谬误和待商榷之处在所难免，欢迎文博同仁及广大读者批评指正，本人当虚心接受。

王　滨

2017 年 7 月 17 日于黄桑店